普通高等教育"十三五"经济与管理类专业核心课程规划教材

西安交通大学"十三五"规划教材

企业伦理与社会责任

主编 张喆

西安交通大学出版社
XI'AN JIAOTONG UNIVERSITY PRESS

国家一级出版社
全国百佳图书出版单位

图书在版编目(CIP)数据

企业伦理与社会责任 / 张喆主编. — 西安：西安交通大学
出版社，2020.10(2022.2 重印)
ISBN 978 - 7 - 5693 - 1559 - 2

Ⅰ.①企… Ⅱ.①张… Ⅲ.①企业伦理—研究 ②企业
责任—社会责任—研究 Ⅳ.①F270 - 05②F272 - 05

中国版本图书馆 CIP 数据核字(2020)第 002666 号

书　　名	企业伦理与社会责任	
主　　编	张　喆	
责任编辑	王建洪	
责任校对	雷萧屹	
出版发行	西安交通大学出版社	
	(西安市兴庆南路 1 号　邮政编码 710048)	
网　　址	http://www.xjtupress.com	
电　　话	(029)82668357　82667874(市场营销中心)	
	(029)82668315(总编办)	
传　　真	(029)82668280	
印　　刷	西安五星印刷有限公司	
开　　本	787 mm×1092 mm　1/16　　印张 9.5　　字数 238 千字	
版次印次	2020 年 10 月第 1 版　2023 年 8 月第 4 次印刷	
书　　号	ISBN 978 - 7 - 5693 - 1559 - 2	
定　　价	29.80 元	

如发现印装质量问题,请与本社市场营销中心联系。
订购热线:(029)82665248　(029)82667874
投稿热线:(029)82665379
读者信箱:xj_rwjg@126.com

前　言

现代经济高速增长的光环之下，往往暗藏着生态破坏、环境污染、资源过度开发、社会公德缺失等一系列社会问题，这使得企业社会责任成为社会各界共同关注的热点问题。企业社会责任不仅是企业作为公民的"应有之义"，而且对于解决诸如赈灾、扶贫、助学、环保等众多社会问题，具有非常重要的意义。

2019年8月19日，181家美国顶尖公司首席执行官在华盛顿召开的美国商业组织"商业圆桌会议"上发表联合声明："股东利益不再是一个公司最重要的目标，公司的首要任务是创造一个更美好的社会。"近年来，构建和谐社会、节能减排、实现可持续发展的理念已日渐成为我国国民的共识。党的十八大以来，中国特色社会主义进入了新的发展阶段，企业社会责任逐步纳入全面深化改革大局；党的十八届四中全会首次提出"加强企业社会责任立法"；党的十八届五中全会进一步提出要"增强国家意识、法治意识、社会责任意识"；党的十九大报告强调，"强化社会责任意识、规则意识、奉献意识"。越来越多的中国企业开始关注其自身的企业社会责任实践活动，旨在追求经济绩效和社会效益的"双赢"。因此，如何加强企业伦理和社会责任意识，成为当前各个高校商学院所面临的重要问题。

本书以企业伦理和社会责任为主题，具体包括以下内容：商业伦理；企业伦理基本原理——企业道德决策分析；企业社会责任；企业社会责任基本原理——利益相关者理论；CSR与其内部利益相关者——领导的关系研究与实践；CSR与其内部利益相关者——员工的关系研究与实践；CSR与其外部利益相关者——投资者的关系研究与实践；CSR与其外部利益相关者——消费者的关系研究与实践；CSR与其外部利益相关者——环境的关系研究与实践。

近年来，笔者依托国家自然科学基金委员会的青年项目、面上基金项目，以社会责任为主题在国内外知名学术期刊上发表了一系列相关研究文章，在这个领域产出了高质量的研究成果。笔者参加了国内多家企业的企业社会责任实践活动，承担了学校 EMBA、MBA、留学生硕士、本科等多个层次的授课工作,同时也承担了国内多家企业管理人员的企业伦理培训工作。在广泛参加企业伦理与社会责任管理实践和教学工作的过程中,笔者进一步加深了对企业伦理与社会责任管理的体会,积累了大量的案例素材。在现有学术研究水平和案例素材的基础上,笔者试图通过撰写本教材来对其近 10 年来的教学和科研成果进行汇总。

本书全面系统地分析、研究和介绍了企业伦理与社会责任的有关内容,其特色主要体现在以下几个方面。

(1)系统性。本书系统地介绍了企业伦理与社会责任的有关内容。首先介绍了企业伦理的基本内容,其次详细讨论了企业伦理学的基本思想和方法,然后从企业诸多利益相关者的角度分别给出企业应该对其承担的伦理责任,最后对企业伦理与社会责任的应用进行讨论。

(2)研究性。近年来,诸多国内外知名期刊陆续发表了有关企业伦理与社会责任的相关研究成果,本书对这些重要的研究成果进行了梳理、汇总,并且穿插在本书的各个章节之中,无论是对于学生掌握最新的研究前沿知识,还是激发学生的研究兴趣,都是有益的。

(3)实用性。本书在体系的设计上注重实用性原则的体现,在每章开篇有案例导读,帮助读者思考和练习;在每章末尾有应用案例,帮助读者深入学习和研讨有关问题,以掌握所学知识,深化学习内容。

在本书撰写过程中,西安交通大学管理学院企业社会责任团队的成员在搜集资料、案例选择等方面均付出了努力,在此要特别感谢王欣、王娟、龚汩嘉、乔月桥、陈竞、陈畅、张赟、卢俊婷、张樏、张珊珊等同学的支持。另外,也要感谢西安交通大学出版社王建洪老师给予的支持和帮助。

对于书中的不足之处,敬请读者和同行专家批评指正。

张喆

2020 年 5 月 20 日于西安交通大学管理学院

目　录

第 1 章

商业伦理

【学习目标】

- 了解中西方伦理思想的演进与发展;
- 理解商业伦理的概念,明确商业伦理对企业经营的重要性;
- 了解如何在企业中建设商业伦理。

【案例导读】

四川诺宏康售卖假口罩被罚 1400 余万元

新冠肺炎疫情蔓延后,政府、社会组织和企业快速行动,投身到疫情防控之中。然而,在全民战"疫"的大背景下,仍有部分企业存在违法违规或不符合道德的行为。

事件:2020 年 1 月 24 日,四川诺宏康生物科技有限公司从山西购进"一次性使用口罩"350000 个,购进"一次性使用医用口罩"470000 个,销往四川、湖南、重庆等地。该批口罩均标有假冒"飘安"和"卫安"商标且被检验为不合格的产品。2020 年 3 月 23 日,成都市金牛区市场监管局对四川诺宏康公司及负责人处以共计 14130488.05 元的罚没处罚。

警示:2020 年 2 月 6 日,最高人民法院、最高人民检察院、公安部、司法部联合发布《关于依法惩治妨害新型冠状病毒感染肺炎疫情防控违法犯罪的意见》指出,生产不符合保障人体健康、不符合国家标准和行业标准的医用口罩、护目镜等医用器材,或者销售明知是不符合标准的医用器材,足以严重危害人体健康的,以生产、销售不符合标准的医用器材罪定罪处罚,最高可判处无期徒刑,并处没收个人全部财产。对疫情期间制假售假等恶劣行为,需加大惩处力度,切实维护公众安全健康。

(资料来源:南方周末中国企业社会责任研究中心. 疫情期间违法违规,企业社会责任践行要有"硬约束":3 月企业社会责任警示事件分析[EB/OL]. (2020 - 04 - 23)[2020 - 05 - 20]. http://www. infzm. com/contents/182299.)

1.1　中西方伦理思想的理论基础

1.1.1　伦理概念及其演变

伦理指一定社会的基本人际关系规范及其相应的道德原则[1]。

在中国,伦理二字连用,始见于秦汉之际的《礼记·乐记》:"凡音者,生于人心者也;乐者,通于伦理者也。"这里的"伦理"一词,既有伦类条理的一般意义,又指当时的道德关系。

所谓"三纲五常",其"父为子纲、君为臣纲、夫为妻纲",指处理父子、君臣、夫妻这三类人际关系的原则,而"仁义礼智信"五常指实践这些伦理原则所依赖的道德心理基础和通过实践这些伦理原则所成就的德性[1]。大致到西汉初年,人们才较广泛地使用"伦理"这个词,它在伦理学意义上一般指人们之间应当遵循的道德原则和道德规范[2]。

英语单词"ethics"源自古希腊语"ēthikós(ηθικός)",意思是"与一个人的性格有关",这个字的词根为"êthos(ῆθος)",意思是"性格,道德本性"。伦理和道德经常被连用,但两者之间并不是等同的。道德是社会意识形态之一,指以善恶评价为形式,依靠社会舆论、传统习俗和内心信念用以调节人际关系的心理意识、原则规范、行为活动的总和。德国哲学家黑格尔把道德与伦理分开,道德专指个体的德性、行为和良心,伦理则是指家庭、社会和国家关系,个体的道德价值只有通过社会、国家才能实现。但他又指出,道德和伦理在通常用语中也有相通性。

总的来说,无论在中国,还是在西方,如果从"伦理"一词的词源含义上看,它同"道德"一词是有区别又有联系的,一般来说,都是指社会道德现象和道德关系。但近代也有另外一种理解和使用,认为"道德"多指人们之间的实际道德关系和道德行为,"伦理"则多指关于这种关系和行为的道理[1]。

1.1.2　中国伦理思想的发展与演进

中国伦理思想历史悠久,具有丰富的内容和特色。根据历史发展进程,中国的伦理思想大体可以分为以下几个时期。

1.先秦时期

先秦时期包括商周和春秋战国两个阶段,是中国伦理思想的起源和奠基时期。从夏代开始,中国进入奴隶制时期,但至今尚未发现反映夏代伦理思想的文字资料。到了商代,具有道德含义的"德"字首次出现,已经具备初步的伦理思想。周朝的统治者推翻了商的统治,进一步发展了殷代的伦理思想,核心的理论有"天命论""天赋君权"。周朝的统治者为了维护宗法等级秩序,提出了以"礼"为核心的伦理思想体系,开创了中国伦理思想的先河。

春秋战国时期,中国从奴隶制社会向封建社会过渡,思想领域出现了"百家争鸣"的繁盛局面。人们依据不同的伦理主张,围绕道德本原、义利之辩、道德准则等进行深入探讨,形成了以儒、道、墨、法等为代表的诸子伦理思想。

儒家以"仁"为道德准则,代表人物是孔子和孟子。在处理人与人之间关系时,儒家主张"仁者爱人""己所不欲,勿施于人";处理人与社会的关系时,儒家提出"克己复礼为仁",即人们应该约束自己的言行,符合"礼"的要求。儒家伦理思想满足了君主维护封建社会宗法等级秩序的要求,基本上反映了帝王伦理思想的基础。

道家以"道"为道德原则,代表人物是老子和庄子。道家主张"清静无为"和"绝仁弃义",反对世俗社会的善恶观念,提倡"无欲无知"的"至德"境界。在理论方面,道家具有自然主义和超善恶论的特点,代表了一部分避世知识分子的伦理思想。

墨家以"义"为道德准则,代表人物是墨子。墨家主张"兼相爱,交相利",把它作为人与人交往的基本准则。墨子提出"兼爱""非攻",认为国家之间应该兼相爱,反对非正义的战争。墨家的伦理思想代表了小农阶级的利益。

法家以"法"为道德准则,代表人物是韩非。法家主张"不贵义而贵法""不务德而务法",否定道德的作用。法家主张人性"自为",他们认为好利恶害、趋利避害是人固有的本性,具有非道德主义的倾向。法家的思想代表了先秦新兴地主阶级的利益。

春秋战国时期诸子的伦理思想,奠定了中国伦理思想的基础。

2. 两汉时期

秦二世灭亡,给后世的封建统治者以极大的震撼。西汉国君为了维护封建"大一统"的秩序,采用董仲舒的建议,实行"罢黜百家,独尊儒术"的政策。董仲舒极力推崇儒家伦理思想,构建了以"三纲五常"为道德原则,以"阴阳五行,天人合一"为宇宙论基础的神学伦理思想体系。从此,儒家伦理思想成为封建统治思想的正统。到了东汉,儒家伦理思想及其神学形式受到了王充等唯物主义者的批判。随着阶级矛盾激化、统治集团的腐败以及东汉末年黄巾起义对统治阶级的打击,儒学逐渐丧失了"独尊"的地位。

3. 魏晋南北朝隋唐时期

魏晋时期,王弼、郭象等糅合儒释道思想,形成了新的思想形态——玄学。魏晋时期,随着玄学的兴起,儒家伦理思想被否定。随着佛教的兴盛,佛学的伦理思想也得到了发展。然而,玄学和佛学的伦理思想均不能维护封建"大一统"的需要,儒学再次得到了肯定。因此,在魏晋时期,儒学经历了先被否定再被肯定的过程。进入南北朝隋唐时期,随着外来佛教和道教的兴盛,它们对中国的政治、经济和文化产生了深远的影响,中国伦理思想的演进也发生了重大的变化。由此,中国开始了以儒为主、儒释道相互影响的文化格局。

4. 宋元时期

宋朝以后,中国进入封建社会后期,社会矛盾、民族矛盾日益突出,君主专制进一步加强,理学成为主流的伦理思想。理学继承孔孟的主要学说,糅合佛、道的思想成分,主张"天理"是道德本原,对以往的人性论、义利观等进行了总结和发展。理学思想的产生,标志着中国封建阶级正统伦理思想的完备和定型。

5. 明清时期

明末清初,封建社会的矛盾充分暴露,对封建社会的"批判"意识逐渐产生。一批先进的思想家展开了对宋明理学的批判总结,如李贽、黄宗羲、王夫之、顾炎武等。进步的思想家在人性论、义利观和道德修养方面都提出了新的观点,集中批判了理学的"存天理,灭人欲"的观念,并把矛头指向了主流的"礼制"思想体系,具有早期启蒙思想的意义,为中国伦理思想史翻开了新的一页。

6. 从鸦片战争到五四运动时期

鸦片战争之后,中国沦为半封建半殖民地社会,民族矛盾上升为主要矛盾,"民族大义"成为最高的道德准则。随着西方资产阶级社会伦理思想的传播,启蒙主义和民主主义的伦理思想得到了发展。

1.1.3　西方伦理思想的理论基础

西方伦理思想历史悠久,在伦理的发展过程中,涌现出了一批经典的伦理学理论,这些理论为基本伦理问题提供了系统性的答案。本节主要介绍西方伦理思想发展过程中具有重要意义的几种伦理理论:功利论、道义论、正义论和德性论。

1.功利论

功利主义认为,正当的选择就是能够"达到最大善"或者产生"最大效益"的选择,错误的行为就是无益于善的行为。所谓最大善是指此行为所涉及的每个个体之苦乐感觉的总和,其中每个个体都被视为具有相同分量,且快乐与痛苦是能够换算的,痛苦仅是"负的快乐"。功利主义不考虑一个人行为的动机与手段,仅考虑一个行为的结果对最大快乐值的影响。功利论的代表人物是杰瑞米·边沁和约翰·史都华·密尔。

杰瑞米·边沁和约翰·史都华·密尔都认为:人类的行为以快乐和痛苦为动机。密尔认为,人类行为的唯一目的是求得幸福,所以对幸福的促进就成为判断人的一切行为的标准。边沁将效用描述为一个行为所产生的所有快感的总和,减去参与此行为的所有人的痛苦。功利主义的一个典型案例是电车难题:假设你看到一辆刹车坏了的有轨电车,即将撞上前方轨道上的五个人,而旁边的备用轨道上只有一个人,如果你什么都不做,五个人将会被撞死。你手边有一个按钮,按下按钮,车会驶入备用轨道,只撞死一个人。如果是主张功利主义,便会选择换轨牺牲一人救回五人。

2.道义论

道义论又称义务伦理学、义务论、非结果论。它认为最高的道德伦理是基于行为本身,不会受外来因素影响。道义论强调道德义务的神圣性和履行道德义务的重要性,注重人们的道德动机和义务在道德评价中的地位和作用。其代表人物是康德、黑格尔和罗斯。

康德的道德哲学以普遍立法、人是目的、意志自由三大绝对命令为表现形式,强调动机的纯洁性和至善性。康德将道德原则称作"绝对命令",绝对命令主要有三条[3]:

第一条:"普遍立法",即个人行为的标准必须可以成为普遍规律。

第二条:"人是目的",即人的行为必须把人当作目的,而不是当作工具。

第三条:"意志自由",即道德主体不受外界因素制约,为自己规定法则。

黑格尔一方面继承了康德的义务论的有关思想,认为义务是具有独立人格的道德主体所应承担的责任;另一方面他又指出了康德的义务论缺乏经验内容,认为伦理学中的义务论不应只包括在道德主观性的空洞原则中,而应把义务与现存的关系以及人们的思想、目的、感觉和福利联系在一起,使之达到主观与客观、抽象与具体的统一[4]。

在《正当与善》一书中,罗斯也提出了一种基于义务的伦理理论。他认为,通过对日常道德信仰的反思,我们可以直观地把握道德规律。罗斯认为,人有七条基本的道德义务[5]:

守信——应当信守诺言和讲实话;

赔偿——应当使遭受不公平待遇的人得到公平待遇;

正义——应当公正地分配善;

仁慈——应当根据德行、智慧和幸福改善他人的命运;

自修——应当根据德行和智慧进行自我改善；

感恩——应当在适当的时机表示感激；

无害——应当避免伤害他人。

3. 正义论

正义论,也被称为社会契约理论的当代版本,认为基本的伦理制度作为必要的含蓄的契约来保证社会合作。正义论的代表人物是美国哲学家约翰·罗尔斯。

罗尔斯假定了一种基本的、前政治的"原始状态",即人们的行为是在"无知之幕"下进行的,在这种情况下,人们只能从最小受惠者的角度考虑问题。罗尔斯从这个原始位置出发提出了两个基本的原则:

第一个原则是每个人都有平等的权利享受最大的自由[6]；

第二个原则是社会的利益和负担应该公平分配[6]。

为了更好地理解罗尔斯所说的"无知之幕",我们来看一个切蛋糕的案例(见图 1-1)。在客人到来之前你负责切蛋糕,也许你不知道哪一块属于你,因为客人具有优先选择蛋糕的权力。这与你在"无知之幕"之后做的决策是相似的。因此,你必须把蛋糕分配均匀,这样才能至少确保你最后得到的蛋糕和其他人一样大。罗尔斯认为,这与在社会组织中商品和服务的分配是一致的。如果你不确定最终会被分到哪个组,你最可能的做法是对待每个组都非常公平一致[7]。

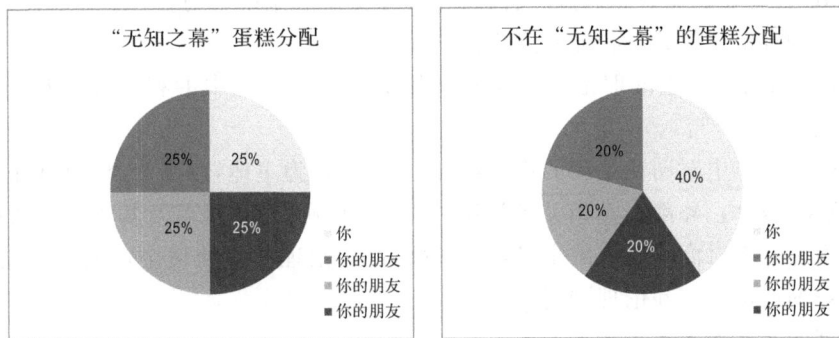

图 1-1　蛋糕分配

4. 德性论

德性论的着眼点是道德主体内在品质的善与恶。德性论的代表人物是亚里士多德。

亚里士多德认为,德性是一种习惯或品性。"德性既非情感,又非能力,那就只能是习惯或品性了。""对于这种值得称赞的'品性',我们称之为德性。""德性有两种:理智的和道德的。理智的德性,是由于训练而产生和增长的(所以需要时间和经验);道德的德性则是习惯的结果。"[8]

亚里士多德的德性论是西方德性伦理的源头,它对伦理学的重大贡献在于:一方面,在道德问题上并非诉诸"建构理性",而是主张"教化理性",即与情感感受、行为相交融的理性;另一方面,坚持了道德的理性本质,反对道德学说中的反理性倾向[9]。

1.2　商业伦理

1.2.1　商业伦理的概念及其特征

G. K. Saul 曾经在一篇文章中发问"商业伦理：我们的路在何方？"他认为，随着不道德行为层出不穷，企业如果不把伦理道德纳入经营准则，那么他们将会遭遇更多的政府干预和公众诟病[10]。

几十年过去了，商业伦理的确得到了长足的发展。与此同时，商业伦理学也逐渐发展成一个独立的学科，并且受到了学术界、社会公众的广泛关注。对整个社会而言，这是一个值得深思的问题。商业伦理的发展，一方面代表着人们意识到伦理的重要性，开始关注伦理；另一方面也意味着道德氛围的缺失，人们对伦理的需要越来越多。

在传统的学科领域中，商业伦理被视为哲学的一个分支。随着全球化浪潮的推进，企业丑闻逐渐增多，商业伦理逐渐演变成一个独立的学科。随着商业伦理的知名度越来越高，不同学科背景的学者们都开始关注这一领域，商学院也都开始设立相关课程。

A. C. Michalos 认为，商业伦理就是处理与企业有关的任何伦理问题。什么是企业？A. C. Michalos 将企业定义为"所有涉及商品和服务交换的系统"。这个宽泛的定义有助于我们从更广的范围理解企业、政府、非政府机构的人类活动[11]。

P. V. Lewis 认为，商业伦理是为企业及其员工在具体情境中的行为提供指导的各种规则、标准、规范和原则[12]。

《伦理学大辞典》中对商业伦理的定义：指以企业为行为主体，以企业经营管理的伦理理念为核心，企业在处理内、外部利益相关者关系中的伦理原则、道德规范及其实践的总和[1]。

结合国内外学者对商业伦理的定义，本书认为商业伦理就是处理企业及其利益相关者关系时应当遵守的道德规范和伦理准则。

商业伦理的特征如下[13]。

(1)商业伦理是企业及其成员行为的规范。企业是由个体组成，但企业的行为并不是企业中所有成员的行为之和。企业具有自己的使命、目标和行为方式，但企业的行为最终还是取决于企业经营者来完成的。因此，企业的行为规范也就是企业经营者在主导企业决策时所应遵守的行为规范。

(2)商业伦理是企业经营中善与恶的规范。商业伦理规定了企业经营活动中善与恶的规范，它告诉管理者哪些经营活动是善的，应该做；哪些经营活动是恶的，不应该做。一般认为，有利于个体和社会群体利益的行为或事件是善的，不利于个体和社会群体利益的行为或事件是恶的。

(3)商业伦理是处理企业及其成员和利益相关者关系的规范。企业在经营过程中必然与其他企业和社会上的其他组织成员有不同程度的联系，如供应商、顾客、同行业的竞争者等，同时也会和自然环境产生联系。在与自然环境或社会成员产生联系的过程中，双方必然会产生不同程度的影响。这要求企业在经营过程中必须考虑对自身生存发展有影响的利益相关者的利益，因此，也需要建立起与利益相关者的行为规范。

（4）商业伦理通过舆论、习俗和道德规范发挥调节作用。法律是统治阶级依靠国家机器等强制手段来约束企业及其成员的手段，体现了强制性和外部性。商业伦理是依靠社会舆论、道德规范、传统习俗等发挥调节作用，体现了自觉性和内部性。

1.2.2　商业伦理需要论

企业的经营管理离不开伦理道德的约束。在经济全球化的浪潮中，企业与社会的关系日益密切，如何协调企业与社会之间的利益关系至关重要。学习商业伦理的目的，就是明确如何生活。企业经营者无论做出什么决策，都需要对伦理问题表明立场，至少是含蓄地表明立场。

企业是否需要伦理？从理论上来看，这个问题目前仍存在争议。有人认为企业经营不需要伦理。例如，诺贝尔奖获得者米尔顿·弗里德曼认为，企业经营的最终目标是为了获取利润，讲究伦理道德和承担社会责任是与企业的经营目标相矛盾的。也有学者认为，伦理道德具有工具性意义，企业可以利用伦理道德来提高企业声誉，树立良好的企业形象。总之，在他们看来，企业经营与伦理道德是两码事。

作为社会资源的使用者和社会财富的创造者，企业具有经济性和社会性双重属性。企业的经济性是指企业通过提供产品和服务实现利润，企业的经营要遵循效率原则和利润原则。企业的社会性是指企业除了和社会具有经济联系，还有一些超越营利等经济范畴的社会联系。在学者们看来，企业的经济性和社会性之间的矛盾客观上需要伦理和道德来调节[5]。

从企业的经济性探讨企业的伦理需要，代表人物有约翰·科特、卡米歇尔、朱曼德等人。在他们看来，企业作为一个经济实体，为了获得好的经营业绩或者取得竞争优势，必须遵守伦理和道德规范。此外，制度经济学的交易费用理论认为道德可以在一定程度上降低交易费用，这也为企业的伦理需要提供了经济性佐证。

卡米歇尔和朱曼德强调了伦理和企业竞争优势之间的关系。他们提出了"伦理边际"的概念，认为企业为了获取竞争优势，要保证自己的伦理标准高于竞争对手，从而产生伦理边际效应。

从企业的社会性探讨企业的伦理需要，代表人物有托马斯·唐纳森、托马斯·邓菲、乔治·斯坦纳和约翰·斯坦纳等人。托马斯·唐纳森、托马斯·邓菲从"综合社会契约论"的角度，探讨了商业伦理需要的问题。他们认为，企业从诞生之日起就和社会建立了"非正式的契约但却是关键性的协议，即'社会契约'"，为经济生活提供了基础。根据他们的"综合社会契约论"，商业伦理是宏观社会契约和微观社会契约彼此整合的结果。

乔治·斯坦纳和约翰·斯坦纳认为，伦理道德的约束作用能够使企业等社会主体的行为对他人和社会更加有利。"所有伦理观念的核心目的，就是要把社会中大部分个人组合成一个合作的整体。伦理、道德观是用来控制商业活动及生活中其他领域各种行为的机制。伦理价值观能把人的精力引入到追求对他人或整个社会有益的事情的轨道上来。"[14]

陈炳富、周祖成探讨企业的伦理需要时，兼顾了经济性和社会性。在他们看来，商业伦理和企业的经济效益具有内在的关联性，遵守商业伦理有益于企业获得更好的经济效益。其主要原因有以下几点[15]：第一，经济效益来自正确的决策。正确的决策必然考虑了内外部利益相关者的利益，并且有利于社会进步的决策。第二，效益归根到底是由人取得的。人的积极性是效益的源泉。遵守伦理有助于企业吸引人才、留住人才并充分发挥人的潜能。第三，企业效益是所有企业成员共同努力的成果。共同的企业价值观使企业成员凝聚在一起,发挥最大力量。商业伦理是企业价值观的核心内容。第四,遵守商业伦理有助于企业吸引消费者,提高市场占有率,获得更高的经济效益。第五,讲究伦理道德的企业更能赢得公众的信任,这是企业求生存、争效益的重要条件。第六,讲究伦理有助于企业获得良好的信誉,信誉能够为企业带来经济效益。

佩因探讨企业的伦理需要时,兼顾了经济性和社会性。他认为企业既具有经济性,又具有社会性。"只要想通公司只不过是集聚资金的一种简单方便的方式,公司也就可以把自己看作是社会舞台上的一员。"[16]企业的这种双重属性,使得社会对企业绩效评判,并不仅仅局限于企业的财务绩效。企业不仅要取得良好的财务绩效,还需要妥善处理企业与员工、客户等内外部利益相关者之间的关系。

1.3　商业伦理建设

1.3.1　管理者道德素养

管理者是企业经营活动的中坚力量,管理者自身的道德素质是商业伦理问题的根源之一。罗宾斯、库尔特认为,"一个管理者的行为合乎道德与否,是管理者道德发展阶段与个人特征、组织结构设计、组织文化和道德问题强度的调节之间复杂的相互作用的结果"[17]。

1.道德发展阶段

美国心理学家劳伦斯·科尔伯格提出了道德发展的阶段模型。他认为道德发展要经历三个层次,每一个层次包含两个阶段(见表1-1)。虽然他的道德发展模型没有被普遍接受,但人们在实践中还是广泛应用了他的道德发展层次论。

表1-1　科尔伯格的道德发展阶段学说[18]

层次一:前传统的
第一阶段:有形后果决定行为正确与否。做正确的行为是为了避免惩罚
第二阶段:满足个人需要的就是正确的。做正确的行为是为了满足个人需要
层次二:传统的
第三阶段:得到他人同意的就是正确的。做正确的行为是为了让他人认为自己是一个好人
第四阶段:合法的就是正确的。做正确的行为是为了遵守法律和权威
层次三:后传统的
第五阶段:尊重个人权利和社会契约的就是正确的。做正确的行为是为了遵守社会契约
第六阶段:普遍原则决定什么是正确的。正确的行为符合公正原则、公平原则和普遍人权原则

第一、二阶段是年幼儿童的行事特征,第三、四阶段是年轻人的活动阶段,第五、六阶段是成年人的活动阶段。在前两个层次上,道德决策的出发点都是基于个体利益,在第三层次上,道德决策的出发点是全人类的利益,而不仅仅局限于个人的利益。在科尔伯格看来,第三层次是最难达到的。一般而言,只有不超过 25％ 的成年人能够达到这一层次,能达到第六阶段的成年人只有 5％～10％[19]。

科尔伯格的道德模型是从道德认知的角度来考虑道德发展层次的,但这对我们理解道德素养的发展层次同样具有启发意义。鉴于管理者在企业经营和社会发展过程中的重要作用,我们有理由期待管理者们应该努力从第二层次向第三层次跨越。即使永远达不到第三层次,也能够不断督促管理者从整个社会利益的角度进行决策。

2. 个人特征

组织中的成员在长期生活中都会形成一套相对稳定的价值观,这些价值观是人们关于善恶是非对错的基本信条。与道德发展阶段相比,个人价值观涉及的领域更广泛,涵盖方方面面的事项;道德发展阶段则是个体在进行价值判断时独立于外界影响的程度。现有研究发现,自我强度和内控性是影响个体价值观和性格的重要变量。

自我强度指个体对自己所持信念的力量。自我强度高的个体更可能抑制不道德行为的推动力,遵循自己的价值信条。与自我强度较低的人相比,自我强度高的管理者在道德判断和道德行为之间表现更强的一致性。内控性是个体相信自己能够掌握命运的程度。内控者相信自己能够掌控自己的命运,外控者则认为他们的遭遇是由于外部因素的影响,如运气或者偶然因素。因此,内控性的管理者更可能对自己的行为负责,依据内心的价值标准来指导自己的行为;相反,外控性的管理者可能会把他们的行为结果归结为外部因素,对自己的行为负责任的可能性很低。

3. 组织结构设计

有效的组织结构设计能够规避组织成员的不道德行为,培养他们的道德性行为。明确清晰的组织规章制度,如岗位说明书、绩效考核标准、奖惩制度、报酬分配制度,能够有效引导员工按照正确的标准行事,降低了员工行为的模糊性和不确定性。当然,在组织结构设计中,还应该考虑道德因素,保证组织结构以符合伦理标准的方式运行,推动管理者和员工实施更多的道德行为。

4. 组织文化

组织文化是组织成员共享的价值观,这些价值观创造了一种能够影响员工道德行为的环境。管理者的价值观对组织文化的形成至关重要。研究发现,管理者的道德素质是影响员工实施道德或者不道德行为最重要的因素。员工会以管理者的行为为基准来定义可以接受的行为。组织文化强度和内容都会影响道德行为。如果组织文化是强有力的,并且倡导道德行为,那么他会对员工的道德行为产生积极显著的影响。

5. 道德问题强度

道德事项自身的严重程度也会影响管理者的道德行为。如图 1-2 所示,伤害的可能性、对错误的共识、伤害的严重性、后果的即时性、与受害者的密切程度、影响的集中程度等六个要素决定了事项的严重程度和道德事项对个体的重要程度。

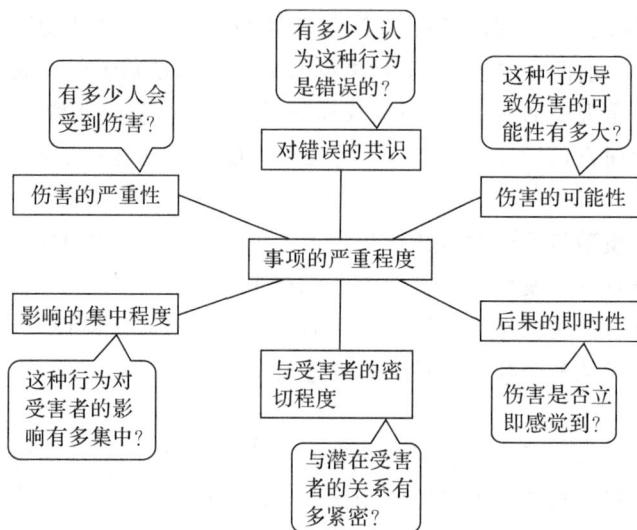

图 1-2   事项的严重程度[17]

1.3.2   如何建设商业伦理

1.建立道德准则和决策规则

将伦理准则制度化是改善组织伦理氛围的有效途径之一。设立明确的道德准则和决策规则,让员工明白哪些行为是值得提倡的,哪些行为是明令禁止的,对于规范员工的伦理行为具有重要意义。

此外,企业决策中也应该考虑伦理准则。在伦理决策模型中,应用最广泛的是 Rest[20] 个体伦理决策的四成分模型和 Jones[21] 的问题-权变模型。问题-权变模型综合了以前的伦理决策模型,并使用 Rest[20] 个体伦理决策的四成分模型作为基础。

Rest 的个体伦理决策的四成分模型的四个步骤是:①识别道德问题;②做出道德判断;③决定优先考虑道德问题;④对道德问题采取行动[20]。简而言之,识别道德问题是理解情境的能力;做出道德判断要求决策者判断哪种行为方式是符合道德规范的;道德意图是指将道德价值优先于其他价值的能力;道德行为则是道德意图在情境中的具体应用。最终,Rest 的模型被压缩为四个步骤:意识、判断、意图和行为。

Jones 以 Rest 的个体伦理决策的四成分模型为基础,进一步发展了道德强度的概念,将四成分模型发展为六个部分[21]:

(1)结果的严重程度:道德行为对当事人的伤害/利益的总和;

(2)社会共识:对提议行为道德判断的一致程度;

(3)影响的可能性:该行为实际发生的可能性和对当事人的伤害/利益的总和;

(4)时间的紧迫性:当前和实际行动之间的时长;

(5)与受害者的密切程度:对参与者的即时感觉;

(6)影响的集中度:对受害者的影响有多集中。

在企业决策过程中应用伦理决策模型,能够有效规避企业决策中的不道德行为,保证企业按照伦理规则运行。

2.人力资源道德建设

员工的招募、选拔和培训也是组织伦理建设的重要内容。在招募和选拔过程中,组织可以对候选人的道德发展水平、个人价值观等因素进行详细的测试和考察,确保员工的价值观符合组织文化的需求。员工入职后,企业应该对员工进行道德教育和培训,提高员工的道德意识和道德素养。

此外,企业应当建立正式的保护机构,确保处于道德困境的员工能够依照自己的伦理判断处理而不必考虑以此带来的不利影响。

3.发挥管理者的道德领导作用

管理者个人的道德示范作用对于商业伦理建设具有重要的影响。领导者的个人行为会影响组织中成员的行为,因此,管理者应该努力提高自身的道德素质,为员工树立良好的道德榜样。

4.建立合理的绩效评估体系

组织的绩效评估和奖励体系对员工的道德行为也具有重要的影响。如果企业以单一的经济绩效指标来评价员工的业绩,可能会导致一些员工只考虑经济效果,而不顾伦理道德。因此,企业可以考虑将道德指标也纳入绩效评估体系,引导员工实施更多的道德行为。

【本章小结】

- 中西方伦理思想都有悠久的历史和深厚的理论基础;
- 商业伦理就是处理企业及其利益相关者关系时应当遵守的道德规范和伦理准则;
- 企业具有经济性和社会性双重属性;
- 企业的伦理建设应当渗透于企业经营管理的方方面面。

【复习思考题】

1.中国伦理思想和西方伦理思想的区别是什么?
2.企业如何在伦理和法律之间进行平衡?
3.企业如何成为一个遵守商业伦理的企业?

【应用案例】

秉承思利及人 全力驰援抗疫 李锦记用味道传递爱

自新冠肺炎疫情爆发以来,李锦记持续关注疫情发展,肩负民族企业担当支援抗疫:全力协助各地阻击疫情、支持坚守在一线的医务工作者。李锦记感谢医务工作者的艰辛付出,并始终牵挂着他们的安危,对他们的支援义不容辞,希望通过捐赠行动,积极回报社会、履行企业责任,为医务工作者多送去一分温暖和敬意。

支援武汉——捐市值百万物资

2020 年 3 月 14 至 15 日,李锦记酱料产品陆续运抵武汉大学人民医院、湖北省中医院和武汉大学中南医院,还通过武汉市慈善总会向湖北省烹饪酒店行业协会定向捐赠了酱料产品。

捐赠当日，楚菜烹饪大师卢永良来到现场并亲自协调货物的搬运与分发。他在接受采访时表示，湖北当地一些爱心餐饮企业抗击疫情期间一直在为一线医务人员制作配餐，然而调味品尤其是专供餐饮业的中高端调味品货源短缺是亟待解决的问题之一。与此同时，新冠疫情对整个武汉餐饮行业造成了极大冲击，餐饮企业面临的形势十分严峻。李锦记在了解到他们的燃眉之急后慷慨解囊，既在一定程度上解决了调味品货源短缺的问题，也为当地不少餐饮企业能够顺利渡过难关提供了一定的支持。对此，卢永良大师代表定向接受捐助的湖北省烹饪酒店行业协会以及当地爱心餐饮企业，再次向李锦记致以感谢。

李锦记秉承"思利及人"的核心价值观，设身处地想医务人员之所想。本次捐赠的大部分小包装产品不仅直接送到一线医护人员手里，还可供他们开瓶直接佐餐，如风味豆豉酱、香辣酱、蒜蓉辣椒酱、番茄沙司等，瞬间提升了工作餐的口感。几位收到调味品的医务人员甚至兴奋地在朋友圈分享了盒饭中的"小确幸"，这些白衣天使真是既伟大又可爱。另一部分超大包装捐赠产品，如财神蚝油、锦珍生抽、草菇老抽、味极鲜、金标生抽等则供应医院食堂使用，也可以让各方支援武汉的抗疫人员通过李锦记产品更好地感受到楚菜的魅力。值得一提的是，此次李锦记捐赠的三所武汉医院中，不乏之前一直在使用李锦记产品的忠实消费者。

武汉大学中南医院后勤保障部部长邹世清对李锦记的及时捐赠表示感谢，他指出："李锦记是疫情发生以来第一个为我院捐赠调味品的爱心企业，解决了我们的燃眉之急，对于我们每天的饮食来说是雪中送炭。"他还表示，李锦记所捐赠的调味品会优先送至一线医务人员手中。

四轮捐赠——已累计逾 500 万元

面对突如其来的疫情，李锦记于第一时间了解抗疫前线的各类需求，并积极筹措相关资源。2020 年 2 月 4 日，李锦记通过广东江门慈善会向江门市中心医院捐款人民币 200 万元支持抗疫；李锦记随后启动第二轮捐助，向江门新会红十字会捐赠 2360 箱白醋支援呼吸道疾病预防工作；3 月以来，李锦记开启第三轮捐助，向广东江门市两所新冠肺炎定点医院、新会区各医院及各镇街卫生院抗疫一线医务人员、新会区圭峰会城社区一线防疫人员，以及通过江门市妇联向江门市赴鄂医疗队及前线医务人员家庭捐赠总数超过 14000 份的酱料产品。

2020 年 3 月 3 日，李锦记加入爱心行列，支持江门市妇联四市三区"您家的菜，我来送"公益活动，通过江门市妇联向江门市赴鄂医疗队及前线医务人员家庭捐赠旧庄蚝油、蒸鱼豉油、醇酿陈醋、叉烧酱等多款李锦记经典产品，在一定程度上缓解了一线医务人员的后顾之忧。江门市妇联在收到捐赠物资后立即组织巾帼志愿者进行打包，将李锦记爱心酱料产品随"爱心菜"一同送到赴鄂医务人员家中。

李锦记以此实际行动向抗疫一线医务人员致以最崇高的敬意，感谢他们无畏无私、用心血和汗水守护千万家庭生命安全和身体健康的壮举。李锦记希望借此捐赠酱料之举，改善一线医务人员伙食，同时关爱他们的家庭，让他们在战斗中感到并不孤单，后方还有李锦记在用味道向他们传递爱心与力量。为此，江门市中心医院、五邑中医院、新会中医院、新会区人民医院等纷纷向李锦记发来感谢信。其中，五邑中医院院长左万里向李锦记表示谢意，并感言称："我们得到的不仅是物资捐助，更是精神上的鼓舞。我们有信心也有决心，在市委市政府的坚强领导下，以社会大爱和守望相助的精神，定能打赢这场抗疫阻击战，为人民身体健康保驾护航。"

截至目前，李锦记通过捐资捐物等方式先后支援广东、湖北、四川和上海、香港等地，支持抗疫一线医务人员、基层医务人员、医务人员家庭、社区防疫工作者开展防疫工作，并对人民群众进行生活援助，累计捐赠钱物逾 500 万元。

捐赠"三同"产品——认可度高

作为供应全球民生产品的跨国食品企业,李锦记始终恪守"100－1＝0"的品质管控理念,按国际先进水平和标准要求生产内外销产品。特别值得一提的是,李锦记作为出口产品内外销"同线同标同质"(以下简称"三同")促进联盟首批 105 家成员单位之一,抗疫捐赠的全部产品质量均符合"三同"标准,产品认可度高。

全面复工践行"三保"

在抗击疫情的同时,李锦记也一直为经济复苏而努力。其迅速响应国家市场监督管理总局"保价格、保质量、保供应"(简称"三保")行动号召,以承诺书和视频等方式向社会庄严承诺:承担社会责任,加快恢复产能;切实保障全体员工的健康和安全;恪守"100－1＝0"的品质管控理念,确保产品质量不受疫情影响;坚持诚信经营,保持产品价格稳定;提升服务水平,丰富市场供给。2020 年 2 月 10 日,李锦记新会生产基地开始复工生产,通过加大订货、补货等措施保障产品供应。2020 年 3 月 9 日,李锦记新会生产基地全面复工,全力保证产品质量、生产和物流等快速推进、按期交付。

早在疫情初期,李锦记已全面开展防疫的宣传工作,借助电子邮件、公众号、电话会议等方式向员工宣传关于新型冠状肺炎的预防知识,在广东新会生产基地定期向一线工人宣传贯彻最新的防疫措施和知识。此外,为保障一线员工健康安全,李锦记新会生产基地根据广东省疾控中心建议,强化工厂及食堂的消毒工作,加强工作人员的卫生意识;每天测体温、申报身体状况,每名员工进入食堂须经过消毒、洗手,并要求员工分散就餐,一张饭桌最多坐两人且不可面对面就餐。新会生产基地还临时增设一线员工食堂,将一线员工和后勤员工分开就餐,防止交叉传染。

凝聚、传承企业精神

走过一百多年的李锦记,一直秉承"思利及人、造福社会"的价值观。在近年的洪灾、非典、地震等危难时刻,李锦记始终牢记社会责任,尽企业所能支援社会共渡难关。李锦记亦密切关注疫情发展,积极配合全国防疫工作、恢复经济发展,充分发挥百年民族品牌的表率及"三同"企业的重要作用,与全国人民守望相助,为最终战胜疫情而继续努力。

(案例来源:徐辉.秉承思利及人 全力驰援抗疫 李锦记用味道传递爱[EB/OL]. (2020－04－21)[2020－05－20]. http://www.gongyishibao.com/html/qiyeCSR/18585.html.)

问题讨论:

1. 疫情之下的企业应当如何承担社会责任?
2. 为什么李锦记能够成为百年民族企业?
3. 结合案例,谈谈你对"思利及人、造福社会"的看法与认识。

🌸【本章参考文献】

[1] 朱贻庭.伦理学大辞典[M].上海:上海辞书出版社,2002.
[2] 李淮春.马克思主义哲学全书[M].北京:中国人民大学出版社,1996.
[3] 康德.道德形而上学原理[M].苗力田,译.上海:上海人民出版社,2012.
[4] 陈雷.理解企业伦理[M].杭州:浙江大学出版社,2008.

[5] 斯皮内洛.世纪道德:信息技术的伦理方面[M].刘钢,译.北京:中央编译出版社,1999.

[6] ROBERT N. Anarchy,state,and utopia[M]. New York:Basic Books,1974.

[7] 哈特曼,德斯贾丁斯.企业伦理学:中国版[M].苏勇,郑琴琴,顾倩妮,译.北京:机械工业出版社,2011.

[8] 周辅成.西方伦理学名著选辑:上卷[M].上海:商务印书馆,1964.

[9] 王能昌,海默.亚里士多德的德性论[J].南昌大学学报(人文社会科学版),2001(4):41-47.

[10] SAUL G K. Business ethics:where are we going? [J]. Academy of Management Review,1981,6(2):269-276.

[11] MICHALOS A C. Editorial:purpose and policy[J]. Journal of Business Ethics,1982,1(3):255-255.

[12] LEWIS P V. Defining "business ethics":like nailing jello to a wall[J]. Journal of Business Ethics,1985,4(5):377-383.

[13] 周祖城.企业伦理学[M].北京:清华大学出版社,2006.

[14] 约翰·斯坦纳,乔治·斯坦纳.企业、政府与社会[M].张志强,王春香,译.北京:华夏出版社,2002.

[15] 陈炳富,周祖城.企业伦理与企业经济效益的关系[J].国际经贸研究,1996(2):50-52.

[16] 佩因.公司道德:高绩效企业的基石[M].杨涤,译.北京:机械工业出版社,2004.

[17] 罗宾斯,库尔特.管理学[M].李原,孙健敏,黄小勇,译.北京:中国人民大学出版社,2012.

[18] 弗里切.商业伦理学[M].杨斌,译.北京:机械工业出版社,1999.

[19] 里奇,戴维提斯.道德发展的理论[M].姜飞月,译.哈尔滨:黑龙江人民出版社,2003.

[20] REST J R. Moral development:advances in research and theory[M]. New York:Praeger,1986.

[21] JONES T M. Ethical decision making by individuals in organizations:an issue-contingent model[J]. Academy of Management Review,1991,16(2):366-395.

第 2 章

企业伦理基本原理——企业道德决策分析

🔖 【学习目标】

- 了解为什么要进行道德决策；
- 掌握道德决策的研究脉络和基本模型；
- 了解道德决策的双重处理模型。

🌐 【案例导读】

　　假设你是一辆有轨电车的司机,电车以每小时 96 千米的速度行驶,前方轨道上有五个工人,但是刹车失灵了,电车停不下来。突然,你看到右边有一条岔道,那条轨道上只有一个工人。如果将电车拐向那条岔道,撞死这个工人,就可以挽救五个工人的生命。你会怎么做? 如果拐了,你牺牲了一个人,挽救了五个人的生命。可是你的这个行为杀害了一个无辜的人,触犯了法律,将会受到制裁。如果没有拐,你却明明知道,杀死一个无辜的人,可以挽救五个人,为了不承担事故的责任,从道德层面上,你成了杀死五个人的帮凶。我们这时面对着这样一种情形:要挽救一些人的生命就必须杀害一个无辜的人。

　　一个真实的道德困境,它比上述的假设困境更为复杂。2005 年 6 月,马库斯·勒特雷尔所在的特殊军事小组,前往阿富汗境内的一个小村庄,寻找一名塔利班领导人。他们在山脊上占据了一个位置并俯瞰那个村庄,但是突然遇到了两名赶着羊的阿富汗农民和一个 14 岁的小男孩。美国士兵用步枪对准他们,命令他们坐在地上,接着便开始讨论如何处理这几个人。一名士兵认为应该杀掉这些牧羊人,因为如果放他们走,他们可能会去通报塔利班分子。最后勒特雷尔投了决定性的一票,放走了他们。一个半小时后,士兵们被 80～100 名手持 AK47 和火箭筒的塔利班分子包围了,除了勒特雷尔,其他人全部遇难。塔利班分子还击落了一架试图解救他们的直升机,机上 16 名士兵全部遇难。勒特雷尔感到无比悔恨,他觉得当初自己应该赞成杀死牧羊人。

（资料来源:桑德尔.公正[N].朱慧玲,译.北京:中信出版社,2011.）

2.1 为什么要进行道德决策

企业丑闻,如夸大收入、行贿、为腐败官员提供便利以及对机密商业信息处理不当,已经引起了全世界对不道德行为的兴趣[1]。尽管商业组织尽了最大努力实施全面的道德规划,包括道德准则、道德培训和举报热线,尽管世界各地的商学院在很大程度上教授商业伦理,但不道德行为仍在发生。在企业环境中,企业涉及与许多人的交易和关系,包括股东、员工、供应商和客户,因此个体道德或不道德行为并不是一件小事,可能对个体和他人产生特别深远的影响。因此,在过去的几十年里,越来越多的学者将他们的注意力转向为什么员工和他们的管理者会做出代价高昂的不道德行为[1-3],即个体的道德决策过程。

鉴于每年持续发生的非法和不道德活动的程度,以及由此给包括股东、雇员、消费者和自然环境在内的社会利益相关者带来的伤害和成本,理解个体的道德决策过程是非常重要的。例如,对于诚实这一道德原则来说,个体可以选择不同的做事方式:他们可以选择对自己和别人诚实或不诚实。他们可以假装他们的生意做得很好,而事实上,他们正在赔钱,或者他们可以面对事实,试图挽救业务。诚实只是一个道德原则,而个体的实际行为则取决于他们的道德决策。如果我们能够更加了解人们是如何做出道德决策的,我们就越有能力去影响个体的决策,从而影响他们的道德或不道德行为。

随着企业伦理学研究的蓬勃发展,我们对个体的道德决策有了更加深入的理解。借鉴一系列学科和理论,包括道德哲学、道德心理学、社会心理学、社会经济学、组织行为学、犯罪学、行为科学、行为伦理学、认知神经科学、进化生物学和实验哲学等,学者们提出了一些描述性的道德决策理论模型,以帮助他们解释个体道德或不道德行为的决策过程。这些描述性的道德决策理论模型解释了认知过程(即理性或直觉)或情感过程(情绪)如何在大脑中起作用,从而导致个体的道德判断和行为。

道德决策的相关研究表明,道德决策理论模型有两大类:①基于理性主义(rationalist-based)的道德决策理论模型;②基于非理性主义(non-rationalist-based)的道德决策理论模型。传统上,道德决策的大部分研究是基于理性主义的方法。其中,Rest[4]的四成分道德决策模型是引用最多的模型之一。在此基础上,学者们提出了各种描述性的道德决策模型,所有这些模型都指向理性过程的优势,认为道德推理过程是道德决策的核心,个体通过理性的道德推理产生道德判断[5-7]。在这些模型中,直觉和情绪被分离或完全忽视,因此理性主义的方法似乎遇到了限制和不足,特别是在不确定、意外和动态的情况下。因为在这些情况下,决策者严重依赖他们的感觉、情绪和直觉的心理过程[8]。基于这个原因,社会心理学家和商业学者最近重新发现了决策者的情绪、本能和直觉反应的重要性[9-10]。这一主张得到了传统上基于直觉的人类认知模型的支持[11-12]。基于非理性主义的道德决策理论模型认为直觉和情感主导道德判断过程,道德推理处于事后解释的次要地位,要在事后为个体的道德判断进行辩护,如合理化。然而,最近的研究表明,在道德决策中,理性推理和直觉情感过程并不是相互排斥的,而是包含两个阶段的双重处理过程,即直觉(冲动)和推理(反思)、情感与理性之间的同步相互作用的双重处理过程[13]。接下来,我们将具体介绍基于理性主义、非理性主义,以及情绪与认知双重处理的道德决策模型,并单独介绍了情绪在道德决策中的独特作用。

2.2　基于理性主义的道德决策模型

传统上,道德决策的理性主义方法占据主导地位。这类理论模型明确或含蓄地假设,理性推理过程导致了道德判断。理性主义方法认为,在经历道德困境时,决策者试图通过逻辑、理性和审慎的认知过程,通过考虑和权衡各种可能相互冲突的道德标准来解决冲突。道德决策的绝大多数实证研究人员在进行研究时都依赖这一特定的理论框架。

早期的道德行为理论直接从哲学传统中发展而来,这些哲学传统本质上是强烈的理性主义,深受康德学派的影响。康德学派强调有意识思考和谨慎推理的力量来决定正确的道德行为,进而启发了 Kohlberg 的认知道德发展理论[14]。Kohlberg 将道德决策描述为一个理性的过程,人们通过运用道德原则或其他一些标准来对道德困境进行推理,这为道德决策的研究奠定了一定的基础。

基于此,研究者们提出了一系列基于理性主义方法的道德决策模型,其中最重要的、影响力最大的是由 Rest[4] 提出的四成分模型。他认为道德决策有四个不同过程的组成部分或阶段:①道德意识(moral awareness),即意识到道德问题或具有道德含义的情境的存在,承认道德问题的存在代表道德决策过程的开始。②导致道德判断(moral judgment),即决策者对道德困境做出道德判断,决定什么是道德上正确的。具体来说,在这一阶段,决策者会慎重考虑,所以他会给可能的行为贴上好或坏的道德标签。③确立道德意图(moral intent),也称为道德动机、决定或决心,揭示了决策者实施道德行为的意愿。在这一阶段中,决策者根据自己的道德原则,通过优先考虑某些道德价值并对道德后果负责来决定如何行动。④按照这些意图做出行为(moral behavior),即根据道德主体的意愿实施道德行为,Rest[4] 模型的道德判断阶段是道德决策过程中道德推理的关键组成部分,它基于 Kohlberg[14] 的道德发展理性主义理论。Rest[4] 模型的感知、判断、动机/意图和行为是直观和引人注目的,并且很容易适应不同的理论需求。因此,它为许多其他框架的开发提供了基础,这些框架用于解释组织中的不道德行为,包括 Trevino[3] 的个体环境交互模型(person situation interactionist model)和 Jones[7] 的问题-权变模型(issue-contingent model),并为之后的研究提供了组织框架[15]。

Trevino[3] 提出了一种基于个人-情境交互作用的道德决策模型,该模型首先提出决策者分析道德困境的方式取决于个体认知道德发展的阶段。决策者对于对错的最初认知受到个体因素的调节,包括自我强度(信念或自我调节技能的强度)、场依赖(对外部社会参照的依赖)和控制点(一个人对生活中的事件施加多大控制的感知)。情境因素也会影响行为,如直接的工作环境(强化偶发事件,如对道德/不道德行为的奖励和惩罚)和其他外部压力(包括个人成本、稀缺资源或竞争)。此外,组织文化(规范结构、他人参照、服从权威、对结果的责任)和工作特征也会调节个体的行为。

Jones 不仅在前人研究的基础上进行了扩展和巩固,而且他还加入了一个重要的新因素——道德问题本身的特点,即道德强度(moral intensity)。Jones 将道德问题的道德强度定义为在某种情况下,与道德必要性相关的强度。道德强度的构成或特征包括:后果(结果的大小、影响的概率、时间的即时性、影响的集中程度)、对于行为好坏的社会共识以及决策者对受影响者的接近程度或亲近感(社会、文化、心理或身体)。问题的道德强度可以作为一个自变量和调节变量,来影响道德决策的四个阶段中的每个阶段。

自 1991 年以来,学者们提出的大多数理性主义模型几乎都是 Rest[4] 和 Jones[7] 模型的变体或组合。在此基础上,Sonenshein[16] 将理性主义的研究方法分为三个重要的研究流派:①管理者作为哲学家,即管理者基于道德理论参与道德推理,如道义论或功利主义,然后根据这些理论的原则行事[6];②个人-环境交互[3],认为管理者不是基于道德理论,而是根据道德发展的阶段或者基于奖励和惩罚进行推理;③问题权变模型[7],即认为个体基于道德强度进行道德推理。

研究者不仅发展了具体的道德决策模型,大多数研究还检验了各种因素对决策过程的影响。首先,Trevino[3] 的个人-情境交互模型关注两类因素:个体因素和情境因素。前者是指与决策者的经历和出生环境有关的个人因素,比如年龄、教育经历、就业,人格和价值观,以及马基雅维利主义。后者指的是可能影响决策过程的特定情境压力,包括组织和行业特征、工作小组和管理影响以及行为准则。这些因素是道德决策过程之外的,因为它们代表了决策者必须应付的先决条件。此外,Ferrell 和 Gresham[5] 的社会和环境应急模型扩大了可能影响道德决策过程的偶然事件的集合,特别是那些与决策者的社会文化环境有关的事件。这些偶发事件包括组织因素,如社会群体的规范、信仰和价值观,被标记的重要他人,以及依赖于公司政策、奖励和惩罚的专业机会[5]。最后,Jones[7] 提出,决策者对特定道德问题的反应方式取决于道德问题本身的特征,这一特征称为道德强度。具体而言,问题的道德强度提高了决策者对该问题的关注程度[15]。

从这些模型中我们可以得出结论:个体因素、情境因素、社会因素和环境因素,以及问题本身的道德强度都会影响决策者识别道德问题的能力,从而促进或者阻碍整个道德决策过程。图 2-1 展示了一个整合的理性道德决策框架[17]。

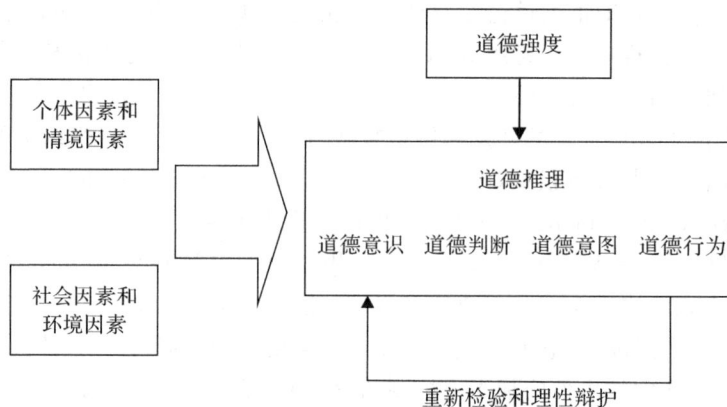

图 2-1   一个整合的理性道德决策框架[17]

将所有这些理论模型结合在一起是决策者用来解决道德困境的理性认知过程。虽然理性主义方法倾向于承认直觉或情感可能在道德决策过程中发挥作用,但它们永远不会决定一个人的道德判断。然而,理性主义方法也逐渐开始认识到它们的局限性,包括有限理性,更具体地说是有限伦理的约束,或者影响信息处理方式的其他认知偏差。例如,Rest[4] 模型对人类行为的本质做出了一些严格的假设,这些假设在过去 20 年里受到道德心理学和认知神经科学研究的广泛挑战,而且在很大程度上遭到了反驳。首先,高度理性主义的道德行为模型意味着个体行为人对其最终的道德选择和行为具有有意识的控制。然而,Rest[4] 模型之后的许多道德心理学的相关研究提出挑战——在特定的情况下,即使我们意识到存在道德问题,我们不一定仍会坚持自己的信念、坚持正确的道德选择,或坚持我们认为道德上最优的结果[2]。其次,Rest[4]的理性主义还假定了人类行为的稳定性,道德心理学的研究对此产生怀疑。虽然Rest[4]的模型允许道德决策随着时间的推移而发生变化,但它描述的这些变化是长期投资培养道德技能(如从小接受的教育或教养)的结果。然而,研究表明,人类的行为比这要反复无常得多,我们的决定和行为取决于各种各样的情境因素。对于理性道德决策模型的批判,让研究者重新关注发现了非理性方法(如直觉和情绪)在道德决策过程中的作用。

2.3　基于非理性主义的道德决策模型

进一步的研究发现,道德决策不仅包含一个理性的推理过程,同时也包含情绪和直觉等非理性过程。这些研究提出了基于非理性主义的道德决策模型。根据这些模型,决策者不参与道德推理,而是在意识觉醒之外直观地处理决策,并且仅为了表象或社会认可的目的,在事后合理化其道德判断。其中,影响最大、最突出的是 Haidt 提出的社会直觉模型[10]。

2.3.1　社会直觉模型

Haidt[10]的社会直觉模型强调道德直觉的概念。这一概念被描述为道德判断意识的突然出现,包括情感价(好与坏,如不喜欢),而没有意识到自己经历了搜索、权衡证据或推断结论的步骤。该模型的中心主张认为,道德判断是由快速的道德直觉产生的,然后在需要时进行缓慢的、事后的道德推理,道德推理并不能产生道德判断,它常常只是一个道德判断之后、为证实这一判断而进行的心理加工。例如,表达直觉过程的一种方式是:我不知道,我无法解释它,我只知道它是错的。Haidt[10]的“道德失声”研究支持这一观点。道德失声是指个体在被要求为直觉产生的判断提供理由时,个体在没有理由支持的情况下,固执而困惑地维持判断。关于道德失声的主要场景之一涉及兄弟姐妹之间安全且自愿的性行为。当人们听到诸如“亲兄妹发生性关系”之类的故事时,大多数人不需要经由复杂的推理就会立即断定这种行为是不道德的,然后他们才开始寻找各种理由来支持这一判断。这项研究有助于阐明的是,我们是如何快速、自动地对一部分道德决定做出判断的,尤其是那些会引发强烈负面情绪(如厌恶情绪)的决定,而对这些决定背后的原因一无所知。当被要求解释我们的直觉时,我们就会寻找原因,然而所提供的原因完全是事后的,与直觉的起源无关。对于这些强烈的道德直觉,理论家们提出了许多似是而非的解释,但却没有给出原因。认知直觉主义认为,道德直觉代表着一条通往某种道德真理的直线,例如简单而明显地表示对他人造成直接伤害是错误的。这些根深蒂固的道德标准不容忽视,尽管我们无法解释。就像我们否认兄弟姐妹发生性关系一样,我们对违背强烈道德直觉的不安,似乎来自更深层次的根源。我们现在对这些信息来源有了更好的理解,部分原因是我们对大脑如何做出判断有了更好的理解,另一部分原因是我们已经进一步了解了人类在进化过程中形成道德观念的方式。总之,直觉在我们的道德判断中起着关键作用。虽然我们并不总是能够解释我们的直觉,他们一旦出现,往往不太可能改变,他们似乎源于根深蒂固的需要与我们物种的生存需要,即使没有有意识的思考也可以导致适当的道德反应。此外,这项研究还强调了围绕道德决策环境的微小变化如何导致非常不同类型的认知处理,以及潜在的不同结果。这一点在考虑组织伦理时是至关重要的,因为一个人的职业环境包含许多不同的元素,这些元素将推动人类在特定方向上的直觉反应。

进一步地,Dane 和 Pratt[9] 强调了直觉过程和道德直觉结果之间的显著区别,并补充说整个过程受到情感的影响。在此基础上,他们将道德直觉分解为两个过程,即直觉和情绪加工,由此产生的结果称为情感负荷的直觉判断(affect-laden intuitions),因为这种判断往往涉及情感,与理性脱节。决策者的直觉是一种无意识的认知过程,其特点是信息处理速度快,能够抓住外部刺激,并将其以一种可以被决策者的思维图式解释的方式与认知结构联系起来。Hodgkinson 等[18] 将直觉定义为一种自动的自我过程,基于显式或隐式感知的线索而启动,这些线索不需要努力、意图、有意识的或审慎的分析判断。直觉在决策过程中非常重要,尤其是在动态的、不清楚的和快速变化的环境中。在这些环境中,管理者通常需要对细节和信息进行删减,在结构不明确的情况下做出决定,以及快速地做出判断。而直觉道德判断代表了一种以快速和自动的方式出现的先验反应,是由情感处理过程而来。这种直觉的道德判断是对特定情况做出本能反应的基础,这种反应通常是非结构化的、不清晰的和动态的。

2.3.2　情绪的作用

无论是在心理学领域还是在管理学领域,情绪都被认为是一个在道德判断和道德决策研究中的重要分析元素。情绪,定义为个体的感觉状态,被明确地纳入道德决策的研究中;来自实证研究的累积证据支持这样的论断,即道德决策不仅基于直觉,而且基于情绪处理,情绪构成了道德决策的关键组成部分。Tangney 等人[19] 也注意到了情绪在道德决策中的重要性:他们认为道德情绪对于理解人们的道德或不道德行为可能至关重要。被认为与道德决策更直接相关的情绪可以被分为:①亲社会情绪,如移情、关心或同情,能促进道德上良好的行为;②自责情绪,如内疚和羞愧;③责怪他人的情绪,如轻蔑、愤怒和厌恶。

从关于直觉的文献中可以清楚地看到,直觉与情感的关系是极其密切的。例如,Haidt 的直觉决策模型认为直觉与情绪是同时出现的:"人们有一种内在的道德感,这种道德感使人们对仁慈的行为产生愉快的肯定感,对邪恶产生相应的否定感。"Kahneman[12] 指出:直觉的运作通常是快速的、自动的、毫不费力的、联想的、内隐的,而且常常是情绪化的。Monin 等人[20] 认为:"直觉与情绪之间的区别似乎在于,直觉是直接从情绪体验中产生的行为指南或评价。"这似乎表明情绪影响或引起直觉,因此两者有着非常重要的相关性。然而,需要注意的是,并非所有的直觉判断都必然带有感情色彩。因此,情感对道德行为的具体贡献值得单独考虑,我们的情感体验可以发挥独特的作用,与直觉判断或有意识的思考无关。一些研究人员试图解释情绪如何影响道德决策。Haidt 作为一个非理性主义者,似乎直接将情感与直觉联系在一起。Greene 等人[13] 将情绪直接与认知过程联系起来,并声称个人道德困境所产生的情绪反应对道德判断有影响,而且不仅仅是偶然的。Damasio 认为情绪与理性并不冲突,而是作为行为的调节器,为推理过程提供了至关重要的支持。解释情绪与理性之间关系的另一种类似方法是将情绪描述为热系统,这可能会破坏冷静的自我控制系统。相反,冷系统是认知的、沉思的和情绪中立的,可以潜在地通过所谓的道德意志力控制火热系统。

Moore 和 Gino[21] 的理论研究总结了关于情绪非理性地影响道德决策的三种方式。第一,情绪是一种信号装置。情绪提供了一个有效的信号,个体不需要进行认知努力,一个潜在的行动将被追求或避免。也许与道德的相关性最清晰的情感信号是厌恶。厌恶的进化功能主要与食物摄入或身体接触污染有关,这些可能对我们的健康有害,表明我们对身体的不当使用,如同类相食。在某种程度上,因为厌恶的体验是如此令人讨厌,而且感觉是如此发自肺腑(如恶心),我们会从与这种情绪相关的情境或物体中退缩。其他情绪也表现出与道德的相关性。愤怒可以是不公平或不公正的信号,蔑视通常是不赞同的信号,而内疚则经常是我们需要弥补的信号。积极的道德情感,如感恩和提升,通过激励和诱导个体以更符合道德的方式行事,而同情心通过同情他人来激励道德行为。总之,情绪会指引我们走向特定的行为方向,并增强我们的道德判断。

第二,情绪失控是一种危险或威胁。如果情绪的存在是一种信号装置,引导我们走向道德行为,远离不道德行为,那么与之相反的是,情绪沉默在道德上是危险的。当我们的情绪被压制时,我们对所遇到的潜在道德问题的决定可能不会被接受。情感沉默是菲尼亚斯·盖奇在事故发生后面临的主要挑战之一,他感知情感的能力受损,这削弱了他做出适当道德选择的能力。对临床诊断的精神病患者的研究证实了情绪突变与不道德行为之间的联系。神经学家认为,精神变态是杏仁核功能失调的结果,杏仁核是大脑中对情绪处理至关重要的区域。在如何引发对痛苦线索的生理反应上,特别是对其他人恐惧或悲伤的表达,精神病患者的杏仁核与正常人不同,这导致了对精神病的一种常见理解,即不能感同身受。精神病患者的神经系统缺陷意味着他们不能区分道德越轨(如行为暴力)和传统越轨(如穿不合适的衣服参加活动)。事实上,精神变态者更有可能将传统的不当行为评价为比道德越轨行为更糟糕,部分原因是他们无法从情感层面理解这些越轨行为的不同。虽然精神病患者能够识别他人的快乐、悲伤和尴尬,但他们却无法识别他人的内疚情绪。这种情绪抑制了他们对痛苦信号有限的个人反应,以及削弱了他们对他人道德情绪作出适当归因的能力,这使得精神变态者做出道德违规的行为。能够恰当地识别他人的情绪并同情他们正在经历的事情,似乎是避免不道德行为的必要条件。这一前提条件令人担忧,因为许多工作和职业都被设计成故意压制情绪反应。

第三,情绪作为干扰的偶然情绪。我们的道德体系将情绪用作指导和约束我们行为的关键信号,这样带来的后果之一是,我们经历着与当前情况无关的偶然情绪,即使偶然情绪提供的信号是错误的,也会影响我们。例如,在电车困境中,如果人们体验到偶然的幸福,他们更有可能支持将男人推入人行桥困境,因为这种情绪干扰了这种困境通常会引发的厌恶感。幸福感的附带体验也会增加信任,相反,偶然的负面情绪会破坏道德结果。偶然的愤怒体验会减少信任,并会增加欺骗。偶然情绪对道德结果的影响也不局限于离散情绪。整体的积极情绪可以激发积极的道德行为,如帮助;而整体的消极情绪可以降低我们自我调节的能力,增加不道德行为。

尽管关于情绪在道德判断中的重要性争论仍在继续,我们很难反驳这样一种观点,即情绪是一个潜在道德问题的重要信号,当情绪正常运转时,它将指引我们走向道德行为,约束不道德行为。在组织环境中,我们很容易想到我们的日常职业惯例可能在许多方面触发情绪,这些情绪将指引我们采取不同的行动。例如,一想到要大声说出潜在的不当行为就会引发恐惧,这可能会阻碍建言。与潜在的意外之财(如大笔奖金)相关的兴奋感可能会引发道德上有问题的冒险行为,或者被社会排斥或忽视的愤怒可能引发报复。

2.4　道德决策的双重处理模型

Greene 等人[13]进一步整合了认知和情绪这两种因素在道德决策过程中的作用,认为人们的道德决策受到情绪和认知两方面的影响。道德决策不但受到人们情绪的驱动,还受到推理能力的影响。具体而言,Greene 等人认为社会直觉模型的直觉系统为情绪过程,理性推理系统为认知过程,从而提出了道德决策的双重处理模型。这个模型从根本上认为个体进行道德判断时,夹杂在其中的情绪和认知是同时进行的,不存在先后顺序。它们分别对不同强度的道德相关事件和原则敏感,最终的决策是两个过程竞争的结果。这项研究有助于解释直觉性认知过程和推理性认知过程之间的联系和脱节。

2.4.1　双重处理模型

不同于 Haidt 社会直觉模型强调道德直觉在道德决策中的作用,Greene 等人的研究主要解释不同类型的道德判断是如何在不同程度上引起直觉或深思熟虑的反应的。他们通过实证研究探索在什么情况下个体会自动地决策,而在什么情况下,个体在做出道德决定时需要控制的认知过程,最终他们发现情绪与认知参与道德决策的方式根据决策类型的不同而系统的变化。

Greene 等人的许多研究使用了一个经典的思维实验,叫作电车问题。这个思维实验提出了一种电车失控的情况,如果不加以干预,电车将会撞死五个人。然而,考虑这一困境的个人有能力干扰电车的轨道,这样做会杀死一个人,同时拯救原来的五个人。这种程式化的困境之所以重要,并不是因为任何人在现实生活中都会面临这种特殊的选择,而是因为它允许我们有效地分离道德判断过程。而且有趣的是,现实生活中不乏如电车问题式的决策。例如,在"9·11"事件中,政府官员可能在争论是否击落飞机,杀死机上人员,同时拯救飞机到达五角大楼后可能撞上的其他人的生命。Greene 等人主要关注两个不同版本的电车问题是如何引起不同反应的。在开关困境中,电车可以通过扳动开关来重新定向,杀死一个以拯救五个。在人行天桥困境中,电车只有将一名男子从桥上推到铁轨上才能停止电车的运行,在拯救五人的过程中,这名男子被撞死。客观地说,这两种电车问题的结果是相同的:要么为了救五个人而杀死一个人,要么五个人死去。然而,多项研究证实,在这两种不同的场景中,约有 80% 的人赞成翻转开关,而只有 20% 的人赞成推下桥上的人去拯救五个人。Greene 等使用功能性、磁共振成像(functional maegntic resonance imaging,FMRI)来探索当个体面临这两种不同的困境时,大脑的哪些区域被激活。研究结果表明,人行桥困境增加了大脑与警惕外部威胁和情感反应相关的活动部分,而开关困境则增加了大脑与认知控制和工作记忆容量相关的活动部分。开关困境似乎引发了有意识的思考——杀一个人,救五个人在道德上可以接受吗?而人行天桥的困境似乎触发了直觉访问——停止!不要再杀人了!看来,不同类型的困境通过激活大脑的不同部分引起了不同的处理过程:高情绪唤醒的困境,如人行桥困境会引发更多的自动和直觉反应,而需要平衡多方利益的困境会引起更多的控制和谨慎思考的反应。这些结果表明,我们的大脑可能天生对某些不道德的行为畏缩不前,例如对他人造成直接伤害,同时,当一种充满情感的直觉没有立即出现在脑海中时,人们也会更有意识、更慎重地思考复杂的道德问题。

2.4.2　双系统理论

广义上,心理学家区分了两个不同的信息处理系统,将直觉的、反射的、自动的、无意识的过程称为系统一,也称为经验系统;将受控制的、反思的和有意识的过程被称为系统二。系统一包含了人类认知中与生俱来的本能定位,本质上被定义为快速、平行的和自动的。相反,系统二本质上是缓慢的、受控制的、有逻辑的和连续的,从而产生了人类强大的通用推理系统。

Evans[11]特别提到了社会判断的双重处理理论,他认为直觉判断似乎具有系统一的特征,而反思性决策似乎更像是系统二的过程。把这些主张应用到道德决策过程,理性主义认为道德推理是系统二的过程之一,即一个认知过程系统,任何个体都可以激活它来仔细评估一种情况,做出有意识的、深思熟虑的决定,并构建一个行动。相反,非理性主义认为直觉判断或道德直觉——无条件的自发触发,似乎与系统一的自动反应有关。

Stanovich[22]将系统一命名为自治系统集合(the autonomous set of systems,TASS),强调个体会通过这些过程自动对触发刺激做出反应;该系统的执行不依赖于分析处理系统(系统二)的输入,也不受其控制;TASS 有时可以执行并提供与系统二同时执行的计算结果相冲突的输出。另外,系统二允许有意识的信息处理系统产生抽象、假设和算法思维。事实上,这两个不同但同时发生的认知过程在特定的环境中可能会发生冲突,这就是本能行为的例子,与完全理性的假设形成对照,例如暴饮暴食或吸烟。反之亦然,反思和思考可能会理性地偏离个人固有的、直觉的道德倾向,从而导致决策者无意识的不道德。与此一致,决策的综合模型将直觉和理性过程之间的交互和迭代关系理论化,解释为并行和互补,这种观点被命名为道德决策的螺旋过程。

综合以上研究,我们总结了道德决策的双重处理模型图[17],如图 2-2 所示。

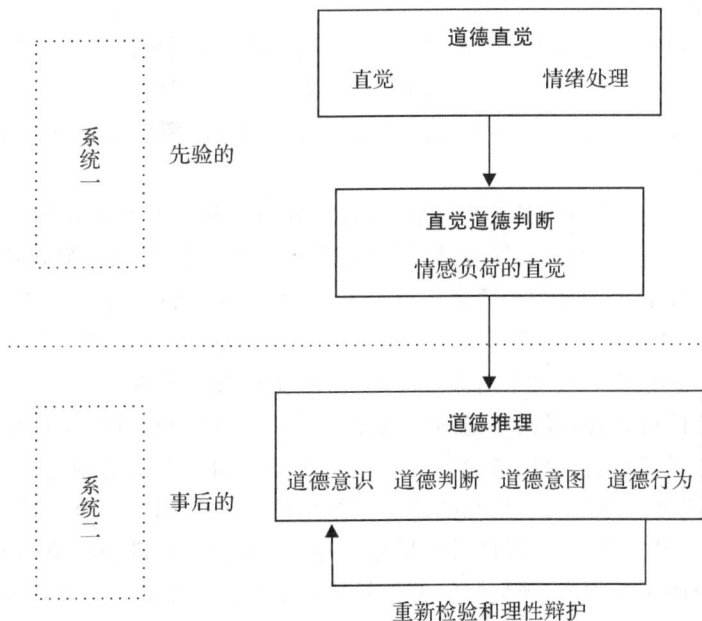

图 2-2　道德决策的双重处理模型[17]

2.4.3　情绪在道德决策中的独特作用

在上文中,我们已经总结了情绪作为一种重要的非理性主义方式是如何影响个体进行道德决策的。结果表明,情绪主要通过快速直观的处理(系统一)影响决策。例如,一个特定的决定可能会引发强烈的情绪,从而产生一种情感启发(或直觉),驱动一个人做出反应。然而,并不是所有的情绪都能导致直觉处理。最近的研究指出,关于情绪的复杂影响,还有很多需要了解的地方,而这些影响对组织中的道德或不道德行为意味着什么还需要更多地了解。

Motro 等人[23]关于情绪影响道德决策的最新研究表明,不同的情绪分别会激发不同的处理过程,即愤怒导致直觉处理,内疚导致深思熟虑的理性处理。愤怒是当另一个人或实体被认为对一件坏事负有责任时产生的一种感觉,通常会导致冲动、无意识的行为,比如报复和攻击。愤怒的人往往会冲动地做出反应,因为他们希望迅速制止被视为具有威胁性的行为,防止未来发生冒犯性行为。愤怒也可以增加报复,因为它为敌对行为提供了理由;因为这些冲动行为也可以是为了惩罚违法者,恢复公平感。

内疚是当一个人违反了个人相关的道德或社会标准时产生的一种感觉。内疚的人可能会进行自我反省,他们会对自己和自己所做的选择进行深入思考。内疚感中固有的不适和痛苦以一种弥补过去过错的方式促使人们采取行动。这种补偿行为旨在恢复自我价值感、道德认同感、人际友好感和积极情感。Ilies 等人[24]发现,当员工意识到自己的反生产行为时,他们会感到内疚,并会仔细考虑补救途径,包括增加组织公民行为。内疚感增加了对系统性和控制性处理的依赖,因为使用系统的和受控的处理不仅为有罪的个人提供了可能的救赎途径,而且还增加了对潜在有害的自动冲动的抵抗力,防止他们屈服于可能的自私或对他人有害的冲动。由于合乎道德的行为也需要控制的过程和深思熟虑,因此内疚感会通过增加深思熟虑的过程来减少不道德的行为。

上述研究不仅说明了情绪在道德决策中的特殊作用——既可能激发直觉过程,也可能激发理性推理过程,而且启发了未来研究更加关注直觉的、无意识的系统与理性的、有意识的系统之间的相互依赖关系。因此,越来越多的研究试图归纳总结理性与非理性研究,尝试提出整合型的道德决策模型。

综上所述,随着企业丑闻的多发及其危害,研究者们逐渐意识到了道德决策的重要性。近几十年来,研究者们做出了大量的探索,以更好地理解企业中的道德决策问题。传统上,大部分研究认为道德决策取决于理性的道德推理过程,其中最重要的是由 Rest 提出的道德决策四成分模型。此后,随着研究的不断深入,一种非理性主义的道德决策理论蓬勃发展,认为直觉和情绪等非理性因素在道德决策中占据主导地位,道德推理只存在于事后解释和合理化。进一步的研究整合了两种路径,提出了情绪与认知、直觉与理性的双重处理模型,认为两种处理方式在道德决策中都很重要,分别应对和处理不同的道德困境和道德问题。最新的研究在以往研究的基础上,更深入地探索了情绪在道德决策中的特殊作用。还有一些研究从不同的研究视角,试图整合理性与非理性两种研究思想。总之,对于企业道德决策的研究还在不断发展。随着这些研究的不断深入,我们将能够更好地理解企业中个体的道德决策过程,从而能够更加精确有效地指导实践。

【本章小结】

- 了解道德决策对于企业的重要性;
- 直觉与推理、情绪与认知都在道德决策中起到了重要作用;
- 情绪在道德决策中有着特殊的作用;
- 理性与非理性的两种研究思想需要不断整合。

【复习思考题】

1. 为什么了解道德决策对于企业很重要?
2. 什么是理性道德决策模型? 什么是非理性道德决策模型?
3. 什么是道德决策的双重处理模型?
4. 情绪会如何影响道德决策?

【应用案例】

富国银行虚假账户事件

2018 年 9 月 8 日,据美国财经网站 CNNMoney 报道,富国银行(WFC)仍未从两年前开始的噩梦中苏醒过来。这场噩梦一开始听起来像普通的银行和解协议——支付 1.85 亿美元以弥补不当的"销售行为",现在已经演变成一连串丑闻。

噩梦始于 2016 年 9 月,当时富国银行宣布在过去几年里解雇了 5300 名员工,原因是他们创建了数百万个虚假账户。此后,富国银行撤换了长期担任首席执行官(CEO)的约翰·斯腾普夫(John Stumpf),放弃了导致这种不良行为的不切实际的销售目标,并为受到不公正待遇的员工道歉。该银行聘请了受人尊敬的伊丽莎白·杜克(Elizabeth Duke)担任新的董事会主席,任命了新的董事,并在一场引人注目的营销活动中承诺整顿其行为。新任 CEO 蒂姆·斯隆(Tim Sloan)发誓要揭露过去的错误。

然而,这家美国第三大银行仍因虚假账户争议而陷入混乱,其他丑闻也层出不穷。其行为被认为是反复损害客户的利益。这场噩梦不仅损害了富国银行的声誉,也损害了其业务。该行利润增长已经停滞,而且其仍在接受监管机构的处罚。"富国银行仍在努力清理破碎的玻璃,但他们发现到处都是碎玻璃。"哥伦比亚商学院管理学教授威廉·克莱珀(William Klepper)表示。克莱珀称:"问题远比仅存在于零售银行业务中更为普遍。"

更多的不当行为被发现

除了开设多达 350 万个未经授权的银行和信用卡账户外,富国银行还承认,向客户收取他们本不应支付的抵押贷款费用,并强迫他们购买他们不需要的汽车保险。结果,有些人甚至把贷款来的汽车还了回去。

最近,富国银行开始向那些因宠物保险和其他他们不完全理解的产品而被收费的客户退款。该行拨出 2.85 亿美元,用于退还外汇和理财客户遭遇的错误定价和手续费。

该行发现一些员工篡改了关于商业客户的文件,据报道这一发现引发了美国司法部的调查。美国司法部拒绝置评。

更糟糕的是,2018年8月初,富国银行表示,对导致数百人丧失房屋赎回权的电脑故障表示"非常抱歉"。

监管机构仍在调查

意料之中的是,美联储还没有取消2月份对富国银行"广泛侵犯消费者权益"的严厉处罚。史无前例的制裁措施阻止了富国银行的增长,束缚了该行的手脚。

投资公司 Compass Point Research & Trading 的高级政策分析师艾萨克·博尔坦斯基表示:"这非常艰难,令人震惊,但这种不当行为的规模和范围让其罪有应得。"

美联储曾表示,在确信富国银行已整顿其行为之前,不会提高其可管理资产上限。

除了面对来自美联储的处罚外,富国银行在诉讼方面也处于水深火热的境地。美国证券交易委员会(SEC)最近提交的文件显示,美国司法部、SEC和劳工部等联邦政府机构,以及州检察长都对富国银行的销售策略展开了调查。

富国银行还面临着前雇员和现任雇员的诉讼和其他法律诉讼。这些雇员声称,在提出销售行为不当问题后,他们受到了报复。2016年,近6名富国银行的员工告诉CNNMoney,他们在致电银行道德热线后被解雇。

股价远远落后于竞争对手

富国银行在向CNNMoney发表的一份声明中表示,该公司"专注于仔细审查我们的公司,解决我们发现的问题,并为所有利益相关者做正确的事情"。

富国银行通过完成详尽的第三方评估、修改销售目标以及与客户达成1.42亿美元的集体和解,强调了其取得的进展。

富国银行表示:"虽然还有更多工作要做,但重建团队成员、客户、社区、股东和监管机构的信任仍是我们的首要任务。"

富国银行的困境使其股价远远落后于竞争对手。虽然富国银行自两年前丑闻爆发以来上涨了16%,但远低于花旗集团(C)47%的涨幅和摩根大通(JPM)70%的涨幅。美国银行(BAC)的股价在此期间几乎翻了一番。

克莱珀称:"毫无疑问,富国银行的丑闻导致股东价值严重缩水。"

CEO面临压力

在该行工作了30年的斯隆,是否是改造富国银行的合适人选,这让一些人质疑。美国民主党参议员伊丽莎白·沃伦一年前曾大声疾呼要求斯隆辞职。美国全国社区再投资联盟(National Community Reinvestment Coalition)的首席执行官约翰·泰勒称赞斯隆去年成立了一个利益相关者顾问委员会,自己就是该委员会的成员。"这是真正的好消息。我们相信这是一个将富国银行变成更好的银行的诚实的尝试。"然而,泰勒承认他担心在富国银行的"另一只鞋子掉下来",并不能确定斯隆是否是合适的人选。"我很高兴给他一个机会。"泰勒说。克莱珀说,对于像斯隆这样根深蒂固的内部人士来说,要实现富国银行所需的那种巨大的文化变革是非常困难的。"他是富国银行文化的一部分。他已经融入其中了。"克莱珀说。

(资料来源:富国银行虚假账户丑闻爆发已逾两年 噩梦仍尚未结束[EB/OL].(2018-09-08)[2019-10-20].https://stock.qq.com/a/20180908/001457.htm.)

问题讨论：

1. 你认为富国银行的销售目标为何会让员工做出开设虚假账户这样的不道德行为？

2. 你认为富国银行怎样才能快速走出"噩梦"？

3. 从企业伦理和企业管理的角度来讲，这个案例会引发怎样的思考？

【本章参考文献】

[1] TREVINO L K, WEAVER G R, REYNOLDS S J. Behavioral ethics in organizations: a review[J]. Journal of Management, 2006, 32(6): 951-990.

[2] MOORE C, GINO F. Ethically adrift: how others pull our moral compass from true north, and how we can fix it[J]. Research in Organizational Behavior, 2013(33): 53-77.

[3] TREVINO L K. Ethical decision making in organizations: a person-situation interactionist model[J]. Academy of Management Review, 1986, 11(3): 601-617.

[4] REST J R. Moral development: advances in research and theory[M]. New York: Praeger, 1986.

[5] FERRELL O C, GRESHAM L G. A contingency framework for understanding ethical decision making in marketing[J]. Journal of Marketing, 1985, 49(3): 87-96.

[6] HUNT S D, VITELL S. A general theory of marketing ethics[J]. Journal of Macromarketing, 1986, 6(1): 5-16.

[7] JONES T M. Ethical decision making by individuals in organizations: an issue-contingent model[J]. Academy of Management Review, 1991, 16(2): 366-395.

[8] GAUDINE A, THORNE L. Emotion and ethical decision-making in organizations[J]. Journal of Business Ethics, 2001, 31(2): 175-187.

[9] DANE E, PRATT M G. Exploring intuition and its role in managerial decision making[J]. Academy of Management Review, 2007, 32(1): 33-54.

[10] HAIDT J. The emotional dog and its rational tail: a social intuitionist approach to moral judgment[J]. Psychological Review, 2001, 108(4): 814.

[11] EVANS J S B T. Dual-processing accounts of reasoning, judgment, and social cognition[J]. Annual Review of Psychology, 2008(59): 255-278.

[12] KAHNEMAN D. A perspective on judgment and choice: mapping bounded rationality[J]. American Psychologist, 2003, 58(9): 697.

[13] GREENE J D, SOMMERVILLE R B, NYSTROM L E, et al. An FMRI investigation of emotional engagement in moral judgment[J]. Science, 2001, 293(5537): 2105-2108.

[14] KOHLBERG L. The claim to moral adequacy of a highest stage of moral judgment[J]. The Journal of Philosophy, 1973, 70(18): 630-646.

[15] O'FALLON M J, BUTTERFIELD K D. A review of the empirical ethical decision-making literature: 1996—2003[J]. Journal of Business Ethics, 2005, 59(4): 375-413.

[16] SONENSHEIN S. The role of construction, intuition, and justification in responding to ethical issues at work: the sensemaking-intuition model[J]. Academy of Management Review, 2007,

32(4):1022 - 1040.

[17] ZOLLO L,PELLEGRINI M M,CIAPPEI C. What sparks ethical decision making? the inter-play between moral intuition and moral reasoning:lessons from the scholastic doctrine[J]. Journal of Business Ethics,2017,145(4):681 - 700.

[18] HODGKINSON G P,LANGAN-FOX J,SADLER-SMITH E. Intuition:a fundamental bridg-ing construct in the behavioural sciences[J]. British Journal of Psychology,2008,99(1):1 - 27.

[19] TANGNEY J P,STUEWIG J,MASHEK D J. Moral emotions and moral behavior[J]. Annual Review of Psychology,2007(58):345 - 372.

[20] MONIN B,PIZARRO D A,BEER J S. Deciding versus reacting:conceptions of moral judgment and the reason-affect debate[J]. Review of General Psychology,2007,11(2):99 - 111.

[21] MOORE C,GINO F. Approach,ability,aftermath:a psychological process framework of unethical behavior at work[J]. The Academy of Management Annals,2015,9(1):235 - 289.

[22] STANOVICH K E. Distinguishing the reflective,algorithmic,and autonomous minds:is it time for a tri-process theory[M]//EVANS J. FRANKISH K. In two minds:dual processes and begond. Cambridge:Oxford University Press,2009:55 - 88.

[23] MOTRO D,ORDÓÑEZ L D,PITTARELLO A,et al. Investigating the effects of anger and guilt on unethical behavior:a dual-process approach[J]. Journal of Business Ethics,2018,152(1):133 - 148.

[24] ILIES R,PENG A C,SAVANI K,et al. Guilty and helpful:an emotion-based reparatory mod-el of voluntary work behavior[J]. Journal of Applied Psychology,2013,98(6):1051.

第 3 章

企业社会责任

【学习目标】

- 了解企业社会责任；
- 了解企业社会责任的前因与结果。

【案例导读】

佳能：影像公益的力量

我国有些少数民族没有自己的文字，那么那些具有感染力的少数民族文化如何向世人展现，得到重视并传承下来？佳能公司认为，影像是最好的解决方式。

佳能（中国）从 2009 年起就启动了"非物质文化遗产保护项目"，该项目依靠佳能专业团队，使用先进的摄影、摄像技术，科学、系统、深入、全面地记录中国少数民族具有代表性的非物质文化遗产。佳能（中国）完整、系统、深度地记录了羌族、苗族、白族、傣族和彝族等多个少数民族的非物质文化形态数据库，并制作了网上博物馆。佳能（中国）将这些影像资源捐赠给了中国非物质文化遗产保护中心用于非遗研究，同时，也将这些资料在大型文化场馆展出，以唤醒公众的非遗保护的意识。

佳能（中国）运用影像技术来承担社会责任，推动文化遗产的保护和传承。佳能（中国）企业品牌沟通部副总经理表示："佳能将继续从公益活动与社会需求相结合的角度出发，利用自身的影像优势，为促进中国公益领域的可持续发展贡献力量。"

（资料来源：张思，孙彤.佳能：影像公益的力量[J].商业价值，2012(2)：100-101.）

3.1 社会责任及其内容

3.1.1 社会责任

社会责任是一种道德框架，它表明一个实体，无论组织还是个人，都有义务为整个社会的利益考虑并做出行动。社会责任是每个人必须履行的职责，以便在经济和生态系统之间保持平衡。在现实中，经济发展与社会和环境的福利之间可能存在一种权衡，社会责任强调维持两者之间的平衡。它不仅适用于商业组织,也适用于能够对环境产生影响的每个个体。随着目前越来越多的社会责任实践活动,学者们对社会责任越来越感兴趣。学者们认为社会责任可以是被动的,指仅仅避免参与有害社会的行为;社会责任也可以是主动的,指组织和个体不但不危害环境,还努力保护、改善环境。社会责任必须是代际的,因为一代人的行为会对后来的人产生深远影响。

3.1.2　社会责任的构成

社会责任由社会、个体(人)以及责任关系三个基本要素构成。责任关系指的是责任主体和责任客体之间的一种双向互动关系。社会和个体以互为主客体的身份参与社会责任。在社会和人的责任关系中,既有社会对人的责任要求,也有人对社会的责任要求。

3.1.3　社会责任的内涵

从历史的角度看,责任是人类为了"生存和发展"在理性活动的发展中产生的,是人类社会历史发展的结果,是与人类社会难以分割的,这体现了责任的社会属性。从社会的角度看,在人与自然环境的关系中,人类一直以"主人"自居,在改造自然环境的过程中,"征服"欲望使得人类放弃了对自然规律的尊重,破坏了自然界的生态平衡,也遭受了自然对于人类"深刻"的惩罚;在人与人的关系中,人往往以自己为主体,把自身的发展当作目的,结果导致了自私自利的人际关系;在人与社会的关系中,个人强调自我实现,过分地从社会索取以满足需要,而忽略了对社会的回报,使得社会的和谐发展遭到破坏,也遭受了社会"无情"的"回报"。这是人与自然和社会关系的客观事实,因此说社会责任是自然和社会对人的客观要求。

3.2　企业社会责任的含义及内容

3.2.1　企业社会责任的概念及演进

1924 年,美国的谢尔顿首次提出"企业社会责任"(corporate social responsibility,CSR)的概念,在他之后,各国学者对企业社会责任进行了深入的研究。早期,学界对企业社会责任的研究主要集中在企业是否应该承担社会责任的争论上。随着人们对环境和社会责任的日益关注,多数学者已经在企业应该承担企业社会责任上达成了共识,并开始探讨企业社会责任的内涵和外延。截至目前,已经有大量的有关企业社会责任的研究,但要定义企业社会责任仍是困难的。

首先,企业社会责任是一个复杂的概念,它的价值与内涵值得大家评估。其次,企业社会责任与其他的概念有一定的重叠,比如和"商业社会关系"的概念。最后,企业社会责任显然是一种动态现象。要理解定义企业社会责任的难度,请考虑以下示例:如果把企业社会责任定义成一种慈善行为,比如捐款,那么一个市值十亿美元的公司捐出一百美元给慈善机构,而继续污染大片环境。按照刚才提及的企业社会责任的定义,该公司可以声称它正在实施企业社会责任活动。实则不然,这是对企业社会责任的误解。因此,为了使读者理解企业社会责任,我们整理了一些国内外有代表性的研究成果。

3.2.2 国外关于企业社会责任概念的论述

1953 年,鲍思在其著作《商人的社会责任》中提出"商人应该为社会承担什么责任"的问题,并简单定义了企业社会责任:"商人有义务按照社会所期望的目标和价值来制定政策,进行决策或采取某些行动。"其后,他又提出了企业社会责任的具体内容,认为企业社会责任具体包括以下几个方面的内容:①教育民众;②人际关系;③当地社区关系;④生产率、效率及扩张;⑤经济稳定;⑥竞争;⑦保护自然资源。

1. 教育民众

很多商人承认自己太过于关注生产、销售、财务及其他企业细节,忽略了公共关系职能。此外,很多商人也认为,"商人作为一个群体,太排外了。商人在社会中与行业协会中相互沟通、发表演讲,但没有与其他群体进行有效的交际与交流"。因此,和民众沟通交流,让民众接受并了解商业也是商人的责任。

商人提出具体教育民众的目标主要包含以下内容:①提高股东对公司和整个企业体系的兴趣;②改善劳动关系和提高劳动生产率;③改善私营企业运营所在社区的公共关系;④提升消费者、政府官员和普通民众对公司和企业体系的好感;⑤向外国人宣传公司与自己国家的优点。

关于如何开展教育工作,商人们没有达成一致的意见。商人提倡可以通过销售与公关的传统方法教育民众。传统方法主要包括:做提高声誉的广告;做有吸引力的公司报告、演讲和论坛;做公共宣传小册子、海报;进行工厂参观;为牧师、教师、教授准备项目,邀请他们了解并帮助公司宣传等。

总而言之,很多商业领袖都认为教育民众、与民众交流或公共关系是企业高层管理人员无法逃避的责任,这项责任无法委托他人。最近一项针对大公司的抽样调查发现,50%的首席执行官承担与社区和公众沟通的责任,40%的首席执行官参与社区事务、当地政府募捐和民间组织的活动,35%的首席执行官参与行业和企业团体中的工作。这份调查同样显示,教育当地民众是商人的责任。尽管商人对赢得公众认可有极大的兴趣,但是一些人谴责这种行为,并指出公众更希望从企业那里获得物美价廉的商品和服务。因此,企业不应该参与人气大赛。总体来说,大多数商界领袖非常关注民众对企业的态度。

2. 人际关系

企业发言人几乎一致地承认企业对工人负有责任。他们不仅将这些责任设想为公平工资或"和谐"的劳动关系,他们同样考虑在员工当中培养一种"职业意识",使员工能从自己的工作中获得更多的满足感。通常单个员工无法意识到其工作的重要性和对社会的贡献性。因为,工作往往是单调乏味的,并且一个普通员工通常无法与雇主、消费者或其他受到其工作影响的人形成私人的、"面对面"的直接关系。所以,一名普通的员工很难意识到自己工作的价值和意义。因此,企业需要与自己的员工建立良好的人际关系,激发他们的工作热情。

在对良好的人际关系需要哪些条件进行分析时,很多商人列举了员工普遍有以下几点需求:①为员工本人及家人提供合理的舒适度;②合理的安全感;③公正公平的竞争和平等的对待;④自我尊重、个人重要性、个人价值和尊严感;⑤成就感或个人工作在整个经济生活中的重要性;⑥对组织有归属感,为企业的成功做出重要贡献或参与其中;⑦从工作中获得并享受愉悦感、成就感、趣味性;⑧晋升机会;⑨个人文化发展的机会。

几乎所有的企业都同意员工想要的和需求的远不止是工资。管理层的责任就是采取积极的行动将工作改造成让员工满意并让员工获得有意义的个人体验。很多管理者往往忽略这样一个明显的事实，即工作是生活的一大部分。如果要过好生活，占人生大部分时间的工作也必须是舒适的。因此，与员工保持良好的关系，满足员工的多方面需求也是一家企业、一个商人所应当承担的责任。

3. 当地社区关系

与教育民众和关注人际关系密切相关的是关注社区关系。公司通常被视为其所在、当地社区的公民及邻居。因此公司必须承担好公民和好邻居的义务和责任，最直接的方式是参加当地的社区活动。参加社区活动，不仅仅是出于纯粹的利他主义想法。商界领袖普遍认为在社区中有个好名声对企业是有益的，如：参加社区活动可以增强员工士气和改善企业与公众的关系；参加社区活动可以从当地优先获得劳动力；参加社区活动还能为与社区领袖和官员的合作提供支持。

企业与政府的关系是商人非常关注的一个问题。商人们对于怎样培养这种关系有不同的看法，一些人认为有利于企业利益的公共政策和保护自由企业制度是商人的责任，包括反对控制或者限制企业的政策、支持自由和援助企业的政策，对很多商人来说，这种责任同样包括为特定的企业和特定的产业赢得利益。但是也有很多人谴责商人用公费去向政府"毕恭毕敬"地争取特殊待遇。也有一部分商人认为他们的责任是利用他们的影响力寻求让经济体系更好运转的公共政策，这不仅有利于商人，也有利于所有人。作为加强与政府关系的一种方式，商人普遍接受生产国防产品的责任。事实上，商人也为自己在此领域的成就而自豪。例如，美国企业家常说，美国的世界领导力是建立在美国企业强大的生产力基础上的。

4. 生产率、效率及扩张

商人注重生产与利润的经济思维，使他们通常认为提高生产率、效率及扩大产出是他们的社会责任。他们认为提高生活水平须建立在生产基础之上。因此，企业必须提高生产效率，努力扩张自己的业务，为社会供应充足的商品，创造更多的工作机会，为充分就业贡献力量。

5. 经济稳定

商人们知道，私营企业体制的脆弱性主要源于就业和生产的剧烈波动。与此同时，他们意识到企业需要寻找方法，减轻这种不确定性，同时保留自由企业的基本条件。通常，没有商人会认为一家普通私营企业的努力可以完全地或极大程度地实现经济稳定，这是一个不可能实现的目标。然而，企业的努力对经济的稳定不是没有作用的。所以，很多商人也认为单个企业应该尽可能地稳定其运营，如果每个企业都以此为目标，就能实现总体经济稳定的目标。

具体而言，每个企业都应该努力平衡季节性的高峰和低谷。为此，企业可以采取预测销售、计划生产、季节性调整存货、产品多样化、淡季刺激销量、改善产品、引进新产品等方式。一些商人喜欢有保障的年度工作量同时配套有保障的年薪制，将企业稳定性转换为员工的稳定心理。因此，经济稳定对稳定人心也有重大作用。如果每个企业都能保证其生产销售的稳定，则可以保护该公司员工的生活状态稳定，这就为整个社会尽到了责任。

6. 竞争

商人们通常真心实意地相信竞争，相信自己正在敏锐并且毫不松懈地与其他现有企业竞争着，当然，新兴企业也会与自己有潜在竞争关系。因为，这些新兴企业在机遇到来时总是准备大赚一笔。既然现实状况如此，商人乐于竞争就毫不奇怪了。他们通常发表捍卫竞争的言论。商人将竞争视为调节器,也视作驱动力,他们至少反对限制竞争,吃"大锅饭"。另外,商人经常表达对"有序市场""公平竞争"和"和平共存"的认可。总体来说,竞争对于企业来说至关重要,捍卫与保持公平竞争是企业的责任。

7. 保护自然资源

采掘业商人直接面临资源保护的问题,他们承认该行业的诸多企业过去使用自然资源的历史记录并不光彩。他们更愿意强调自己已经做出了努力,强调比起上一代已经有所改善,这说明未来企业将会在保护自然资源上取得更多进步。目前,不仅采掘业,甚至扩大到所有行业的商人们都普遍同意:明智而谨慎地使用自然资源是一种社会责任。尽管他们在如何才能明智地利用资源方面意见不一,并经常不支持政府的环保措施,但至少他们已经认可了自己有保护环境的责任。

继鲍思之后,阿奇·卡罗尔对企业社会责任进行了更加全面、细致的研究。阿奇·卡罗尔认为,企业社会责任包括四个具体方面:①经济;②法律;③伦理;④自由决定(慈善)。也就是说,在一定的时期内,社会对企业有以上四个方面的期待[1]。

国外学者对企业社会责任的定义如表 3-1 所示。

表 3-1　国外学者对企业社会责任的不同定义

作者	定义
Khoury	企业社会责任是公司与所有社会利益相关者的整体关系,包括客户、环境、雇员、社区、投资者、政府、供应商和竞争对手。社会责任的元素包括社区发展投资、员工关系、创造和维持就业、环境管理和财务业绩
Hopkins	企业社会责任是指企业以道德与社会责任感强的方式对待公司利益相关者。利益相关者既存在于公司的内部,也存在于公司外部。因此,企业社会责任能够贡献于人类的发展。"道德与社会责任感"指的是在给股东带来经济利益的同时,能造福于人类文明。公司更广泛的目标应该是给人类创造越来越好的生活并同时保持营利能力
Jones	企业社会责任被定义为公司承担起对利益相关者的责任。利益相关者不仅只有股东,因此企业社会责任是超出股东与合同之外的责任
Marsden	企业社会责任是关于公司的核心行为,以及公司对其所在社会的总体影响(积极影响和消极影响的总和)
McWilliams、Siegel	企业社会责任是指公司增加社会性的活动,做超出公司利益与法律要求之外的事
Pinney	企业社会责任是指企业的一套管理实践,它能确保公司运作对社会的消极影响最小化、积极影响最大化
Woodward-Clyde	企业社会责任被定义为社会和企业之间的"合同",社会授予企业运营许可证,因此企业也应按符合社会标准或者以社会可接受的方式行事
Reder	企业社会责任是一个包罗万象的概念,既指企业按照符合社会责任的方式进行内部业务,包括对待员工的方式,也指企业对外部世界产生的影响

作者	定义
Lea	企业社会责任是关于企业和其他组织超越法律义务来管理它们对环境和社会的影响。在环境方面,企业社会责任包括企业如何与其员工、供应商、客户及其运营所在的社区进行互动,来尝试保护环境的行动
Foran	企业社会责任可定义为企业对其劳动力采取的一系列实践和行为以及这些行为对当地环境、政府和社会所产生的影响
Andersen	企业社会责任可定义为企业将自身的直接利益扩展到每一个人和大家所生活的社会,既造福当下又尊重未来
Van Marrewijk	总的来说,企业社会责任是指将社会和环境问题纳入企业运营和与利益相关者的互动中
Jackson、Hawker	企业社会责任是关于企业如何对待自己的员工、利益相关者和环境

3.2.3 国内关于企业社会责任概念的论述

20世纪90年代,企业社会责任进入我国学术界视野。中国学者普遍意识到,企业逐渐从"只注重应对竞争,只关注利益最大化,只关注自身的发展,不重视其对环境、社会造成的影响"过渡到关注"经济责任以外的责任,在行动上开始承担扶贫与捐赠"。由于越来越多的中国企业开始承担社会责任,企业社会责任引起了中国学者的关注。关于企业社会责任概念的界定,国内主要有以下几种代表性的观点。

部分学者从利益相关者的角度来定义企业社会责任。刘俊海[2]在《公司的社会责任》一书中指明:"公司不能仅仅以最大限度地为股东们盈利或赚钱为自己存在的唯一目的,而应当最大限度地增进股东利益之外的其他所有社会利益,如当地社区利益、环境利益、社会弱者利益和整个社会公共利益等"。在此之后,也有学者认为,企业社会责任的概念起源于企业营利过程中与其他社会成员之间利益冲突与摩擦的调整,为了保障其他利益相关者的权益,企业必须在一定程度上限制只追求经济目标,需要承担相应的社会责任,使得多方利益达到均衡。因此,企业社会责任是指公司在获取利润的同时,对其他利益相关者所承担的义务和责任。要在为股东谋取最大利益的前提下,遵守外部法律法规和商业伦理。也就是说,企业在创造利润、对股东负责的同时,还要承担对员工、社会和环境的责任,包括遵守商业道德、保证生产安全、维护职业健康、保护劳动者合法权益等。企业社会责任的本质就是社会各个利益相关者之间的利益分配关系和与之相联系的企业治理权配置关系。

也有学者从企业社会责任的具体内容角度来定义企业社会责任。厉以宁认为,企业的社会责任应从三个方面来认识。第一,企业最重要的社会责任是为社会提供优质的产品与服务,出人才、出经验。如果企业能够给社会提供优质的产品,我们的产品就能走向世界;能够提供优质的服务,我们就能吸引各国的客户来到这里;能够出人才,我们的企业管理人才就可以通过自己的企业培养出来;能够出经验,我们这个经验就能够为其他企业所用。第二,企业必须重视经济增长的质量,在经济增长的同时,至少把自己的废水、废气、废渣处理了,降低企业所在地区的污染状况,以改善环境。第三,企业要为社会的和谐做出贡献,不但要关心自己的企业职工,还要关心所在社区,互助、互爱、互信,社会才能和谐。《广东企业社会责任蓝皮书》提道[3]:企业社会责任包括两种。第一,是法律和制度要求的强制性的社会责任。这类企业社会责任,往往是通过相应的法律法规、行业标准等制度的制定来强制推行的。第二,道德和价值观念要求的自发的社会责任。这类企业社会责任的推行是建立在企业文化中对人、自然、社会和谐关系的认可上,体现了企业家自身的人文素质与价值观念。

还有学者从股东利益最大化的对立面来定义企业社会责任。他们认为,企业社会责任是企业对社会所承担的法律责任和道义责任。他们反对将企业经济责任纳入企业社会责任范围,认为企业社会责任就是指企业在谋求股东利润最大化之外对社会所负有的义务,其具体包括对员工的责任、对顾客的责任、对债权人的责任、对自然环境资源的责任、对所在社区的责任、对社会福利和社会公益事业的责任[4]。在此基础上,有的学者甚至提出当企业所采取的一项决策涉及社会上的多数人(其他利益相关者)时,企业应该放弃为股东盈利的目的,转而保护或增进其他利益相关者的利益。如刘连煜[5]提出,"所谓公司社会责任者,乃指盈利性的公司,于其决策机关确认某一事项为社会上多数人所希望后,该盈利性公司便应放弃盈利的意图,符合多数人对该公司之期望"。

3.2.4　一些国际组织对企业社会责任的定义

在企业社会责任的发展与演进过程中,一些非政府组织起到了重要作用,它们从不同角度对企业社会责任进行定义,不仅推动了企业社会责任的实践,也对企业社会责任的理论发展做出了贡献。

1971 年,美国经济发展委员会在《工商企业的社会责任》的报告中指出,企业应该为美国人民生活质量的提高做出更多贡献,而不仅是提供产品和服务。美国商会将企业社会责任分成四个层次:①第一层次责任是履行经济职能时符合现有法律的要求;②第二层次责任是满足公众期望和社会需求;③第三层次责任是预先考虑新的社会需求并做适当性反应;④第四层次责任是在建立企业社会表现的新标准上担任领导者[6]。美国法律协会颁布的《公司治理原则》中指出,即使公司的盈利或股东收益未得到增加,公司在其经营活动中也应做到:①与自然人同样有在法律范围内活动的义务;②对适于商业行为的道德因素予以考虑;③将合理数量的资源用于公共福利、人道主义、教育及慈善目的。

加拿大社会责任企业联合会对企业社会责任进行以下界定:一个公司应按照其承诺对经济和环境保护进行操作,并对有关利益相关者也负有责任。利益相关者包括投资者、顾客、雇员、商业合作伙伴、当地社区环境和社会大环境。

英国国际工商领袖论坛提出,所谓企业社会责任是指企业运营应该公开透明,符合伦理道德,尊重劳工社群,保护自然环境,从而既能为股东又能为全社会持续创造价值。英国政府企业社会网上关于企业社会责任的描述是:政府将企业社会责任看作企业为了实现可持续发展而进行的捐献。

欧盟委员会将企业社会责任解释为,企业基于自愿而将社会和环境责任整合到他们经营活动及其利益相关者的互动中。承担社会责任,意味着企业不仅要遵守法律,而且要超越遵守的层次,更多地将投资用在人力资本、环境及利益相关者的关系方面。企业社会责任是公司在自愿的基础上,把社会和环境问题密切整合到他们经营运作以及他们与利益相关者的互动中。

一些国际组织对企业社会责任的定义如表3-2所示。

表3-2   一些国际组织对企业社会责任的不同定义

国际组织	定义
联合国贸易及发展会议	企业社会责任涉及商业企业如何联系及影响社会需求和目标。人们期望,随着时间的流逝,所有的社会组织都能随着社会发展而改变自己的任务和职责。人们期望商业组织尤其是跨国公司,会随着它们在全球化社会中地位的不断提高,可以做出相应的快速转变。因此,关于跨国企业社会责任的概念就包括要努力发展一个稳定、繁荣和公正的全球化社会
世界银行	企业与关键利益相关者的关系、价值观、遵纪守法以及与尊重人、社区和环境有关的政策和实践的集合
商务社会责任国际协会(Business for Social Responsibility,BSR)	通过尊崇伦理价值以及对人、社区和自然环境的尊重,实现商业的成功
世界可持续发展工商理事会	企业社会责任是指将社会和环境的价值理念结合到公司的核心业务中,由利益相关者参与,从而提高社会的福利
世界经济合作组织	①企业社会责任,不仅面对社会公众,也同样面对企业内部,并要建立有效的沟通机制;②这个机制是开放的,以适应经济全球化的趋势;③反腐败也是企业社会责任的内容,如反对商业贿赂等;④社会责任就是企业负责任的原则,原则的确立非常重要;⑤原则的确立和执行靠人,发生一切问题都是人的问题
社会责任国际(Social Accountability International,SAI)	企业社会责任区别于商业责任,它是指企业除了对股东负责即创造财富之外,还应对社会承担责任,一般包括遵守商业道德、保护劳工权利、保护环境、发展慈善事业、捐赠公益事业、保护弱势群体等

3.2.5   与企业社会责任相关的概念

1. 企业社会响应(corporate social responsiveness,CSR2)

企业所处行业不同,所面临的利益相关者也不同,所需要承担的社会事务也不同。所以,企业对于社会事务的管理最终落实到了企业社会响应上。企业社会响应是一个生态学概念,表明企业为了生存,就必须适应环境。一些学者认为,企业社会响应是比企业社会责任更为有效的概念,它指明了企业应该如何去承担社会事务,也引导管理者更清楚地制定和执行社会责任活动。企业社会响应是企业社会责任概念发展的第二阶段,是对前一阶段企业社会责任的执行、落实阶段[7]。威廉·弗雷德里克(William Frederick)于 1978 年把企业社会响应诠释为企业回应社会压力的能力,并以企业社会绩效代替。阿奇·卡罗尔则对企业社会响应提出新见解,认为企业社会响应既可以是负责任的,也可以是不负责任的,所以企业社会响应是对企业社会责任的补充,而不是代替了企业社会责任[8]。

2. 企业社会绩效(corporate social performance,CSP)

一些学者认为 CSP 是为社会责任原则、社会响应过程和处理社会事务而制定的政策,三者之间具有潜在的相互作用[9]。也有学者提出异议,认为企业社会绩效应增加行动成分,且企业社会绩效是一系列的过程,并给出更进一步的定义:CSP 是指一个企业的社会责任原则、社会事务响应过程与企业的社会关系相关的政策、项目、结果的结合[10]。

3.2.6　企业社会责任的具体内容

企业社会责任的具体内容包括以下几方面。

对顾客:千方百计地满足顾客的需求,确保产品方便、安全、实惠;产品包装不要对环境造成影响,不要太过铺张浪费;在交易过程中,交货、送货要及时,要严格执行合同。

对供应商:应该维护企业自身的信誉,严格执行合同,互利互惠。

对竞争者:企业应该公平竞争,不诽谤,放弃不正当竞争。

对政府、社区:企业应该执行国家的法令、法规;按照法律法规纳税;保护环境;创造就业机会;支持社区建设。

对所有者:企业应该及时、如实地公布财务会计信息;提高投资收益率;提高市场占有率;使股票升值;主动做到信息对称。

对员工:企业应该在就业、上岗、报酬、调动、晋升等方面公平地对待员工;为员工提供安全、卫生的工作环境;积极组织员工开展丰富的文化、娱乐活动;让员工参与管理、全员管理;为员工提供教育、培训;与员工分享利润。

在解决社会问题方面:企业应该救济无家可归的人;安置残疾人就业;资助失学儿童重返校园;在高校设立奖学金;支援贫困山区;帮助老人;资助文化、教育、体育事业。

3.3　企业社会责任的前因及结果

目前,学术界对企业社会责任的前因及结果进行了分层次的研究。从宏观到微观,企业社会责任可以从以下三个层次考虑:制度层次、公司层次及个人层次。

3.3.1　在制度层次上对企业社会责任的分析

Scoot[11]提出了制度的三个要素:规范性、文化认知性和规制性。因此,对于满足这三个要素中的任何一个的文章就可以划分为制度层次的研究。例如,涉及法律法规的文章,符合规范性要素;强调社会、消费者和外部利益相关者对企业影响的,符合规范元素和文化认知,也被划分为制度层次的研究。企业参与企业社会责任可能是由于制度的压力,尤其是来自利益相关者的压力。利益相关者通常包括股东、消费者、当地社区和其他。每一方利益者对企业社会责任的期待不同,因此企业的社会责任活动也大不相同。Aguilera 等人[12]于 2007 年提出,企业承担社会责任的动机主要有三个:①自利动机(基于企业自身利益角度考虑);②关系动机(基于企业与其他组织的关系角度考虑);③道德动机(基于道德标准与伦理要求的角度考虑)。不同利益相关者倡导企业社会责任的方式是多种多样的。例如,客户通过对公司产品的评估和购买对企业造成影响;股东可以影响企业改变政策,比如通过影响潜在投资和资源来施加压力。

企业社会责任在制度层面的前因主要包括:法规、标准要求和认证[13-14]。然而,在现实中,越是有标准和认证的企业,实际上越会少做企业社会责任活动,他们往往减少对实质性社会责任的关注,而做一些表征化的企业社会责任活动,来满足延续标准与认证的最低要求[15]。在制度层面,企业社会责任能够提高公司声誉,这种声誉具体表现为:消费者会更加善意地评估公司产品,也会培养消费者对企业的忠诚度。

从企业社会责任在制度层面的研究中可以得出以下几点结论:①虽然企业承担社会责任的动机与方式不同,股东仍是决定企业参与何种形式的企业社会责任的重要因素,因为股东影响着企业承担社会责任的动机,从而影响着企业的社会责任行为与政策。②制度层面的压力能促进企业承担社会责任,制度压力主要包括相关的法律法规与认证。比如,政府出台对企业的环保认证,会迫使企业改进生产方式,使企业更加节能减排。③制度层面的压力往往迫使企业做表面上的企业社会责任活动,比如仅仅满足相关认证的最低要求。至于企业为什么只愿意承担最低要求的企业社会责任,主要还是因为股东对收益的要求。所以,在股东要求与制度要求之间存在一定的张力,企业处于两难境地。④企业社会责任虽然会提高口碑和消费者忠诚度,但企业社会责任的影响力不能一概而论。比如,对于本身实力强的企业,承担社会责任产生的好处可能更多。

3.3.2　在公司层次上对企业社会责任的分析

目前,学界大部分关于企业社会责任的研究是基于企业层次考虑的。在该层次上,企业承担社会责任主要出于企业自身的利益,如提高企业竞争力。企业也可能出于道德方面承担社会责任,如企业感受到自己应该在社会中承担一定的责任,企业想成为一家更有道德感、更仁爱的公司等。

关于企业社会责任的结果,最重要的是,企业社会责任能否给企业带来经济收益。Peloza[16]回顾了近年来学术界关于企业社会责任的研究,发现有59%的学者认为企业社会责任能给企业带来经济收益,27%的学者持中立态度,14%的学者认为不能。也有大量的研究者关注企业社会责任给企业带来的非经济型收益,如提高竞争优势和吸引投资者。此外,公司的能力也会随着实施企业社会责任政策而改进,如提高运营效率和产品质量。因为一个注重企业社会责任的公司会对自己提出更加严格的要求。此外,企业社会责任还有利于减少种族歧视。

以企业社会责任在企业层面的研究中可以得出以下几点结论:①公司主要为了经济收益而承担企业社会责任;②公司也可能因为追求道德而承担企业社会责任;③企业社会责任确实能给企业带来一定的经济收益;④对于备受大众关注、透明度高的公司,企业社会责任带来的收益更大。

3.3.3　在个体层次上对企业社会责任的分析

个体层次上对企业社会责任的研究指的是企业社会责任对公司员工的影响,这类研究也可纳入人力资源学领域。近年来,越来越多的学者开始在个体层次上研究企业社会责任。

上级主管对企业社会责任的承诺是影响员工参与企业社会责任活动的主要因素。比如Muller 和 Kolk[17]认为,员工感知到上级鼓励企业社会责任的信号越强,员工越容易产生并提出自己关于保护自然环境的创新想法。与之相反的是,公司由于在制度层面受到压力而决定做企业社会责任,而管理层对企业社会责任不做出承诺,就会产生分离,使得公司偏离企业社会责任,也不把企业社会责任视为公司的核心部分。在个人层次,也有其他影响企业社会责任的因素。比如,Tuzzolino 与 Armandi[18]认为员工参与企业社会责任主要是因为发展的需求,包括心理安全感、亲和力、尊重感与自我实现。继而,Rupp 等[19]学者于 2006 年提出并于2011 年继续发展了一个用公平理论来研究企业社会责任的框架。该框架提出员工不仅是出于自利动机,还出于关系与道德的原因参与企业社会责任活动。与该研究相关的是,Rupp 在2011 年通过自我决定理论解释了环境因素的行为影响着员工的能力、关系和自主性,进而影响员工参与企业社会责任活动。

企业社会责任在个人层次上可以带来很多正面影响。最主要的是,一个社会责任感强的公司可以提升员工的组织认同、工作投入度与创新、组织公民行为、绩效与员工留任、员工忠诚度[20-24]。企业社会责任也有助于提高员工间的关系质量[25],增加企业的吸引力。

企业社会责任前因变量和结果变量汇总如图 3-1 所示。

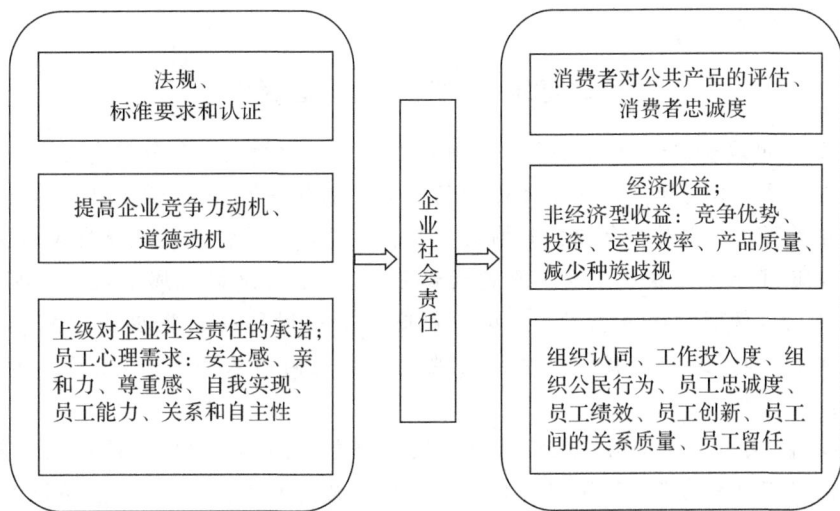

图 3-1　企业社会责任前因变量和结果变量汇总

通过以上的回顾,可以得出以下几点关于个人层次上企业社会责任研究的结论:①员工个人的动机影响着个体是否参与企业社会责任活动,如企业社会责任是否符合员工个人价值观,员工个人是否关注企业社会责任;②企业社会责任在个人层次上能给企业带来诸多良好的结果,如企业社会责任提升员工绩效,改善员工工作态度;③企业社会责任之所以能给企业带来好结果,其机制在于企业社会责任能提高员工的企业认同感,引发员工自豪感;④如果公司管理层对伦理的承诺程度高或者对公正的敏感程度高,企业社会责任对员工的正面影响将会扩大。

【本章小结】

- 社会责任的内容;
- 企业社会责任概念的起源与演进;
- 国内外不同学者和组织对企业社会责任概念的界定;
- 企业社会责任概念与其他相关概念;
- 企业社会责任的具体内容;
- 学术界对企业社会责任的研究,包括在制度、公司、个人三个层面上企业社会责任的前因与结果。

【复习思考题】

1. 社会责任由哪些基本要素构成?
2. 国内外不同学者与组织提出的企业社会责任的概念有哪些相同点与不同点?
3. 简述企业社会责任的具体内容。
4. 企业社会责任在不同层面上的前因及结果有哪些? 试结合实践中的例子说明。

【应用案例】

可口可乐:请叫我"企业公民"

2008 年的汶川地震,当时有个小男孩儿被救出来后对救援队说的第一句话是"叔叔,我要喝可乐",这启发了可口可乐人。张华莹说:"我们是做水业务的,把就近生产的水运送到各地市场是我们在近百年的发展中所建立起的业务专长。可口可乐在汶川地震发生后第二天,就向灾区无偿运送了上万箱饮用水及几百把大遮阳伞,以解当地群众燃眉之急。那我们能不能建立一个机制,保证无论灾难大小,我们都能在第一时间将最重要的饮用水送到现场呢?"从那时起,可口可乐中国就开始反思企业与社会之间的依存关系,重新思考企业公民的意义。

2008 年之后,可口可乐中国开始接触救灾领域的学者、非政府组织、政府机构等,积极了解中国在应对灾害方面的情况。可口可乐在中国拥有强大的供应链机制,能够把产品配送到全国各地。可口可乐的商业价值链在危难发生时可以做一个分布在全国各地的装瓶厂和覆盖全国的饮用水应急供应链。与此同时,仓储体系是可口可乐中国长期运营建立的核心优势,如果将两者与灾害管理结合起来,在灾害发生时,可口可乐的物流和仓储网络就可以成为应急饮用水的供应网络,能最大限度地发挥可口可乐的价值,去帮助那些最需要帮助的人。

构想不错,但执行并没有那么顺利。最大的挑战是,从哪里快速获取需求信息,水运到灾区后谁来把水发到需要的人手上?可口可乐擅长生产水、调度水、运输水,但对灾区和救灾本身并不熟悉。企业参与公共事务需要专业的合作伙伴。在不断地寻找接触中,可口可乐中国遇到了壹基金,正式合作在 2012 年达成。2013 年雅安发生地震,这是可口可乐中国建立救灾体系之后,第一次参与救灾。雅安地震发生的当天早上,可口可乐中国用了 4 个小时,把雅安周边的水调集到位,通过壹基金的协调,用救灾军车以最快的速度运入灾区。云南鲁甸的救灾行动也证实了这样一个救灾体系的可行性,从 2013 年 4 月到今天,可口可乐中国已经响应了近 50 次各类灾情。更重要的是,在救灾体系从成型到成功的过程中,可口可乐中国发现了一条行之有效的可持续发展战略思路:从社会需求出发,基于自身业务优势,将企业价值最大限度地贡献于社会价值。

（资料来源:李源.可口可乐:请叫我"企业公民"[EB/OL].(2015 - 06 - 12)[2019 - 10 - 20].https://www.hbrchina.org/2015 - 06 - 12/3062.html.有删节）

问题讨论:

1. 你认为可口可乐公司如何将企业社会责任与公司自身发展相结合?

2. 你认为在该案例中,可口可乐公司在参与企业社会责任活动中,涉及了哪些利益相关者?

3. 你认为可口可乐公司在救灾体系方面的创新可以给公司本身带来哪些方面的好处?

❀【本章参考文献】

[1] CARROLL A B. Carroll's pyramid of CSR:taking another look[J]. International Journal of Corporate Social Responsibility,2016,1(1):3.

[2] 刘俊海.公司的社会责任[M].北京:法律出版社,1999:6.

[3] 叶祥松,黎友换.广东企业社会责任蓝皮书[M].广州:广东经济出版社,2004.

[4] 卢代富.企业社会责任的经济学与法学分析[M].北京:法律出版社,2002.

[5] 刘连煜.公司的社会责任[M].北京:中国政法大学出版社,2001.

[6] CED. Social responsibilities of business corporations[M]. New York:Committee for Economic Development,1971.

[7] 王新新,杨德锋.企业社会责任研究:CSR,CSR2,CSP[J].工业技术经济,2007,26(4):16 - 20.

[8] CARROLL A B. A three-dimensional conceptual model of corporate performance[J]. Academy of Management Review,1979,4(4):497 - 505.

[9] WARTICK S L,COCHRAN P L. The evolution of the corporate social performance model[J]. Academy of Management Review,1985,10(4):758 - 769.

[10] WOOD D J. Corporate social performance revisited[J]. Academy of Management Review,1991,16(4):691 - 718.

[11] SCOTT W R. Institutions and organizations[M]. Thousand Oaks:Sage Publications Ltd,2001.

[12] AGUILERA R V,RUPP D E,WILLIAMS C A,et al. Putting the S back in corporate social responsibility:a multilevel theory of social change in organizations[J]. Academy of Management Review,2007(32):836 - 863.

[13] FINEMAN S,CLARKE K. Green stakeholders:industry interpretations and response [J]. Journal of Management Studies,1996(33):715 - 730.

[14] CHRISTMANN P,TAYLOR G. Firm self-regulation through international certifiable standards:determinants of symbolic versus substantive implementation[J]. Journal of International Business Studies,2006(37):863-878.

[15] TENBRUNSEL A E,WADE-BENZONI K A,MESSICK D M,et al. Understanding the influence of environmental standards on judgments and choices[J]. Academy of Management Journal,2000(43):854-866.

[16] PELOZA J. The challenge of measuring financial impacts from investments in corporate social performance[J]. Journal of Management,2009(35):1518-1541.

[17] MULLER A,KOLK A. Extrinsic and intrinsic drivers of corporate social performance: evidence from foreign and domestic firms in Mexico[J]. Journal of Management Studies,2010(47):1-26.

[18] TUZZOLINO F,ARMANDI B R. A need-hierarchy framework for assessing corporate social responsibility[J]. Academy of Management Review,1981(6):21-28.

[19] RUPP D E,GANAPATHI J,AGUILERA R V,et al. Employee reactions to corporate social responsibility:an organizational justice framework[J]. Journal of Organizational Behavior,2006(27):537-543.

[20] CARMELI A,GILAT G,WALDMAN D A. The role of perceived organizational performance in organizational identification,adjustment and job performance[J]. Journal of Management Studies,2007(44):972-992.

[21] GLAVAS A,PIDERIT S K. How does doing good matter? effects of corporate citizenship on employees[J]. Journal of Corporate Citizenship,2009(36):51-70.

[22] JONES D A. Does serving the community also serve the company? using organizational identification and social exchange theories to understand employee responses to a volunteerism programme[J]. Journal of Occupational and Organizational Psychology,2010(83):857-878.

[23] MAIGNAN I,FERRELL O C,HULT G T M. Corporate citizenship:cultural antecedents and business benefits[J]. Journal of the Academy of Marketing Science,1999(27):455-469.

[24] AGLE B R,MITCHELL R K,SONNENFELD J A. Who matters to CEOs? an investigation of stakeholder attributes and salience,corporate performance,and CEO values [J]. Academy of Management Journal,1999(42):507-525.

[25] TURBAN D B,GREENING D W. Corporate social performance and organizational attractiveness to prospective employees[J]. Academy of Management Journal,1997(40):658-672.

第4章

企业社会责任基本原理——利益相关者理论

🪶 【学习目标】

• 熟悉和了解利益相关者的定义和特征；
• 理解和掌握利益相关者理论的基本观点和原理；
• 理解企业社会责任的金字塔结构和三类主流思想；
• 了解企业回应利益相关者诉求的策略选择。

🌐 【案例导读】

默克公司的企业社会责任观

默克公司是一家总部位于美国的制药企业，它向世人诠释了什么是真正的企业社会责任。

自17世纪以来，"河盲症"一直折磨着非洲人民，这是一种令人谈虎色变的寄生虫病，能够使人失明。非洲有28个国家，超过2000万人携带着这种寄生虫病。在一些发病严重村落里，50岁以上的成年人中失明的患者可多达60%。

1975年，默克公司发明了一种药物，可以杀死这种寄生虫。然而，公司面临艰难的选择：如果继续开发该药物，至少要花费2.3亿美元，并且后期生产的花费将更多；并且，患上这种病的人大多十分贫穷，这意味着默克公司可能开发了一种永远产生不了利润的药品。公司认为不能眼看着千万人受苦，最后选择了开发该药品。科学家受到这种人道主义的影响，纷纷加入了默克公司，推进药品的研发。1989年，默克公司宣布无偿配送药物给需要它的地区，每月捐出100万剂药品。到21世纪初，"河盲症"彻底根除了。

事实证明，这种人道主义的无偿服务并没有阻碍默克公司赚取利润。在2002年《财富》杂志评出的500家美国最大企业中，默克公司以477亿美元的销售收入名列24位，并且，默克公司的利润收入排名第15位，比销售收入排名高出许多。

（资料来源：医药公司的道德形象[EB/OL]. (2012 - 12 - 10)[2019 - 10 - 20]. https://business.sohu.com/02/73/article204857302.shtml.）

4.1　企业的利益相关者

利益相关者作为理解公司环境的方法一直是一种强大的启发式工具,除了实现利润最大化,还有利于拓宽管理层对其角色和职责的视野。自 1984 年弗里曼出版具有里程碑意义的著作《战略管理:利益相关者方法》(*Strategic Management:A Stakeholder Approach*)以来,利益相关者的概念已经深入到管理学界和管理者的思维之中。尽管这个词已经很流行,而且描述也很丰富,但对于谁(或什么)是公司的利益相关者以及管理者需要关注谁(或什么)等问题,研究者有不同的看法。本节主要定义和总结了谁是企业的利益相关者以及利益相关者的特征,从而为更好地理解企业与利益相关者关系奠定基础。

4.1.1　谁是企业的利益相关者

利益相关者理论试图用系统的方式阐明一个基本问题:哪些群体值得或需要管理层关注,哪些不值得关注?米切尔等人[1]总结了之前对于利益相关者定义的大量研究(见表 4 - 1)。根据表 4 - 1,利益相关者的定义大致可以从广义和狭义的观点考虑。广义的利益相关者是指能够影响组织目标的实现或者受到组织目标实现影响的个人或者团体[2]。在这个定义中,利害关系的基础可以是单向的,也可以是双向的,即"可以影响或受影响"。

表 4 - 1　利益相关者的定义

来源	定义
Freeman、Reed，1983:91	广义:可以影响一个组织目标的实现,或者受到一个组织目标实现影响的人; 狭义:组织生存所依赖的人
Freeman、Gilbert,1987:397	可以影响一个企业或被这个企业所影响
Evan、Freeman,1988:75 - 76	与该公司有利害关系或在该公司拥有权利
Evan、Freeman,1988:79	公司行为使其受益或受损,其权利因公司的行为受到侵犯或尊重
Freeman,1994:415	人类共同创造价值过程的参与者
Wicks 等,1994:483	与公司互动,赋予公司意义和定义的人
Nasi,1995:19	与公司互动,从而使公司运转的人
Donaldson、Preston,1995:85	在公司活动的程序和/或实质内容方面拥有合法利益的个人或团体

斯坦福研究所(Stanford Research Institute)提供了一种较为狭义的定义:利益相关者是指组织需要依靠的群体,从而使组织得以持续生存。克拉克森[3]对利益相关者给出了一个最为狭义的定义,即自愿或非自愿的风险承担者,自愿的利益相关者承担某种形式的风险,这是由于他们在公司投资了某种形式的资本、人力或金融、某种有价值的东西。非自愿的利益相关者由于公司的活动而被置于风险之中。从这个意义上说,只有在企业承担某种形式风险的个体或者团体,才是企业的利益相关者。

4.1.2　企业内外部利益相关者

为了更好地理解和管理利益相关者与企业的关系,学者经常会对利益相关者进行分类。克拉克森[3]认为利益相关者是指在公司及其过去、现在或将来的活动中拥有权利或利益的个人或团体。具有相似利益、主张或权利的利益相关者可归为同一群体。因此,克拉克森将企业的利益相关者分为主要的利益相关者(primary stakeholder group)和次要的利益相关者(secondary stakeholder group)(见图 4 - 1)。

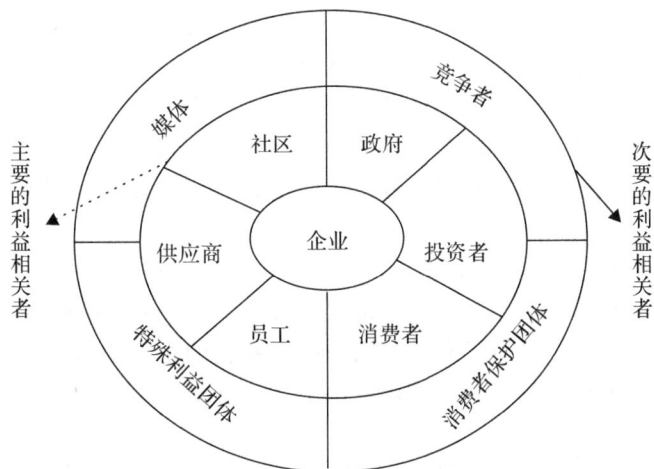

图 4 - 1　利益相关者分类图

主要的利益相关者是指没有它们的持续参与,企业不能继续经营下去。主要利益相关者群体通常由股东和投资者、雇员、客户和供应商以及提供基础设施和市场的政府和社区组成。公司与其主要利益相关者群体之间存在高度的相互依赖性。从这个角度来说,公司本身可以定义为一个主要利益相关者群体的系统,一个复杂的利益相关者群体之间的关系集合,具有不同的权利、目标、期望和责任。公司的生存和持续的成功取决于其管理者是否有能力为属于每个利益相关者群体的人创造足够的财富、价值或满意度,从而使每个群体继续作为公司利益相关者系统的一部分。未能保持主要利益相关者群体的参与将导致该公司系统的失败。

次要的利益相关者被定义为那些影响或受公司影响的群体,但他们不参与公司的交易,对公司的生存并不是必需的。在这个定义下,媒体和广泛的特殊利益集团被认为是次要利益相关者,他们有能力动员公众舆论支持或反对公司的表现。公司的生存并不依赖于次要的利益相关者群体。然而,有部分集团可能会对公司造成重大损害,如恐怖组织。虽然次要利益相关者对于企业的生存不是必需的,但是它们可以通过影响主要利益相关者群体对企业产生或重大或微弱的影响。次要的利益相关者可能反对公司为履行对其主要利益相关者的责任或满足其需求和期望而采取的政策或方案。例如,媒体通过负面报道企业的行为影响股东投资、员工离职等。

此外,利益相关者还可以分为内部利益相关者(股东、雇员等)和外部利益相关者(供应商和消费者、社区、政府、媒体等)。

1. 股东

在传统的企业理论中,股东是企业最为重要的利益相关者。股东或者投资者在企业中有一种以股票、债券等形式存在的财务上的利害关系,他们期望通过投资于企业获得财务回报。由于对企业的"赌注"投入(资本投入),股东或者投资者承担了企业可能经营失败而损失资本的风险,所以他们享有企业的产权。投资者的利害关系随所有者类型、财富偏好、道德偏好等的不同而不同,也会因为企业类型的不同而有所差异。

2. 雇员

作为另一类企业的内部利益相关者,雇员也在企业中投入了"赌注",主要指人力资本。雇员同样承担着因企业失败而输掉"赌注"的风险,特别是投入的人力资本专用性越高,所承担的风险越大。在传统的企业理论中,雇员通常被认为是股东的代理人,尤其是高层管理人员,他们把握着整个组织战略和运营,并且对此负有责任。在利益相关者理论中,由于雇员投入了专用性人力资本,他们同样享有企业的产权。作为对雇员的回报,他们期望安全、高工资和有意义的工作。如果雇员是股东,他们持股的原因可能是雇员持股激励计划或者雇员对组织未来发展前景的看好。

雇员一般可以分为管理者和一般雇员。由于管理者一般投入的专用性资本更高,他们在企业中维护自身的能力更强、具有的自由裁量权更大。委托代理理论认为,管理者可能会利用他们的自由裁量权,做出有利于自己利益而损害股东利益的企业决策。为了降低这种道德风险,企业通常会建立董事会或者监事会等监督机制,以及管理者薪酬激励等激励机制。

3. 供应商和消费者

供应商和消费者用资源与企业交换产品和服务,以获得产品和服务带来的利益作为回报。供应商作为企业的要素来源,为企业提供原材料,企业才能够进行生产,从而为消费者提供产品和服务。消费者使得企业的生产变得有意义,如果没有消费者,企业无法生存和维持经营。如股东和雇员一样,供应商和消费者的关系同样深陷伦理困境。当企业的产品或者服务没有达到允诺的标准时(例如通过广告允诺),管理人员有责任校正这种情况。拥有能够使企业变得更好的供应商也同样十分重要。如果供应商发现了制作或者改进产品(或服务)的关键部分时,企业和供应商之间能够实现双赢。

4. 社区

当地社区赋予了企业建造设施的权利,社区相应地能够从企业的经济和社会贡献中获益(企业纳税),企业和社区之间是相互影响的。位于受欢迎的社区(如企业的选址)有助于企业为其他利益相关者创造价值,并且进一步获得他们的支持和资源。作为回报,企业被期望像社区的良好公民,企业不应该对社区做出有害行为,如产生污染。然而,企业没有完全的信息和完美的知识,当对社区产生危害时,企业和社区应该共同努力促进二者协调发展。

此处有一个经典的案例。鲍德温街位于新西兰南岛的丹尼丁,它被誉为世界上最陡峭的街道,每年都能吸引世界各地的游客前来观光。有着这么一条好玩的街道,对于孩子们来说简直是天赐的礼物。每当放学,便是这条街最热闹的时候,孩子们都倾巢而出,骑着自己的小小卡丁车,在上面体验飘移的乐趣。这样的景象被吉百利巧克力工厂注意到了,于是在2002年,当地的吉百利工厂就在这条世界最陡峭的街上开展了一个活动,活动的名字叫"巧克力豆奔跑大赛"(见图4-2)。活动的规则非常简单,吉百利工厂准备上万个巧克力球,并将它们统一编号。随后,他们用一块钱一个的价格,卖给前来参赛的选手。最后,上万个巧克力豆会分为3组,从这条世界上最陡峭的街倾盆倒下。出售这些巧克力豆获得的全部收益,工厂将捐献给慈善机构,用于救治绝症儿童患者,帮助无家可归的孩子等。

　　这个活动一直持续办了 15 年,吸引了全国各地的孩子来参加,而巧克力豆的价格一直维持不变。正是因为这样,工厂每举办一次这样的活动,会产生巨大的亏损。然而,负责人一直坚持不愿意提价。终于,工厂资金链全面崩溃,不得不宣布破产。当小镇居民得知真相以后,他们自发组织了一场众筹投资项目,得到了公众、一些非正式组织、消费者等的广泛支持。短短几日内,筹集到 450 万新西兰元(新西兰人口约 450 万),工厂又重新恢复运营。

　　从这个案例可以看到,企业与社区建立了良好的可持续性关系,在企业面临破产时,社区能够帮助企业获得其他利益相关者的支持,从而使得企业获得重生。

图 4 - 2　巧克力豆奔跑大赛

5.政府

　　无论是在发达国家还是新兴国家,政府都能够对企业产生重大影响。通过政府的政策和法规,政府可以决定商业规则、市场结构(通过进入壁垒和由于法规、补贴和税收而造成的成本结构的变化),准许提供的货物和劳务,决定政府补贴和购买的市场规模。因此,政府的政策及其执行构成了不确定性的主要外部来源,并对企业的经营产生了关键影响。中国政府是企业资源和合法性的重要来源。由于各级政府仍然保持着分配关键资源、颁发使用证和许可证(用于企业进入)、批准项目、给予补贴、允许拖欠税款和提供基础设施的权力(Zhang 等)[4],因此,与政府构建良好的关系对于企业的生存和成功尤其重要。

　　企业和政府之间往往是一种相互依赖的关系。对于政府来说,政府通过对资源的控制使得政府有可能与企业进行合作,例如,通过授予企业资源和合法性以换取企业对政府政策的遵守。政府依赖企业的经济贡献,包括纳税、扶贫以及其他一些社会公共事务。然而,政府并不是对所有的企业都愿意提供资源帮助,而是乐于帮助与政府具备良好关系的企业。

　　企业与政府构建良好的关系策略,主要包括政治联系[5]、游说[6]、官员视察[7]、企业慈善等社会责任活动[8]。企业的政治关联是指企业通过给官员、人大代表、政协代表等政府权力的拥有者提供高管或者董事的职位,这样往往能够给企业带来一些更加优惠的政策、更多的稀缺资源和信息。企业也会派遣管理者去政府部门进行游说,从而为企业争取到政府的帮助。通过邀请官员来企业视察,企业能够在未来得到更多的政府资源以提升企业的合法性和声誉。因而,Schuler 等人[7]研究发现,当中国的上市公司受到官员视察之后,企业的股价会迅速升高。

以上讨论的外部利益相关者是企业比较常见的类型。此外,外部利益相关者还可能是媒体或者是其他一些组织。实际上,对待利益相关者的期望和利益诉求,企业或者管理者并不能简单地进行优劣次序的考虑。我们应该采取相容的观点看待利益相关者的诉求,把他们的利益看作是结合的、相互联系的,在长期内是相互协调和一致的。长期看来,只顾一个而忽略另外一个是不可能的。

4.1.3　利益相关者的特征

本小节主要描述了利益相关者的三个重要特征,包括权力、合法性和紧急性,从而帮助企业识别谁才是利益相关者。分析利益相关者的特征能够成为识别利益相关者的一套基本原则。

1.权力(power)

早期的韦伯认为,权力是社会关系中的一个行动者能够不顾阻力而实现自己意志的可能性。权力是一种社会行动者之间的关系,其中一个社会行动者 A,可以让另一个社会行动者 B,去做 B 不愿意做的事情。权力可能很难定义,但也不难认识到,它是一种能力,即那些拥有权力的人能够实现他们想要的结果(Pfeffer 和 Salancik)[9]。权力经常用于描述企业和利益相关者之间的关系。一方面,企业的生存依赖于利益相关者;另一方面,利益相关者依赖于企业维护他们的权利,实现他们的利益。利益相关者具备资源的权力能够突显出他们对于企业的重要性,从而影响到企业的运营和管理。

2.合法性(legitimacy)

萨奇曼[10]完善了合法性的定义,他认为合法性是一种普遍的看法或者假设,实体的行为在某些社会构建的规范、价值观、信仰和定义系统内是可取的、适当的。虽然这个定义不精确且难以操作,但它代表了合法性基于社会学的定义,并且包含一些在我们识别利益相关者的方法中有用的描述。这个定义认识到实现合法性的社会系统是一个具有多层面分析的系统,最常见的是个人、组织和社会。

3.紧急性(urgency)

将权力和合法性看作利益相关者-管理者关系中的独立变量,会使得我们对利益相关者识别和显著性理论有一定的距离,因为权力和合法性没有捕捉到利益相关者-管理者交互的动态。增加紧急性作为利益相关者的属性有助于将模型从静态移动到动态。紧急性只有在满足两个条件时才存在:①关系或要求具有时间敏感性;②关系或要求对利益相关者十分重要或关键。因此,紧急性可以定义为利益相关者要求立即关注的程度。

然而,为了支持利益相关者识别和突出动态理论,我们需要考虑权力、合法性和紧迫性等利益相关者属性。第一,每个属性都是变量,而不是稳定状态,并且可以针对任何特定的实体或利益相关者-管理者关系进行更改。第二,每个属性的存在(或程度)是一个多重感知的问题,而不是一个"客观"的现实。第三,个人或组织可能不会"有意识"拥有该属性,如果意识到拥有该属性,可能不会选择实施任何隐含的行为。

综上,对利益相关者的属性总结如下:

①利益相关者属性是可变的,不是稳态的。

②利益相关者属性是基于感知建构的,而不是客观存在的。

③个人或组织可能会也可能不会意识到拥有某种利益相关者属性。

4.1.4　利益相关者的分类

根据管理者感知到利益相关者的一个、两个或者三个属性,我们将利益相关者进行了分类,从而帮助管理者识别利益相关者(见图 4-3)。

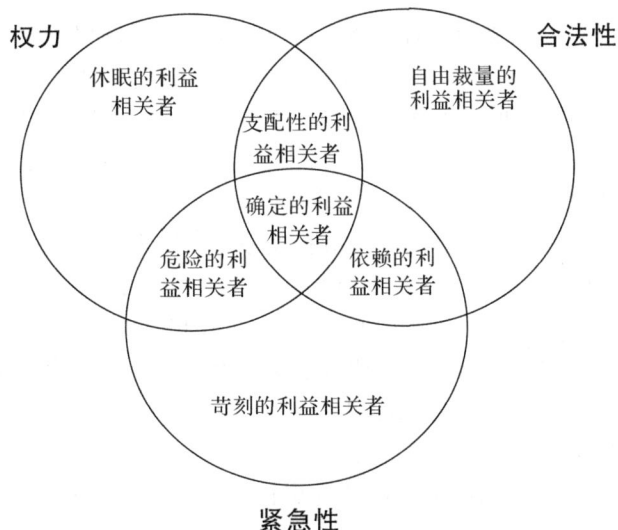

图 4-3　根据利益相关者属性分类

1.潜在利益相关者(latent stakeholders)

在有限的时间、精力和其他资源下跟踪利益相关者的行为和管理关系,管理者可能认为仅具有一种属性的利益相关者对企业的影响无能为力,并且管理者甚至可能无法识别这些利益相关者的存在。同样,潜在的利益相关者不太可能对公司给予任何关注或确认。

命题 1:当管理者感知到只有一种利益相关者属性(权力、合法性和紧迫性)时,利益相关者的显著性将很低。

接下来我们将讨论这种期望背后的原因,它适用于以下三种潜在的利益相关者类型,我们还将讨论其对管理者的影响。

(1)休眠的利益相关者(dormant stakeholders)。休眠的利益相关者的相关属性是权力。休眠的利益相关者拥有将他们的意志强加于公司的权力,但是如果没有合法的关系或者没有紧急要求,他们的权力仍然没办法得到利用。休眠的利益相关者的例子很多。比如,拥有军火的人、能够引起新闻媒体注意的人。休眠的利益相关者与公司很少互动或没有互动。然而,由于他们具有获得第二种属性的潜力,管理层应该对这种利益相关者保持警觉,因为利益相关者与管理者关系的动态性质表明,休眠的利益相关者如果获得紧迫性或合法性,就会对企业产生十分重大的影响。

(2)自由裁量的利益相关者(discretionary stakeholders)。自由裁量的利益相关者具有合法性的属性,但他们没有权力影响公司,也没有迫切的要求。自由裁量的利益相关者是研究企业社会责任和绩效的学者特别感兴趣的群体,因为他们最有可能接受 Carroll[11] 所谓的自由裁量企业社会责任,Carroll 后来将其重新定义为公司慈善事业。关于可自由裁量的利益相关者的关键点是,在没有权力和紧急要求的情况下,管理者绝对没有压力与这样的利益相关者建立积极的关系,尽管管理者可以选择这样做。并非所有接受企业慈善事业的人都是自由裁量的利益相关者,只有那些既没有权力也没有对公司提出紧急要求的人才是。

(3)苛刻的利益相关者(demanding stakeholders)。当利益相关者-管理者关系的唯一相关属性是紧迫性时,利益相关者被描述为"苛刻"。苛刻的利益相关者是管理者"耳边嗡嗡的蚊子",令人讨厌但不危险。当利益相关者不能或不愿意获得必要的权力或合法性来将他们的要求提升到更加突出的地位时,紧急的"噪音"不足以将利益相关者的要求达到显著的范畴。举个例子,一个拾荒者在总部外面游行,手上拿着一个牌子,上面写着"世界末日来了,都是公司A造成的"。这可能会使得A公司的经理们非常恼火,但基本不会去理会他们。

2.预期型利益相关者(expectant stakeholders)

当我们考虑管理者和利益相关者之间的潜在关系时,我们观察到一个性质上不同的显著区域。在分析权力、合法性和紧迫性这三个属性中的任何两个存在的情形时,我们会注意到这种状况所特有的势头的变化。虽然单属性低显著性利益相关者会被预期与管理者有潜在的关系,但双属性中显著性利益相关者被视为"期待某事",因为两个属性的组合导致利益相关者采取主动而后者被动的姿态,增强对利益相关者利益的反应。因此,管理者和这些预期利益相关者之间的参与程度可能更高。

命题2:当管理者感知到利益相关者的两种属性(权力、合法性和紧迫性)时,利益相关者的显著性将是中等的。

接下来,我们将描述三种预期型利益相关者的类别。

(1)支配性的利益相关者(dominant stakeholders)。在利益相关者既有权力又合法的情况下,他们在公司中的影响力是有保证的,因为通过合法地拥有权力,他们在企业中形成了"主导联盟"。这些利益相关者被描述为"支配性的",他们会对公司提出合法要求,并且对这些要求具有采取行动的能力。管理者认为任何利益相关者拥有权力和合法性的期望对管理者来说都是"重要的"。主要的利益相关者将有一些正式的公司职位,从而承认他们与公司关系的重要性。例如,公司董事会通常包括所有者、重要债权人和社区领袖的代表,并且通常设立一个专门的投资者关系办公室来处理企业与投资者的关系。此外,公司需要向合法的、强大的利益相关者提供报告,包括年度报告、委托书,以及越来越多的环境和社会责任报告。

(2)依赖的利益相关者(dependent stakeholders)。我们将缺乏权力但有紧急合法要求的利益相关者描述为"依赖者",因为这些利益相关者依靠其他人(其他利益相关者或公司的管理者)获得执行其意愿所必需的权力。因为这种关系中的权力不是互惠的,所以它的行使要么是通过其他利益相关者的倡导或监护,要么是通过内部管理价值观的指导。以威廉王子湾埃克森·瓦尔迪兹号石油泄漏事件为例,我们可以看出,一些利益相关者团体有紧急和合法的要求,但公司几乎没有执行或没有权力执行他们的意愿。为了满足他们的要求,这些利益相关者必须依靠其他强有力的利益相关者的倡导,或者依靠公司管理层的仁慈和自愿精神。这一类利益相关者包括当地居民、海洋哺乳动物和鸟类,甚至自然环境本身。为了满足这些利益相关者团体的要求,主要利益相关者团体(如该案例中的阿拉斯加州政府和法院系统)必须为该地区的公民、动物、自然环境等利益相关者提供支持。

(3)危险的利益相关者(dangerous stakeholders)。如果紧迫性和权力是缺乏合法性的利益相关者的特征,那么利益相关者将是强制性的,并且可能是暴力的,使得利益相关者对公司

"危险"。"强制"被认为是描述性的,因为强制权力的使用往往伴随着非法的地位。危险的利益相关者非法地使用强制手段来实现他们的利益和诉求,例如野蛮式罢工、雇员破坏和恐怖主义。再如,20 世纪 70 年代,通用汽车公司在俄亥俄州洛德斯敦的员工将汽水罐焊接到发动机缸体上,以抗议某些公司的政策。

3. 确定的利益相关者(definitive stakeholders)

在讲确定的利益相关者之前,我们将"显著性"定义为管理者优先考虑竞争利益相关者诉求的程度。根据定义,表现出权力和合法性的利益相关者已经成为公司主导联盟的成员。当这样的利益相关者的要求很紧急时,管理者有明确而直接的任务去关注和优先考虑利益相关者的要求。

总之,当管理者感知到利益相关者的三种属性(权力、合法性和紧迫性)时,利益相关者的显著性将是最高的。

4.2　企业利益相关者理论

经济全球化的继续推进,信息技术的迅猛发展,环境问题的日益突出以及一些商业伦理事件的频繁发生,对企业运营提出了越来越多新的挑战。在这样的背景下,利益相关者理论的现实意义日益凸显。弗里曼[2]对利益相关者理论做出了正式的论述,试图修正或者重塑我们对企业的认知和理解。

4.2.1　企业的本质

企业是如何运作的? 唐纳森和普雷斯顿[12],以及弗里曼和他的同事将之前学者的企业观点与他们的企业观点进行了对比。

1. 股东价值最大化的企业

以股东价值最大化为代表的弗里德曼[13],认为企业的本质是为了企业利润最大化,从而为股东实现最大化价值。维护利益相关者的利益不是企业的社会责任,而是资本主义。因而,弗里德曼认为履行社会责任对于企业来说是一种成本,与利润最大化相违背,因而认为企业不应该将资源分配在社会责任的实践中。这一观点与经济学观点相符合,即为了实现期望目标最大化(期望利润最大化),企业理性地做出决策和判断。

2. 视为竞争战略的企业

波特[14]指出应该将竞争战略摆在中心位置来思考企业。他将产业经济学中"结构—行为—绩效"的范式引入企业理论,认为有效的战略(行为)是产业结构的函数,并能够产生相对应的绩效。波特提出运用"价值链"的模式描述企业初始资源转化的过程以及支持这个转化过程的活动。通过与竞争对手的价值链分析,企业就能够设计出发展竞争优势的方案。

按照这个观点,企业是为了获取竞争优势而存在。这个观点和利益相关者理论具有很大的相容性。如果采取广义价值链的概念,我们会发现利益相关者也是这个链条中的一部分。具体地,波特认为客户和供应商的议价能力、雇员的议价能力、社区提高规章制度影响价值链的能力和其他一些价值链成员都会成为企业竞争优势的来源。企业一直处于一个利益相关者构成的关系网之中,这个关系网也是波特指出的"产业"的一个子集。企业通过满足这些利益相关者中特定群体的需求和期望,从而建立竞争优势。例如,企业可以将企业社会责任和可持续性加入获取竞争优势的战略库中[15]。通过企业社会责任和可持续性,与雇员、社区等建立良好的关系,并且以此获得相应的利益相关者的支持,就能够获取在这个"产业"中的竞争优势。

3.利益相关者理论

在理解企业的本质时,弗里德曼强调企业利润最大化,从而实现股东价值最大化。弗里曼等[16]在《利益相关者理论:现状与发展》中,提出了对企业的重新理解。他们提出为了实现利润最大化,企业需要拥有客户需要的卓越产品和服务、稳固的供应商关系、卓越的雇员和社区的支持。具体地,"企业必须要生产与自身发展一致的产品和服务,与能够让自身变得更好的供应商做生意,雇佣努力工作的雇员以及成为社区中的优秀公民,这将有利于企业的长期(或者短期)利益。利益相关者管理才是实现利润最大化的优秀管理"。

基于以上这些经典的企业理论,唐纳森和普雷斯顿[12],以及弗里曼和他的同事提出了利益相关者理论对于企业的理解。图4-4和图4-5大致描述了经典企业理论和利益相关者理论的区别。

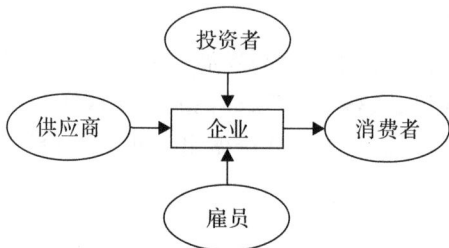

图4-4　企业模型:输入-输出模型

根据图4-4,投资者、雇员和供应商被描述为贡献输入,公司的"黑匣子"将资源输入转换为产出,以造福消费者。投入的每个贡献者都期望得到适当的补偿,但从长期均衡来看,这个模型的经济学解释是,投入贡献者只获得"正常"或"市场竞争"收益,这种收益是指根据他们所投入的资源和时间获得的收益。由于整个系统的竞争,大部分的利益将流向客户。根据图4-5,利益相关者分析家认为,所有参与企业的具有合法利益的个人或团体这样做是为了获得利益,并且利益相关者之间的利益不存在优先权。因此,企业与利益相关者之间的箭头在两个方向上运行。

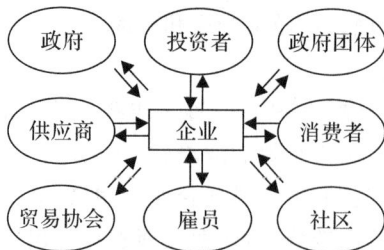

图4-5　企业模型:利益相关者模型

利益相关者理论从根本上不同于其他理论。利益相关者理论旨在解释和指导现有公司的结构和运营。为了达到这个目的,它把公司看作一个组织实体,通过这个组织实体,许多不同的参与者实现了多种但并不总是完全一致的目的。企业被理解为投身企业活动利害相关团体间一系列关系的集合,是关于消费者、供应商、雇员、投资者、社区和管理者如何互动和创造价值等一系列关系的集合。理解这些关系是如何起作用的,对于理解企业的本质至关重要。企业家或者管理者的职责则是管理和塑造这些关系。

唐纳森和普雷斯顿采用了描述性、工具性、规范性三种理论方法,用于分析利益相关者理论对于理解企业的重要意义。

(1)描述性(descriptive)。

这个理论被用来描述,或者有时用来解释特定的公司特征和行为。利益相关者理论已被用于描述:①公司的性质;②管理者运营企业的思维方式;③董事会成员如何看待企业的利益;④公司是如何管理的。

(2)工具性(instrumental)。

工具理论旨在描述,如果管理者或公司以某种方式行事将会发生什么。该理论结合可用的描述/经验数据,用于识别利益相关者管理和实现传统公司目标(如盈利能力、增长)之间的联系。这些实证研究都倾向于产生"暗示",表明坚持利益相关者原则和实践也可以达到传统的公司绩效目标,甚至超越竞争对手。科特和斯凯特[17]特别指出,像惠普、沃尔玛和戴顿-哈德森这样非常成功的公司虽然在其他方面非常不同,但却有着利益相关者的观点,他们的经理都非常关心那些与企业有利益关系的人,包括客户、雇员、股东、供应商等。

琼斯[18]进一步发展了工具性的利益相关者理论,展示了该理论对于之前的企业理论在解决效率上更具有优势。他整合了利益相关者概念、经济理论、行为科学和道德的观点。该理论的核心是提出了一套伦理准则,包括信任(trust)、诚信(trustworthiness)和合作(cooperativeness),它们能够形成企业的竞争优势。

工具性的利益相关者理论提出了企业形成竞争优势的几个方面:①公司的特点是与许多利益相关者都具有关系;②契约适用于描述这些关系;③公司可以被看作是一个"契约的集合";④公司经理是这个契约的代理人;⑤市场趋于均衡,进而产生有效的契约导向。利益相关者管理工具理论的焦点是契约,该契约用于描述公司与其各利益相关者群体之间的关系。如果公司能够在相互信任和合作的基础上与利益相关者发展关系,就能获得竞争优势。

(3)规范性(normative)。

规范理论关注的是公司或经理行为的道德规范,包括确定公司的经营和管理的道德或哲学准则。规范性的视角从一开始就主导了对经典的利益相关者理论的描述,并且这一传统在后来的版本中得以延续[11,19]。

(4)三类理论分支的比较。

工具理论旨在描述,如果管理者或公司以某种方式行事将会发生什么。规范理论关注的是公司或经理行为的道德规范。简要概括,描述性、工具性和规范性理论分别解决了以下这些问题:发生了什么?如果发生了会带来什么?什么是应该发生的?因而,利益相关者理论的支持者十分关注这三个问题:管理者在利益相关者关系方面的实际行为,如果管理者遵循利益相关者管理原则会发生什么,以及管理者在与公司利益相关者打交道时应该做什么。

利益相关者理论的每一种用途都有一定的价值,但价值在每一次使用中都是不同的。利益相关者理论的描述性方面反映和解释了公司及其利益相关者的过去、现在和未来的事务状态。在探索新领域时,简单描述是普遍的和令人满意的,并且通常能够产生解释性和预测性的命题。利益相关者理论的工具性应用使利益相关者方法(即利益相关者管理)与共同期望的目标

(如企业盈利能力)联系起来。斯坦福研究所(Stanford Research Institute)对利益相关者的定义是:"没有他们的支持,组织将停止存在。"这清楚地表明,公司经理必须从利益相关者那里得到建设性的贡献,从而实现他们自己的期望结果(例如组织的持续性、盈利能力、稳定性、增长性)。

规范性应用认为,理论与企业生活、观察事实之间的对应关系不是一个关键问题,利益相关者管理与传统业绩测量之间的联系也不是一个关键测试。相反,规范理论试图根据一些基本的道德或哲学原则来解释公司的功能并提供指导。尽管规范分析和工具分析都是"规定性的"(它们可能或多或少地表达或暗示决策者如何做出适当的选择),但它们却基于完全不同的基础。工具方法本质上是一种假设(可以被验证):如果你想达到(避免)结果 X、Y 或 Z,那么就采用(不要采用)原则和实践 A、B 或 C。相比之下,规范方法不是假设的,而是明确的:做(不做)这件事是因为它是正确(错误)的事情。许多利益相关者文献,包括支持者和评论家的贡献,显然是规范性的,尽管所涉及的基本规范性原则经常未经审查。

描述性理论试图表明理论中的概念与观察到的现实相对应。工具性理论指向利益相关者管理与公司绩效之间的联系。随后许多学者开始测试工具性理论的作用,他们大多基于这样一个假设:管理者采用利益相关者原则和实践的公司在财务上会比不采用利益相关者原则和实践的公司表现得更好。规范性理论诉诸个人或团体"权利""社会契约"或"功利主义"等基本概念。

4.2.2　利益相关者视角下的公司治理模式

不同于股东至上的公司治理模式,管理人员只对股东负有受托责任。由于企业是所有利益相关者实现权益的载体,在利益相关者理论的公司治理模式下,所有利益相关者共同参与治理企业[20-21]。在股东至上的公司治理模式下,股东大会是企业的最高权力机构,并且董事会由股东指派和选任。相比之下,在利益相关者理论的公司治理模式下,利益相关者大会(stakeholder board)是企业的最高权力机构,利益相关者都享有决策权。公司的董事会和监事会(有些国家有设立监事会,比如中国和德国)由不同的利益相关者代表构成,从而保护他们各自所代表的利益相关者的权益。

虽然利益相关者理论的公司治理模式看似对于保护各类利益相关者利益和促进社会福利具有重要的意义,但是很难将它运用于中国目前的公司治理。股东至上的企业治理模式一直扎根于中国以及大部分国家的企业理念中。作为企业的资本投入者,大股东不愿意将企业的控制权转移到其他一些利益相关者手中。近几十年来,虽然中国的公司治理模式逐渐重视利益相关者的参与,但取得的效果较为微弱。例如,《中华人民共和国公司法》规定,有限责任公司设监事会,其成员不得少于三人,其中职工代表至少三分之一,以保护职工的利益。股东人数较少或者规模较小的有限责任公司,可以设一至二名监事,不设监事会。然而,监事会仍然对股东大会负责。

另外,其他一些国家也颁布了一些法律法规,开始逐渐承认企业股东之外其他利益相关者的权益。美国立法支持董事会决策时将范围广泛的非股东参与者,包括雇员、债权人、供应商、消费者和当地公众的利益纳入考虑范围。美国的《公司治理原则》(1992)虽然强调"企业的中心目标是追求公司利润最大化",但后来进行了修正,"即使有碍于企业利润和股东收益目标,企业必须顾及社会伦理"。其他一些国家也存在类似的现象:德国要求公司监事会中必须有职工代表;英国公司法规定公司董事会做决策时必须考虑雇员的利益。

4.3　利益相关者理论与企业社会责任

本节主要讨论利益相关者理论和企业社会责任之间的联系。

4.3.1　企业社会责任的金字塔结构

卡罗尔[11,19]提出了企业社会责任的金字塔结构(见图4-6),把企业的社会责任分为四类:经济责任、法律责任、伦理责任和慈善责任。

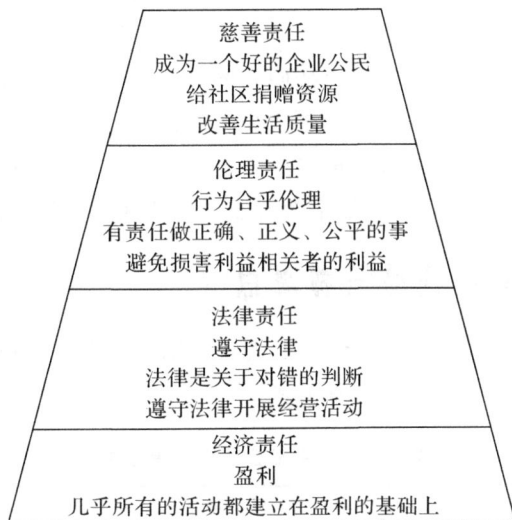

图 4-6　企业社会责任金字塔结构[11,19]

1. 经济责任

经济责任是最基本的企业责任。商业组织被创建为旨在为社会成员提供商品和服务的经济实体。利润动机被确立为企业家精神的主要动机。因此,商业组织的主要作用是生产消费者需要的商品和服务,并在这一过程中获得可接受的利润。在某种程度上,利润动机的概念已经转变为利润最大化的概念,并且从此它就一直是一个持久的价值。所有其他商业责任都以公司的经济责任为基础,因为没有经济责任,其他的责任就无法成为考虑的因素。

2. 法律责任

社会批准企业按利润动机经营,与此同时,企业必须遵守各级政府颁布的法律法规,这是企业经营的基本规则。作为企业和社会之间社会契约的部分履行,企业应在法律框架内履行其经济使命。法律责任反映了一种"成文的道德规范"的观点,即它们体现了我们的立法者所确立的公平运作的基本理念。法律责任被恰当地视为与经济责任共存,作为自由企业制度的基本准则。

3. 伦理责任

虽然经济责任和法律责任体现了关于公平和正义的伦理规范,但是伦理责任还包含了那些社会成员期望(或禁止的)并且没有被编入法律中的活动和行为。从某种意义上说,道德或价值观的改变先于法律的制定,因为它们是法律或法规制定背后的推动力。例如,环境、公民权利和消费者运动反映了社会价值的基本变化,因此可被视为道德先驱,预示并导致后来的立法。伦理责任可能被视为接纳新出现的价值观和社会期望,尽管这些价值观和规范可能反映出比现行法律要求更高的绩效标准。从这个意义上讲,伦理责任的定义往往不明确,或一直处于公众对其合法性的辩论之中,因此,企业往往难以应对。虽然伦理责任被描述为 CSR 金字塔法律责任的上一层,但必须不断地认识到它与法律责任范畴是动态的相互作用。也就是说,它不断地推动法律责任类别的扩大,同时对商业企业寄予越来越高的期望,使他们的经营水平高于法律所要求的水平。

4. 慈善责任

慈善可以说是企业期望成为良好公民的行为。这包括积极参与促进人类福利或善意的行动或计划,例如对艺术、教育或社区的捐赠。慈善责任和伦理责任的区别在于,慈善责任不应该是道德意义上的责任。社区希望公司将他们的资金、设施和雇员的时间用于人道主义项目或目的,但如果他们不能提供捐赠,他们并不认为公司是不道德的。尽管社会总是期望企业支持慈善事业,但对于企业来说,慈善事业更多的是自由裁量的或自愿的。区分慈善责任和伦理责任一个值得注意的方面是,公司认为如果他们要成为社区中的好公民,他们就有慈善责任。

4.3.2　企业社会责任的三种观点

目前对于如何看待企业社会责任,表 4-2 大致总结为以下三种思想:剩余企业社会责任、整合企业社会责任和企业社会责任治理新模式[16]。

表 4-2　企业社会责任思想分类

企业社会责任思想	剩余企业社会责任	整合企业社会责任	企业社会责任治理新模式
企业社会责任定义	获得利润后回馈社会	整合经济、伦理、社会和环境决策标准	在考虑经济、伦理、社会和环境决策标准下,获取利润
利益相关者焦点	股东第一,然后社区等	所有利益相关者都有道德地位	利用利益相关者反应追求利润
经济焦点	实现利润最大化	价值创造,实现利益相关者团体利益最大化	以实现经济利润为最终目标,实现利益相关者团体利益为手段
企业社会责任目标	维持企业经营的合法性	为公司的整体成功做出贡献	维持企业经营的合法性
企业社会责任商业模式	顺应社会诉求	与利益相关者团体建立伙伴关系	与利益相关者团体建立伙伴关系
企业社会责任过程	沟通,公共关系	利益相关者参与	利益相关者参与
企业社会责任实践	企业慈善,赞助	整合"非财务报告"与传统的企业报告	传统的企业报告和社会责任报告

1. 剩余企业社会责任

剩余企业社会责任理论是学者对于企业社会责任的最初认识,这个思想仍然在目前的学术和实践中占据着主要的位置。这种观点认为企业社会责任是剩余性的(非战略性的),是一个企业营业的额外责任。公司履行社会责任,是对社会的一种回馈,这并不是企业的一项重要的价值创造活动。因此,剩余企业社会责任理论仍然认为企业的本质是追求利润最大化,并将其作为首要目标。因而,企业维持合法性的第一要义就是保持企业持续经营和获利的能力,然后,企业通过对利润的再分配,如捐赠和纳税等,从而为社会创造福利。

许多实证研究结论表明,在我国和许多欧美国家中,这一思想仍然在现代化的企业管理中占据主要位置。哈伯德等[22]采用美国《财富》500 强公司 2003—2008 年的样本进行研究发现:当企业经济绩效较差,CEO 仍然追求较高的企业社会责任绩效时,CEO 被解雇的概率显著增加;当企业经济绩效良好,CEO 追求较高的企业社会责任绩效时,CEO 被解雇的概率显著降低。这一结论表明,企业经理人的首要任务是经济绩效(与 Graffin 等[23]人的观点一致),其次才是社会责任。如上所述,卡罗尔[11,19]提出的企业社会责任的金字塔结构,强调企业最重要的责任是经济责任,即获取经济利润。只有企业能够不断获取经济利润,才能够使企业维持运营,才能够给员工提供报酬和福利,才能够给社区捐赠,才能够维持与供应商的关系。

2. 整合企业社会责任

企业社会责任的整合理论认为企业社会责任是企业的战略行为,整合了管理标准中的社会、伦理和环境问题。将伦理和社会整合到战略中,被商业伦理学的学者广泛接受,且被当作利益相关者理论的核心。这个观点把企业社会责任当作是企业决策的重要部分,认为企业社会责任能够更好地考虑和处理企业代理人的复杂性问题以及应对外部环境的挑战。例如,琼斯[18]提出的利益相关者管理的工具性理论,其核心是提出了一套伦理准则,包括信任、诚信和合作,这能够使企业形成竞争优势。如果企业能够在相互信任和合作的基础上与利益相关者发展关系,就能降低机会主义带来的代理成本和交易成本,从而获得竞争优势。该理论关注的不是企业如何为股东创造最大化的利润,而是为所有利益相关者创造价值和实现权益,从而实现企业的整体成功。因而,它不同于传统的企业治理模式,企业需要发布整合的非财务报告,包括各类利益相关者的绩效,而不是企业传统的报告。

企业在处理与利益相关者关系时,强调所有利益相关者都可以参与到企业运营过程中,从而与所有利益相关者建立伙伴关系,因此这通常是一种事前的利益相关者管理方式。例如,企业在进行某项活动之前,企业管理者会和各类利益相关者沟通和交流,从而确定企业的这项行为能否为企业的整体利益相关者做出贡献。

3. 企业社会责任治理新模式

基于上述观点和 21 世纪以来最新的国内外研究成果,我们总结了企业社会责任治理的新模式。目前,虽然商业企业没有完全接纳整合的企业社会责任模式,但是这一整合的观点对于改善剩余观点和发展新的企业社会责任治理模式具有重要的意义。新的治理模式的核心思想是企业通过与利益相关者建立战略性的伙伴关系,并以此作为企业经济价值创造的工具,从而实现企业绩效目标和兼顾利益相关者利益。不同于整合观点,企业需要选择性地将资源投入到利益相关者的关系建立中,并且商业企业的最终目标仍然是追求企业(长期)的经济价值,而不是追求整体利益相关者利益最大化。不同于剩余观点,新模式下的治理观点意识到利益相关者支持对于企业长期价值和持续发展的重要性,强调企业与利益相关者建立良好的伙伴关系,从而获取利益相关者支持。在这种模式下,企业社会责任成为企业追求利润和绩效的工具性战略。因此,企业是否应该履行社会责任取决于利益相关者的反应,这是因为利益相关者的评价和反应能够决定企业社会责任能否提高企业的价值和绩效。

大量的国内外研究分析和论证了企业社会责任给企业带来绩效和价值提升的内在机制。最重要的一点在于,企业社会责任能够引起利益相关者的正面评价和反应,从而获得他们的支持[24-25]。传统的企业观,即企业的存在仅仅是为了满足股东的利益。然而,随着社会、自然和政治环境的改变,越来越多的利益相关者,包括那些与公司有直接关系的人,比如雇员、客户、供应商,甚至一些股东,开始意识到企业社会责任是一种恰当而合法的企业活动。由于企业社会责任往往符合或者来源于利益相关者的期望和诉求,因此企业获得了提升价值的许多重要渠道和资源,例如,获得消费者的青睐,积累道德资本[26],提高企业的声誉[27],获得社会政治合法性[25],等等。

过去大多数的研究,评价企业社会责任表现的依据是第三方机构对企业社会责任的评分和排名。Marquis 和 Qian[28]的研究表明,政府是企业依赖的一个重要利益相关者,因此,企业社会责任是企业用于回应政府期望和进一步与政府建立关系的一种重要手段。另外,作为企业社会责任的重要方式,企业慈善也备受利益相关者关注。基于中国深圳和上海交易所2001—2006 年的上市公司数据,Wang 和 Qian[25]研究发现,企业慈善捐赠能够帮助公司获得社会政治上的合法性,这使他们能够吸引积极的利益相关者的反应,从而提高企业绩效。Cuypers 等人[24]基于美国上市公司的数据,研究发现企业创新型的企业慈善和企业慈善捐赠都能够被利益相关者感知为真诚,从而获得利益相关者支持和提高企业价值。Flammer[29]利用美国 30 年的上市公司数据(1980—2009)进行研究,研究表明股东和投资者对于企业社会责任的活动通常会给予正面的评价和反应。

然而,新模式下的企业社会责任研究也开始受到质疑,质疑的声音主要来源于以下三个方面。

第一,企业社会责任成为企业内部利益相关者,特别是管理者谋取私利的一种手段,并非给企业带来(长期)价值的提升[30-31]。例如,通过大量的捐赠,管理者往往能够获得媒体的表扬,从而提高管理者个人声誉。当企业构建了一个良好的公司治理机制,企业管理者的机会主义行为会降低,因而把企业社会责任当作谋取私利的手段的可能性会降低[32]。特别是当 CEO 的薪酬结构是长期性质时,该 CEO 倾向考虑企业未来的收益,从而使得企业慈善为企业带来更高的绩效。

第二,利益相关者对于企业社会责任的反应可能随着时间和制度环境发生改变。例如,企业 A 在 2008 年首次发布企业社会责任报告(其他企业都没有发布),消费者、供应商和社区等会给予企业 A 高度评价,比如消费者更加愿意购买企业 A 的产品。然而,随着时间的推移,其他企业也开始发布和积极践行企业社会责任报告,此时利益相关者对企业 A 的评价和反应将依赖于 A 企业和其他企业的社会责任表现的差异。

第三,过去的研究通常把利益相关者的诉求和期望当作一个整体来研究[24-25],实际上,不同的(有时同一类)利益相关者对企业社会责任具有不同的期望和偏好。Luo 等人[33]的研究表明,中央政府和地方政府对于企业社会责任持有不同的期望。在"十一五"规划期间(2006—2010 年),地方政府往往期望当地企业把经济目标放在首位,从而促进当地经济发展。然而,随着环境和社会问题的日益突出,中央政府出台了一系列的指导方针,期望甚至要求企业要重视企业社会责任,平衡经济目标和社会责任。例如,2008 年 12 月,上海和深圳证券交易所规定,部分中国上市公司必须在发布年报的同时发布企业社会责任报告。因而,面对利益相关者对于企业社会责任的新期望和新要求,企业如何进行社会责任活动,成为企业社会责任治理模式的一个新的挑战。

4.4　企业对利益相关者的策略选择

本节主要概述了对利益相关者问题探讨的一些重要文献和相应的结论,包括利益相关者问题的显著性和应对利益相关者冲突需求的策略。

4.4.1　利益相关者问题的显著性

利益相关者理论的早期研究通过制定利益相关者管理的一般策略[2],向利益相关者概述广泛的企业责任[11],并检验利益相关者的特征来确定哪些利益相关者应该得到关注[1]。在这些模型和类型的基础上,学者们开始强调利益相关者关注的异质性以及利益相关者和目标公司之间的特殊互动。之后研究人员开始关注利益相关者问题的多样性,即个人或者群体提出的明确的关注和要求,这些关注和要求可能会影响公司或受到公司的影响[2],以及管理者如何解释、平衡和回应相互矛盾的或互补的或合作的利益相关者的主张和诉求。

目前关于企业为什么或如何应对利益相关者问题的研究基本上是从利益相关者的角度来探讨的,或者关注外部驱动因素,如环境和利益相关者特征。很少有学者试图研究管理者或决策者用来解释、理解和回应所考虑的利益相关者问题的认知过程。在利益相关者理论中,管理者或决策者通常作为企业所有利益相关者的代理人,负责企业的战略制定和执行等。Bundy 等人[34]提出企业对利益相关者做出反应的前提是管理者或决策者感知到利益相关者问题是显著的,即问题的显著性决定了企业的反应性。问题显著性指的是一个利益相关者的问题能够引起管理者的共鸣并被管理者优先考虑的程度。

Durand 等人[35]进一步完善了 Bundy 等人[34]的研究,指出企业对利益相关者问题反应的决定性因素不仅包括问题显著性,还有企业的意愿和能力。例如,即使企业管理者感知到某个利益相关者的问题是显著的,但是企业没有能力和资源,企业也不会采取行动回应该利益相关者的主张和诉求。或者当组织回应利益相关者的成本大于收益,即使利益相关者的问题是显著的,组织也不会采取行动。Durand 等[35]提出了组织对规范性压力(比如利益相关者压力)反应的一般模型,该模型考察了组织对问题做出反应的意愿和能力背后的两个主要因素:①问题的显著性;②资源调动的成本和效益分析。当利益相关者问题是显著的并且管理者觉得企业使用资源回应利益相关者问题得到的收益大于成本时,企业才会采取实质性的反应。这一结论修正了 Bundy 等人[34]的研究结论,即利益相关者问题达到显著性时,企业会采取相应的反应。

4.4.2　组织应对冲突压力的策略

利益相关者理论的核心是企业如何应对利益相关者冲突的利益、诉求或者压力。如果利益相关者与企业的主张是一致或相似的,那么管理者或决策者可以比较容易地处理利益相关者问题。然而,在现实商业环境中,企业面临着与日俱增地来源于利益相关者或者制度环境的冲突需求,这使得管理者在回应冲突的利益相关者需求时常常陷入两难的境遇中:满足一方的利益相关者需求将以另一方作为代价。Pache 和 Santos[36]研究了企业如何回应冲突的制度压力。具体地,他们研究了组织如何经历冲突的制度压力以及组织可以采取哪种策略回应利益相关者压力。冲突的制度压力来源通常是利益相关者对企业提出不同的或矛盾的要求和主张。因此,组织应对冲突制度压力的反应策略,适用于分析企业如何应对冲突的或者矛盾的利益相关者的要求和主张。

面对矛盾的制度或者利益相关者要求,组织可以选择什么方式? 在一个对制度过程做出战略响应的模型中,Oliver[37]提出了组织面对制度压力时可使用策略的详细类型:默许(acquiescence)、妥协(compromise)、回避(avoidance)、反抗(defiance)和操纵(manipulation)。表 4-3 总结了这种反应策略的详细类型。

表 4-3　企业处理冲突压力的反应策略

策略	方式	定义
默许	习惯,模仿,顺从	接受制度要求
妥协	平衡,安抚,商讨	试图达到部分一致性,从而部分地满足所有的制度需求
回避	隐藏,缓冲,逃避	试图消除顺从制度压力的必要条件
反抗	解散,挑战,攻击	直接拒绝其中一种或者多种制度要求
操纵	合作,影响,控制	积极地尝试改变制度要求的内容

默许(acquiescence)是指组织采用外部机构要素所要求的安排。默许是最被动的应对策略,通常可以采取三种不同的形式:来自习惯(即无意识地遵守习以为常的规范)、有意识或无意识地模仿制度模式、来自自愿遵守制度要求。

妥协(compromise)是指组织试图通过温和地改变需求、通过温和地改变响应方式或者通过二者的结合来部分地符合所有制度期望的行为。当使用妥协时,组织的目标是部分满足所有的需求。他们可能试图通过谈判达成妥协来平衡相互冲突的期望,他们可能只符合最低限度的制度要求,并投入资源和精力来安抚被抵制的相关的利益相关者,或者他们可能试图积极地讨价还价来改变制度要求。

回避(avoidance)是指组织试图排除顺应制度压力的必要性或规避使组织顺从制度压力的必要条件。回避策略包括:通过表面化的顺从隐藏默许背后的不一致性,通过将核心技术活动与外部要求分离(decoupling)来缓冲顺从制度过程[38],通过退出制度压力所影响的领域从而逃离制度的影响。

反抗(defiance)相比于回避策略,其策略更加激进。反抗是指组织拒绝遵守其中一种或者多种制度压力,从而消除冲突的制度需求的来源。反抗的方式包括:摒弃或忽略制度规定,公开挑战或竞争规范,或直接攻击它们。

操纵(manipulation)是指改变制度要求的内容并影响其促进者的积极尝试。Oliver[37]指出了三种具体的操纵策略:组织可以尝试选择机构压力的来源来消除制度分歧,通过主动游说影响规范的定义,或者更彻底地控制压力源。

冲突的利益相关者的压力可能来源于两种方式:手段和目标。当利益相关者对组织实现某个具体目标时,可能会提出不同的实现目标的手段,例如政府颁布规定,要求企业履行社会责任,企业 A 在实施企业社会责任时,董事会觉得企业应该提高企业捐赠,而消费者觉得应该先解决社区污染的问题。另外一种情况是制度对组织提出冲突的目标。如上所述,企业经历冲突的制度压力,可能是由于外部行动者(如外部利益相关者)渗透到组织边界和内部代表(如内部利益相关者)传递出来的。

根据冲突来源的不同,组织将有选择性地采取以上策略进行回应。读者可以通过阅读 Pache 和 Santos[36] 的研究文献,以了解更详细的内容。

综上所述,组织为了更好地应对利益相关者的诉求或者压力,需要考虑以下因素:利益相关者的显著性、企业冲突压力的来源,以及采取应对策略的收益和成本。

【本章小结】

- 谁是企业的利益相关者;识别利益相关者的三个特征:权力、合法性和紧急性;
- 利益相关者理论的基本观点和原理;
- 企业社会责任的金字塔结构和三类主流思想;
- 企业回应利益相关者诉求的策略。

【复习思考题】

1. 利益相关者理论对企业本质的认识与传统的股东至上企业观有什么不同?
2. 你认为企业社会责任的金字塔结构合理吗? 它存在什么不足?
3. 简述整合企业社会责任思想使用的社会背景。中国企业的经营更适用于哪种企业社会责任的思想(剩余企业社会责任、整合企业社会责任和企业社会责任新模式)?
4. 企业对利益相关者诉求的反应由哪几个方面决定?

【应用案例】

SK 医药包装有限公司是一家中法合资的高新技术企业,主要生产高品质人体静脉输液软袋、腹膜透析液用袋及外科冲洗液袋等医用软包装容器系列产品,并取得多项国家专利。公司始终固守"质量第一,客户至上"的准则,严格质量技术标准,始终如一地为客户提供优质的产品和完善的服务,并获得 ISO 9001 认证。

场景一

地点:患者家中。

人物:蔡总,患者赵大嫂。

蔡总刚下飞机,便带着分销商李总去看望患者,并且买了些营养品和新鲜水果。一路上回忆着公司产品的生产工艺流程与质量控制程序,担心是自己这边出了问题。赵大嫂身患尿毒症四年多,家中只靠丈夫一人打工来维持生计。得知蔡总他们是药袋生产商,丈夫勃然大怒,"你们来这里干什么? 还嫌害得我们不够惨吗?"说罢,便将蔡总一行人向外推。

蔡总能够理解病患家属的心情,赶忙连声道歉:"抱歉,抱歉,药袋漏液导致您的夫人遭受了痛苦,我们对此真的是感到万分的抱歉,这不,我们是专门大老远跑来上门看望您夫人并了解情况的。"

几句闲谈之后,赵大嫂一家也终于放下了对蔡总的介怀。蔡总也连忙向赵大嫂一家解释,药袋在整个生产销售的环节当中都有可能遭到破坏,导致漏液,不一定是生产环节出了问题。当然,如果确定是他们的问题,他们也绝不推卸责任,必定会给赵大嫂进行赔偿。赵大嫂一家见蔡总言辞凿凿,觉得蔡总可以信任,便同意了蔡总的要求。

"大嫂,能不能麻烦您给我们简单演示一下您在家是如何操作的啊,看看问题出在哪儿,我们也好查清事情的真相。"赵大嫂点头同意。然而在操作过程中,蔡总吃惊地发现,这位妇人竟然在用卫生纸做腹部消毒,并且在固定导管时竟然牵拉导管,蔡总惊奇地问:"难道您之前就一直用卫生纸进行腹部消毒吗? 医院没有强调过无菌操作吗?"赵大嫂对此却毫不在意。

场景二

地点:医院。

人物:蔡总,医院刘主任。

蔡总来到当地医院,找到肾脏科的刘主任了解居家透析的相关情况,刘主任带着蔡总参观从病人入院、医生诊断、患者培训、拿药出院的整个流程。蔡总发现整个流程中有许多不合理之处,最让蔡总大跌眼镜的是,只有两位医护人员对十几名患者进行居家透析培训,而在培训中,一位病人没有听明白在换液前,双联管口污染了怎么进行及时处理,再次向医护人员询问时,这位医护人员讲解得十分潦草。"你们应该选择责任心强、富有爱心、业务水平精湛的医护人员对患者进行耐心的讲解,而不是现在这种态度。"蔡总向刘主任建议。"蔡总呀,你是不清楚我们医院的状况,需要做透析的患者太多,我们科的床位紧张,而且医护人员严重不足。""刘主任,如果你们按照现在这种模式培训患者,患者在家自行操作的时候很容易发生感染,到时候患者再感染就得再住院,这不仅加重了你们医院的接诊负担,而且还会影响你们医院在本市乃至全国的口碑,但是如果你们增加医护人员的同时提高培训质量,这些问题不就迎刃而解了吗?"蔡总向刘主任说了患者赵大嫂的情况:透析液有漏液现象和用卫生纸做腹部消毒。刘主任大吃一惊,表示会向院里反映情况,进行整改。

场景三

地点:会议室。

人物:蔡总,总代理孙总,分销商。

蔡总和孙总反映了透析液有漏液现象,各分销商相互推诿。这时孙总突然开口:"遇到问题我们就应该想办法解决问题,而不是像现在这样大吵大闹,成何体统。你们要时刻谨记,我们是利益共同体,任何一个环节上出问题,都会导致我们的共同利益受到损害!"蔡总提出解决方案:"咱们的当务之急是得重新换一家物流公司进行药液运输。根据我的调查,咱们现在用的这个物流公司服务上有些问题,不换了它,可能无法从根源上解决漏液问题。"此时各方争执不休,有些分销商提出 A 物流公司虽然价格贵,但是可以保障物流质量;另外一些分销商表示这样会提高成本,压缩利润,极为不赞同。蔡总分析了不保障物流质量,可能带来的诸多的不利影响,例如,产品声誉受损,这样最后大家都没有利润,甚至破产;发生赵大嫂事件的概率增加,辜负消费者信任。分销商听后,一致同意选择 A 物流公司。

场景四

地点：制药公司。

人物：蔡总，制药公司采购部白总，制药公司郑厂长。

制药公司采购部的白总带着蔡总来到郑厂长的办公室，蔡总知道了问题所在，于是问："郑厂长，你们公司把药液装袋后进行漏液检查了吗？"郑厂长回答："我们公司的装液技术相当成熟，不会出现漏液现象。"蔡总苦笑一声："咱们一起合作这么多年了，我们公司的药袋质量你最清楚不过了，你们公司就应该在装液后进行漏液检查，及时把次品挑选出去，存在次品是很正常的现象，百分之百合格品才是不正常现象呢。"

郑厂长听后觉得蔡总的话也并不是全无道理，毕竟合作这么多年从来没有出现过质量问题，难道真的是自己公司的做法导致了漏液现象吗？郑厂长说道："即使真的是装卸前发生的漏液，但是挑拣次品的检测设备确实价格不菲，增加这样的设备岂不是又得给厂里增加额外的负担吗？"蔡总笑着拍拍郑厂长的肩膀，说："老郑呀，这个问题你就别担心了，实在不行，我们公司出钱，毕竟这样对我们双方都有利。"

"你们与运输药液的物流公司就搬运要求、损害赔偿等问题提前进行过商讨吗？"蔡总继续问道。"没有啊，我们就随意选择了一家物流公司进行运输，我们的药液是装在木头盒子里的，那个盒子特别结实，才不会出现运输损害呢！"郑厂长自信地回答。"老郑啊，你也太容易随便就相信一家物流公司了吧，物流公司野蛮装卸那是很容易造成漏液的。我已经和销售总代理、分销商们见过面了，他们都决定更换物流了，准备换成 A 物流，并且和 A 物流关于货物破损的赔偿达成一致了，这是我们的会议记录，你可以看一看。"蔡总一边说着。郑厂长看了会议记录也很快答应了，表示制药厂也要和众销售商们建立统一战线，选择 A 物流公司，并且明确损坏赔偿事项，装车后发生的损坏一律由 A 物流公司承担责任。

（资料来源：此案例来自中国管理案例共享中心，www.cmcc-dut.cn/Cases/Detail/2865.）

问题讨论：

1. 当发生药袋漏液患者感染的事件之后，为什么蔡总要第一时间前往患者家中？请从利益相关者特征方面进行回答。

2. 为了调查事情的真相，蔡总是如何与患者、医院、销售商以及制药厂进行沟通的？

3. 在场景三中，利益相关者冲突属于手段还是目标冲突？最后为何会选择 A 物流公司？这样做有什么好处？

4. 为什么蔡总愿意无偿给制药厂提供检测漏液的设备？请从利益相关者理论的视角谈一谈。

❧ 【本章参考文献】

[1] MITCHELL R K，AGLE B R，WOOD D J. Toward a theory of stakeholder identification and salience：defining the principle of who and what really counts[J]. Academy of Management Review，1997，22(4)：853 - 886.

[2] FREEMAN R E. Strategic management：a stakeholder approach[J]. Advances in Strategic Management，1984，1(1)：31 - 60.

[3] CLARKSON M E. A stakeholder framework for analyzing and evaluating corporate social performance[J]. Academy of Management Review,1995,20(1):92 - 117.

[4] ZHANG J,MARQUIS C,QIAO K. Do political connections buffer firms from or bind firms to the government? a study of corporate charitable donations of Chinese firms[J]. Organization Science,2016,27(5):1307 - 1324.

[5] LI H Y,ZHANG Y. The role of managers' political networking and functional experience in new venture performance:evidence from China's transition economy[J]. Strategic Management Journal,2007(28):791 - 804.

[6] HILLMAN A J,KEIM G D,SCHULER D. Corporate political activity:a review and research agenda[J]. Journal of Management,2004(30):837 - 857.

[7] SCHULER D A,SHI W,HOSKISSON R E,et al. Windfalls of emperors' sojourns: stock market reactions to Chinese firms hosting high-ranking government officials[J]. Strategic Management Journal,2017,38(8):1668 - 1687.

[8] LIN K J,TAN J,ZHAO L,et al. In the name of charity:political connections and strategic corporate social responsibility in a transition economy[J]. Journal of Corporate Finance,2015(32):327 - 346.

[9] PFEFFER J,SALANCIK G R. The external control of organizations:a resource dependence perspective[M]. Stanford:Stanford University Press,1998.

[10] SUCHMAN M C. Managing legitimacy:strategic and institutional approaches[J]. Academy of Management Review,1995(20):571 - 610.

[11] CARROLL A B. Business and society:ethics and stakeholder management[M]. Cincinnati:South-Western College Pub,1989.

[12] DONALDSON T,PRESTON L E. The stakeholder theory of the corporation:concepts,evidence,and implications[J]. Academy of Management Review,1995,20(1):65 - 91.

[13] FRIEDMAN M. A theoretical framework for monetary analysis[J]. Journal of Political Economy,1970,78(2):193 - 238.

[14] PORTER M E. Competitive Strategy[M]. New York:Free Press,1985.

[15] PORTER M E,KRAMER M R. The competitive advantage of corporate philanthropy [J]. Harvard Business Review,2002,80(12):56 - 68.

[16] FREEMAN R E,HARRISON J S,WICKS A C,et al. Stakeholder theory:the state of the art[M]. Cambridge:Cambridge University Press,2010.

[17] KOTTER J,HESKETT J. Corporate culture and performance[M]. New York:Free Press,1992.

[18] JONES T M. Instrumental stakeholder theory:a synthesis of ethics and economics[J]. Academy of Management Review,1995,20(2):404 - 437.

[19] CARROLL A B. Carroll's pyramid of CSR:taking another look[J]. International Journal of Corporate Social Responsibility,2016,1(1):3.

[20] FREEMAN R E,EVAN W M. Corporate governance:a stakeholder interpretation[J]. Journal of Behavioral Economics,1990,19(4):337 - 359.

[21] FREEMAN R E,REED D L. Stockholders and stakeholders:a new perspective on corporate governance[J]. California Management Review,1983,25(3):88 - 106.

[22] HUBBARD T D,CHRISTENSEN D M,GRAFFIN S D. Higher highs and lower lows: the role of corporate social responsibility in CEO dismissal[J]. Strategic Management Journal,2017,38(11):2255 - 2265.

[23] GRAFFIN S,BOIVIE S,CARPENTER M. Examining CEO succession and the role of heuristics in early-stage CEO evaluation[J]. Strategic Management Journal,2013(34): 383 - 403.

[24] CUYPERS I R,KOH P S,WANG H. Sincerity in corporate philanthropy,stakeholder perceptions and firm value[J]. Organization Science,2015,27(1):173 - 188.

[25] WANG H,QIAN C. Corporate philanthropy and corporate financial performance:the roles of stakeholder response and political access[J]. Academy of Management Journal,2011,54(6):1159 - 1181.

[26] GODFREY P C. The relationship between corporate philanthropy and shareholder wealth:a risk management perspective[J]. Academy of Management Review ,2005,30 (4):777 - 798.

[27] BRAMMER S,MILLINGTON A. Corporate reputation and philanthropy:an empirical analysis[J]. Journal of Business Ethics,2005,61(1):29 - 44.

[28] MARQUIS C,QIAN C. Corporate social responsibility reporting in China:symbol or substance? [J]. Organization Science,2014,25(1):127 - 148.

[29] FLAMMER C. Corporate social responsibility and shareholder reaction:the environmental awareness of investors[J]. Academy of Management Journal,2013,56(3):758 - 781.

[30] MASULIS R W,REZA S W. Agency problems of corporate philanthropy[J]. The Review of Financial Studies,2014,28(2):592 - 636.

[31] PETRENKO O V,AIME F,RIDGE J,et al. Corporate social responsibility or CEO narcissism? CSR motivations and organizational performance[J]. Strategic Management Journal,2016,37(2):262 - 279.

[32] SU W,SAUERWALD S. Does corporate philanthropy increase firm value? the moderating role of corporate governance[J]. Business & Society,2018,57(4):599 - 635.

[33] LUO X R,WANG D,ZHANG J. Whose call to answer:institutional complexity and firms' CSR reporting[J]. Academy of Management Journal,2017,60(1):321 - 344.

[34] BUNDY J,SHROPSHIRE C,BUCHHOLTZ A K. Strategic cognition and issue salience:toward an explanation of firm responsiveness to stakeholder concerns[J]. Academy of Management Review,2013,38(3):352 - 376.

[35] DURAND R,HAWN O,IOANNOU I. Willing and able:a general model of organizational responses to normative pressures[J]. Academy of Management Review,2017 (29):10 - 56.

[36] PACHE A C,SANTOS F. When worlds collide:the internal dynamics of organizational

responses to conflicting institutional demands[J]. Academy of Management Review, 2010,35(3):455 - 476.

[37] OLIVER C. Strategic responses to institutional processes[J]. Academy of Management Review,1991(16):145 - 179.

[38] BROMLEY P,POWELL W W. From smoke and mirrors to walking the talk:decoupling in the contemporary world[J]. Academy of Management Annals,2012,6(1):483 - 530.

第 5 章

CSR 与其内部利益相关者——
领导的关系研究与实践

【学习目标】

- 了解伦理型领导、公仆型领导、变革型领导、真实型领导的概念及维度；
- 了解伦理型领导、公仆型领导、变革型领导、真实型领导在 CSR 实施中的作用。

【案例导读】

沃尔玛的管理理念：善待员工就是善待顾客

在《财富》世界 500 强的榜单上，你可以看到一个长期的霸主，那就是沃尔玛。我们不禁要问，是什么能让沃尔玛在全球的企业中总能保持这么优秀呢？

沃尔玛公司创始人山姆·沃尔顿的管理理念无疑是超前的。在他那个年代，雇员往往被看作是需要尽量削减的"成本中心"，而山姆·沃尔顿却把他们看成是一种需要培养和管理的资本，而正是这一超常的认识使得沃尔玛在今天登上了零售业全球霸主的地位。

如今看来，当年山姆·沃尔顿的行为似乎已不再代表一种革命性的眼光。为了在当今市场上争得一席之地，高级经理已经知道他们必须吸引并留住最好的人才。但是他们的做法却凸现了一个在很多公司中都明显存在的局限性：这些公司的管理系统仅仅专注于如何有效地利用这些资本。然而，山姆·沃尔顿管理理念的创新则是他坚持认为：善待员工就是善待顾客。

作为零售行业的老大，沃尔玛成功的真正奥秘是，客户固然非常重要，但是善待自己的员工也等同于善待顾客。你越与员工共享利润，不管是以工资、奖金、红利方式，还是股票折让方式，源源不断流进公司的利润就会越多。因为员工们会不折不扣地以管理层对待他们的方式来对待顾客。公司善待员工，给员工以归属感，那么员工们就能够善待顾客，顾客们就会不断地去而复返，顾客多了，销售额上升，利润自然也会上升，这正是零售行业利润的真正源泉。

（资料来源：沃尔玛的员工激励[EB/OL].(2017-01-03)[2019-10-10].http://www.hrsee.com/? id=500.）

企业社会责任(CSR)是指企业在创造利润,以及对员工和股东承担法律责任的同时,还要承担对消费者、社区和自然环境的责任。企业的社会责任要求企业必须超越把利润作为唯一目标的传统理念,强调要在生产过程中对人的价值的关注,强调对消费者、社区和自然环境的贡献[1]。简单地讲,企业社会责任要求企业持有正确的价值观,并将这些价值观渗透到生产和管理实践中。Jin等人认为,企业社会责任需要与企业的伦理道德环境和价值体系相结合和统一[2]。显然,高层管理者通常被认为是影响这一过程的重要因素。然而,针对这一问题,学者们持有不同的观点。例如,Waldman等质疑由管理者的个人价值观所驱动的企业社会责任实施的有效性,因为他认为管理者不应该对社会负责,而是应该对企业的股东负责,然而管理者却无法了解利益相关者的真实需求[3]。换句话讲,对于实施企业社会责任战略的组织来说,Waldman等认为最合适的领导风格是战略驱动的,而无须保持个人价值观的完整性。然而,Siegel认为管理者的个人道德诚信不仅可以为企业带来积极的结果,而且还可能是组织中企业社会责任战略实施的推动者。

越来越多的研究表明,组织领导者作为促进企业社会责任实施的非制度驱动因素发挥着重要作用[4-5]。例如,Angus-Leppan等研究表明,领导行为极大地影响了员工对企业社会责任的态度以及它的成功实践[5]。的确,企业社会责任的实施需要一个伦理价值得到支持的环境,而这一环境的营造离不开那些与道德密切相关的积极领导行为,如伦理型领导、公仆型领导、变革型领导、真实型领导等。具体地讲,当企业关注员工、股东和消费者的利益,以及自身对社区和自然环境的贡献时,企业需要领导者将"以人为本"、道德、真诚等思想融入其领导行为中,从而确保企业社会责任的成功实施。许多研究已表明,伦理型领导、公仆型领导、变革型领导和真实型领导均与企业社会责任存在间接或直接的联系[5]。组织对企业社会责任实施的战略选择可能在一定程度上影响了领导者选择践行何种领导类型。本书着重讲述不同领导类型(即伦理型领导、公仆型领导、变革型领导、真实型领导)的概念及维度,以及不同领导类型在企业社会责任实施方面上的作用。

5.1 CSR 与伦理型领导

5.1.1 伦理型领导的概念及维度

1987年,Enderle最早提出伦理型领导(ethical leadership)这一概念,旨在明确描述管理决策过程中的伦理道德问题,并对决策过程中所参照的伦理原则加以规范[6]。随后,Brown等明确定义了伦理型领导的概念,即在个人行为和人际交往中遵守道德规范,通过双向沟通、示范强化和决策制定来使这些道德规范内化于员工,为员工提供一定的道德指导[7]。伦理型领导主要强调领导者的品格(如诚实、正直)、责任心、对他人的关心和尊重,以及组织和社会的集体取向。同时,伦理型领导会惩罚那些违反道德规范的员工,并且为他们树立道德榜样[7]。因此,伦理型领导可以帮助组织吸引和保留具有类似道德价值观的员工,激励员工在工作过程中自觉遵守道德规范,最终促使员工形成有关公司成长和社会进步的美好愿景[7]。

基于对伦理型领导概念的理解,Trevino等将这一概念划分为以下两个维度:道德个体,即伦理型领导应当诚实、正直、可信,在个人生活和工作中遵守道德规范,关怀他人和外部社会,并做出公平且有原则的决策;道德管理者,即伦理型领导对员工提出道德期望,通过树立道德规范的榜样、进行伦理沟通,以及运用奖惩机制来向员工传播道德规范和标准[8]。虽然上述两维度模型凸显了领导者的道德意识,但是这两个维度的含义可能存在部分重叠。随后,利用来自全球领导力和企业行为效力研究项目的数据,Resick 等对伦理型领导这一概念做出进一步分析,并将该概念划分成四个维度[9]。第一,品格/正直,即为行为提供伦理或道德基础的意图、倾向和美德,无论外部压力如何,都要从事道德上正确的行为。领导者的品格/正直为指导其信念、决策和行为提供了个人特质的基础。第二,利他主义,即从事旨在帮助他人的行为而不期望任何外部奖励或个人福利。由于"伦理"这一概念主要涉及"共同利益",所以伦理型领导强调关注他人的权利和需求,考虑自身行为如何影响他人。第三,集体主义倾向,即将团体/集体利益置于个人利益之上,致力于维护团队/集体的利益。第四,激励,即领导者给予下属鼓励和授权,发展下属的能力,培养下属的信心。伦理型领导包括促进领导者与下属之间的情感承诺,这使得双方在追求共同利益中相互承担责任。同时,伦理型领导还可以提高下属的道德意识,鼓励下属为了他们的团队、组织或社区的利益而超越自身利益。不难发现,上述四维度模型更多地强调了领导者对团体/集体利益的关注,却忽视了领导者对道德规范重要性的强调。

　　基于 Brown 等对伦理型领导概念的描述,De Hoogh 和 Den Hartog 将伦理型领导这一概念划分为以下三个维度:道德和公平、角色澄清、分权[10]。首先,Brown 等将伦理型领导描述为诚实、可信、公正和关心他人[7],所以 De Hoogh 和 Den Hartog 认为领导者的公平和道德行为是伦理型领导的核心组成部分[10]。其次,Brown 等认为伦理型领导是透明的,他们参与公开的双向沟通,并鼓励下属的道德行为[7]。在此基础上,De Hoogh 和 Den Hartog 还关注伦理型领导会向下属明确期望和责任这一行为,并将该部分称为角色澄清[10]。最后,根据 Brown 等对伦理型领导概念的描述,De Hoogh 和 Den Hartog 认为允许下属在决策中拥有发言权,倾听下属的想法和意见,可以被视为伦理型领导的组成部分,并将该部分称为分权[10]。然而,Kalshoven 等认为上述三维度模型并不能完全体现伦理型领导的特征,因此他们又进一步归纳出正直、以人为本、道德导向和持续性关心四个维度[11]。其中,他们强调伦理型领导会考虑他们的决策或行为对社会和自然环境会造成何种影响,并把环境导向作为伦理型领导的重要组成部分,并将该部分称为持续性关心[11]。伦理型领导的维度及优缺点见表 5-1。

表 5-1　伦理型领导的维度及优缺点

来源(文献)	维度	优缺点
Trevino 等[8]	道德个体、道德管理者	优点:凸显了领导者的道德方面; 缺点:太过笼统,两维度的含义可能存在重叠
Resick 等[9]	品格/正直、利他主义、集体主义倾向、激励	优点:强调了领导者对他人或集体利益的关心; 缺点:忽略了领导者的道德方面
De Hoogh 和 Den Hartog[10]	道德和公平、角色澄清、分权	优点:强调了领导者的公平和道德行为; 缺点:对伦理型领导的认识不够全面
Kalshoven 等[11]	公平、角色澄清、分权、以人为本、正直、道德导向、持续性关心	优点:全面且详细,容易理解

5.1.2   伦理型领导在 CSR 实施中的作用

1.员工层面

学者们认为有效领导的本质是道德行为[12]。由于伦理型领导强调道德规范、关心自己的行为对他人产生何种影响、公平待人以及以人为本,所以该领导行为可能会对员工产生积极且有效的影响。首先,基于社会学习理论,伦理型领导在很大程度上影响了下属的道德行为。具体地讲,在工作环境中,员工可以通过两种方式学习道德行为:直接模仿他们的榜样、观察其他员工的经历[7]。一方面,伦理型领导严格遵守道德规范,向下属明确传达道德期望,为下属树立道德榜样,这有助于促使下属在工作中习得并践行道德行为[12]。另一方面,伦理型领导利用奖励和惩罚来加强道德行为,下属通过观察身边同事的经历来促使自己去学习遵守道德规范。因此,伦理型领导可以增强下属对道德氛围或环境的感知,促进下属对道德规范的学习,进而积极地影响下属的道德行为[13]。通过引导员工严格遵守道德规范,伦理型领导在一定程度上有助于促使企业在方案实施过程中承担相应的社会责任。

其次,伦理型领导允许下属在决策过程中发言,倾听下属的想法和需求,尊重和支持下属,不徇私舞弊,以礼相待,并且能够做出公平且有原则的选择,这些领导行为有助于改善员工对组织和领导者的态度,增强员工的工作幸福感。具体地讲,伦理型领导通常言行一致,信守诺言,并表现出高度的自信。社会交换理论认为,领导者的可信度和能力可以促使下属对其产生认知信任感,因为他们认为该领导者有能力履行领导角色[14]。另外,由于伦理型领导是道德的、公平的、诚实的,与员工保持开放和双向的沟通,所以该领导行为有助于促使领导者与下属建立良好的关系[15],加强两者之间的情感纽带,从而增强下属对领导者的情感信任[13]。总而言之,伦理型领导能够提供一个支持、成长、有利于积极情感体验的工作环境,这有助于改善下属的心理健康[16]。反过来,这间接说明了伦理型领导在一定程度上有助于促使企业履行对员工的社会责任。

2.组织层面

领导者的伦理价值体系通常与企业社会责任密切相关[17]。鉴于对道德规范和标准的强调,伦理型领导被广泛认为是组织中企业社会责任实施的推动者[18-19]。伦理型领导有助于促使企业维护他人和社会的利益,保证了针对外部利益相关者的企业社会责任的实施。具体地讲,企业社会责任活动往往体现在保护和改善社会福利的组织方案中,从产品质量、相关营销、社区服务,到生态友好或可持续的商业实践。伦理型领导被广泛认为是一种在决策制定和实施过程中正确使用社会权力,关心他人利益,最大限度地维护群体和社会利益的领导风格[20]。例如,De Hoogh 和 Den Hartog 认为,从社会责任的角度出发,伦理型领导在决策制定和实施中会广泛关注他人、群体、社区和社会的利益[10]。换句话讲,具有道德意识的领导者倾向于关注他人的需求,维护他人的利益,并通过建立一个社会福利或集体利益优先的价值体系来影响方案的制定和实施,这有助于促使企业承担相应的社会责任[18]。

另一种促进企业社会责任实施的方式是建立明确的道德行为期望。伦理问题可能是模棱两可的、模糊不清的,而一个严格遵守道德规范和标准的领导者会与下属深入探讨商业伦理和价值观,不仅仅会通过分析组织方案实施所带来的结果来定义成功,而且会通过分析实现组织方案的方式来定义成功[19]。因此,伦理型领导可以澄清伦理行为的界限,更好地应对道德困境问题,这反过来有助于建立一个组织伦理文化[21]。通过强调社会责任实践的重要性,组织伦理文化有助于促使员工建立强烈的主人翁意识,从而增强员工在道德决策和道德发展方面的凝聚力[22]。因此,在伦理型领导的影响下,员工更倾向于关注组织情境中与道德问题相关的信息,更有可能将他人或社会的利益置于个人利益之上,考虑决策的持续性和长期影响,以及能够负责任地解决那些与客户、政府、社会、自然环境或未来子孙相关的伦理问题[12,21]。简而言之,伦理型领导会激励下属从道德的角度来看待社会问题,并促使下属形成积极的企业社会责任感,最终有助于促使企业承担相应的社会责任。

5.2　CSR 与公仆型领导

5.2.1　公仆型领导的概念及维度

1970 年,Greenleaf 在其著作 *The Servant As Leader* 中首次提出了公仆型领导(servant leadership)的概念,并认为公仆型领导应该把下属的利益需求置于个人利益之上,更加强调服务他人,而不是强调领导和控制他人[23]。与其他领导类型相比,公仆型领导是一种更加注重以人为本和道德管理,更加强调合作,关心利益相关者优于权力和短期收益的领导风格[24]。Greenleaf 认为理解公仆型领导内涵的关键在于认识到该领导类型中所蕴含的平等关系,公仆型领导不是利用自己的领导职位所赋予的威权来指挥甚至强制下属去完成自己的工作,恰恰相反,该领导者会采取一种温和的方式来劝服下属去完成工作任务[23]。公仆型领导会超越个人自身利益优先考虑和满足他人的需求,其动机来源不是对威权的追求,而是对服务他人的渴望。需要指出的是,公仆型领导并不排斥权力,因为权力可以让服务他人成为可能,甚至在某些时候权力是成为公仆型领导者的一个必要前提条件[24-25]。换句话讲,在有些时候"服务"和"领导"是可以相互转化的,因为服务他人有助于获取他人的信任,促使他人甘愿接受你的领导,而处在领导位置上也让领导有了去服务其他成员的责任和义务[25]。虽然学者们对公仆型领导的内涵进行了不同的解读,但是其解读均强调了公仆型领导的本质——服务。

基于对公仆型领导概念的理解,Spears 把 Greenleaf 的思想转化为一种以公仆型领导为特征的模型,区分出了十个基本特征:①倾听,强调交流和沟通的重要性,并努力去识别人们的意愿;②同情,理解和接受他人;③治愈,帮助实现整体的能力;④意识,时刻保持清醒;⑤说服,以理服人而不是以权压人;⑥概念化,不只关注当下的需求,要超出当前需要的思考,并将其延伸到可能的未来;⑦远见,预见未来并按直觉行事;⑧管理,拥有执念并服务他人;⑨致力于个人的成长,促进和培养他人在个性、精神、专业技能上的成长;⑩建立社区,强调地方社区在人们生活中的重要性[26]。遗憾的是,Spears 并没有进一步区分内心方面、人际方面和公仆型领导的结果。因此,尽管我们直观地理解了这些特征,但它们从未被准确操作测量,很难根据这些特征进行有效且可靠的研究,从而阻碍了对公仆型领导的实证研究。

随后,基于广泛的文献检索,Laub 提出了公仆型领导的六个关键特征:促进成长、分享领导、展现真诚、在乎他人、提供领导、建立社区[27]。此外,提出公仆型领导模型的还有 Russell 和 Stone,他们区分出九个职能特征和十一个额外的公仆型领导特征[28]。但是这个模型最大的问题在于关键特征和次要特征之间的区分度很小,换句话讲,该模型并没讲清楚为什么某些属性被定为某种特定的类别。随后,Patterson 提出了七维度模型,并认为公仆型领导的核心是美德(美德是对人们卓越品质的具象化)[29]。虽然 Patterson 提出的模型涵盖了服务需要的概念,但是却忽略了领导者方面的因素。Van Dierendonck 认为,虽然上述四种公仆型领导概念模型在不同程度上存在重合,但是不可否认的是,存在相当多不同的公仆型领导属性,例如,谦逊、言行一致、接受他人的真实面目、鼓励下属发展个人能力、为下属提供必要指导等[24]。基于此,Van Dierendonck 最终归纳出公仆型领导的六大主要特征:谦逊、真诚、人际容纳、授权和促进发展、提供指引、管理[24]。虽然这六大特征很好地概括了下属所经历的公仆型领导行为,但是各维度之间的相关性仍需进一步检验。

相比之下,Liden 等[30]、Sendjaya 等[31]以及 Van Dierendonck 和 Nuijten[32]分别提出的公仆型领导模型经过了严格的构建和验证过程,并得到了广泛的认可和应用。公仆型领导的维度及优缺点见表5-2。

表5-2　公仆型领导的维度及优缺点

来源(文献)	维度	优缺点
Spears[26]	倾听、同情、治愈、意识、说服、概念化、远见、管理、致力于个人的成长、建立社区	优点:详细,容易理解; 缺点:笼统划分,没有对各维度进行归纳和分类
Laub[27]	促进成长、分享领导、展现真诚、在乎他人、提供领导、建立社区	优点:为后续的量表开发奠定基础; 缺点:各维度之间的相关性仍需进一步检验
Russell 和 Stone[28]	关键维度:愿景、诚实、正直、信任、服务、榜样、主动、欣赏、授权 次要维度:交流、诚信、管理、可见性、影响力、说服力、倾听、鼓励、代理	优点:详细,重点突出; 缺点:关键特征和次要特征之间的区分度很小
Patterson[29]	完全的爱、谦逊、利他性、愿景、信任、授权、服务	优点:涵盖了服务需要的概念; 缺点:忽略了领导方面的因素
Van Dierendonck[24]	授权和促进发展、谦逊、真诚、人际容纳、提供指引、管理	优点:对之前概念模型的系统归纳和分析; 缺点:各维度之间的相关性仍需进一步检验
Liden 等[30]	情绪抚慰、帮助下属成长和成功、把下属放在首位、授权、为社区创造价值、概念技能、遵守道德规范	优点:涵盖了服务和领导两方面,每个维度的信度得到了较好的验证
Sendjaya 等[31]	自愿服从、真实自我、契约关系、负责任的道德、超然灵性、转化影响	优点:凸显了领导者的精神洞察力和谦逊作为,每个维度的信度得到了较好的验证
Van Dierendonck 和 Nuijten[32]	授权、问责、保持观望、谦逊、真实、勇气、人际接受、管理	优点:强调了领导者的授权和谦逊,考虑了"仆人"和"领导者"的并列,每个维度的信度得到了较好的验证

5.2.2　公仆型领导在 CSR 实施中的作用

1.员工层面

公仆型领导是一种以人为本的领导风格,研究表明公仆型领导会有更满意、更忠诚、表现更好的员工。现有的关于公仆型领导实证研究的理论框架主要是从社会基础理论出发的。具体地讲,基于互惠准则的社会交换理论视角,当公仆型领导关注下属的成长和发展时,下属会感到有义务增加自己的积极行为以回报其领导者。基于社会学习理论视角,当公仆型领导优先考虑他人的需求和利益,渴望为他人服务而不期待任何回报时,下属很可能将该领导者视为工作场所中值得信赖的榜样[33],从而表现出较多的助人行为或服务行为。基于社会认同理论视角,公仆型领导也可以通过表现出以下属为中心和真实的本质而与下属建立牢固的联系,使下属感觉自己是组织中的合作伙伴。一旦员工增加其对组织的认同,他们更有可能从事有利于其组织的行为[34]。总而言之,公仆型领导有助于改善员工的工作表现,这能够为企业积累或创造更多的价值,从而间接维护了股东的利益。

此外,在工作中,公仆型领导关心下属的情绪状态,并为下属提供必要的情感支持,这在很大程度上改善了员工的情感体验,增加了员工的心理幸福感。例如,Tang 等的研究表明公仆型领导能够有效降低员工的情绪耗竭,使员工感受到较低水平的工作-家庭冲突[35]。同时,公仆型领导会促进和培养下属在个性、精神、专业技能等方面的成长或发展,这不仅有助于满足员工对能力的需求,而且有助于增加员工的自我效能感[36]。因此,公仆型领导能够为员工创造一个良好的工作环境,这有助于促使企业履行对员工的社会责任。

2.组织层面

公仆型领导对企业社会责任和企业可持续发展的影响研究是社会比较关注的领域。在《小巨人》(Small Giants)书中,Burlingham 讲到中小型企业的政策不是把高投资回报作为首要目标,而是要强调创造一个良好的工作环境,与所有利益相关者建立良好的关系,为社区做出贡献,以及关注高质量生活的重要性[37]。在 Burlingham 的论述中,这些中小型企业的大部分员工都受到了公仆型领导理念的影响。

目前,无论是研究者还是实践者均已认识到领导者需要将履行社会责任融入企业的日常运营中,并强调领导者的正直、开朗、远见、道德行为、关爱他人、尊重沟通、组织外部管理责任等特征的重要性。现有研究已表明,一种强调以人为本和道德管理的领导行为有助于推动企业社会责任的实施[4]。强调为社区创造价值、遵守道德规范、优先服务他人的公仆型领导能够促进针对外部利益相关者(如客户和社区)的企业社会责任的实施。一方面,当领导者在工作中始终坚持较高的道德标准并不断强调行为的正确性时,其下属会潜意识地评价自身行为是否符合道德标准,从而减少其损害他人利益以谋求自身利益的想法和行为[38]。另一方面,当领导者积极参加慈善活动并向下属强调回报社会的重要性时,企业更有可能去承担对社区、社会和自然环境的责任。

此外,公仆型领导有助于创建一种优先为客户服务的服务氛围[36]。当客户感知到公仆型领导在组织对顾客的服务过程中形成了客户导向时,他们更有可能感知到该组织针对利益相关者所履行的企业社会责任,从而会进一步去认识和了解该组织[39]。相反,当客户发现组织中的领导者对利益相关者的服务承诺比较低时,他们可能不相信领导者会将企业社会责任战略转化为实际行动。Luu 认为,公仆型领导为践行企业社会责任增加了更多利益相关者导向的力量,促进了企业社会责任的实施[40]。同时,通过强调优先服务他人(如客户或社区),公仆型领导力也可以延伸到工作场所外,例如,在下属中培养仆人精神,或为社会创造价值[30]。因此,员工可能会学习和模仿其领导者的行为来服务组织的外部利益相关者(如客户或社区),从而推动组织针对外部利益相关者的企业社会责任的实施[40]。

5.3　CSR 与变革型领导

5.3.1　变革型领导的概念及维度

变革型领导(transformational leadership)这一概念是于 1973 年由 Downton 在《反叛领导》(*Rebel Leadership*)一书中首次提出的[41]。随后,Burns 在 1978 年出版的 *Leadership* 一书中首次将变革型领导概念化,认为在变革型领导过程中要强调领导者和下属之间的相互影响作用,领导者要激发下属的积极性,开发和提升下属对组织的认同感,进而更好地实现组织目标[42]。Burns 认为变革型领导是改革的原动力,领导者重视下属内在需要的提升,并唤醒下属的自觉,协助他们超越"平凡自我",以满足更高层面的内在需要,进而提升到"更加自我"[42]。在此基础上,Bass 进一步扩展了变革型领导的概念,并认为变革型领导是"领导者通过让下属意识到从事任务的意义和重要性,激励并满足其高层次的需要,建立相互信任的氛围,进而促使下属将组织和集体利益置于个人利益之上,并产生超过期望的工作结果"[43]。变革型领导通常会表现出以下四种主要行为:①通过激励行为,变革型领导发展和阐明了共同的愿景和较高的期望,这些愿景和期望具有激励性和挑战性;②变革型领导会表现出理想化的、具有影响的行为,并通过清晰地描绘美好愿景并采用与之相一致的方式而行动,从而作为角色模型;③变革型领导在智力上鼓励下属挑战现状,并征求下属的建议和想法;④变革型领导关注下属的需要,将每个下属视为独特的个体,从而培养下属对领导者的信任[44]。其中,引领组织变革是变革型领导最大的特点,变革型领导能够明确组织目标,清晰地描绘出组织蓝图,把握组织未来的发展方向,并激发下属的工作积极性。

尽管 Burns 首先提出变革型领导的概念,但是最早对变革型领导进行结构维度划分的是Bass。Bass 不仅深层次地界定了变革型领导这一概念,同时还提出了变革型领导的三维度模型,即智力激发、魅力-感召领导、个性化关怀[43]。随着研究的深入,Bass 和 Avolio 修正了上述三维度模型,将"魅力-感召领导"进一步划分为"感召力"和"领导魅力",提出了变革型领导的四维度结构模型[45]。随后,Posner 和 Kouzes 以工作团队为研究对象,将团队中的变革型领导划分为挑战陈规、调动成员、模范表率、达成共识、激发热情五个维度[46]。另外,Rafferty 和Griffin 将变革型领导划分为不同的五个维度,即智力激发、个人认可、愿景、富有感染力的沟通、支持型领导[47]。以学校为样本,Jantizi 和 Leithwood 则将变革型领导划分为六个维度,即构建愿景、个性化关怀、榜样行为、寄予厚望、智力激发、培养集体目标的承诺[48]。目前,被广泛认可和应用的是 Podsakoff 等所提的变革型领导六维度模型:促进合作,即领导者培养并鼓励团队成员为了一个共同目标而相互合作,并形成一种团队精神;个性化关怀,即领导者关心每一个下属,并根据每个下属的不同情况和需要,区别性地培养和指导每一个下属;榜样示范,即领导者要以美德来领导和感染下属,为员工树立榜样,通过这种潜移默化的方式感染和影响下属,使其更好地实现组织目标;表达愿景,即领导者通过向下属构建出美好的目标理想,使下属勇敢积极地面对工作中的困难,增强其内在激励效果;提出高期望,即领导者向下属表达他们对其有很高的期望,并鼓励下属设定较高的绩效目标;智能激发,即领导者启发下属提出新的建议,并鼓励其用新的方式思考和解决问题[44]。

基于上述学者对变革型领导维度的研究,并结合中国情境下管理者的特征,李超平和时勘提出了变革型领导的四维度模型,即领导魅力、愿景激励、个性化关怀和德行垂范[49]。其中,个性化关怀维度包含领导者对下属工作和生活的关心;德行垂范则更符合中国传统文化中注重德行这一特征。随后,孟慧等也进一步探讨了变革型领导在中国情境下的结构维度,并得出中国的变革型领导是二阶四维度结构,即变革型领导包含四个维度,而每个维度下又涵盖两个子维度[50]。表 5-3 汇总了变革型领导的结构维度。

表 5-3　变革型领导的结构维度

维度	来源(文献)	内容
三维	Bass[43]	魅力-感召领导、智力激发、个性化关怀
四维	Bass 和 Avolio[45]	感召力、领导魅力、智力激发、个性化关怀
	李超平和时堪[49]	德行垂范、领导魅力、愿景激励、个性化关怀
	孟慧等[50]	愿景激励(愿景和认可)、影响力(领导魅力和德行素养)、智力激发(创新和纳谏)、个性化关怀(生活关怀和发展关怀)
五维	Posner 和 Kouzes[46]	挑战陈规、调动成员、模范表率、达成共识、激发热情
	Rafferty 和 Griffin[47]	智力激发、个人认可、愿景、富有感染力的沟通、支持型领导
六维	Podsakoff 等[44]	个性化关怀、榜样示范、促进合作、表达愿景、提出高期望、智能激发
	Jantizi 和 Leithwood[48]	个性化关怀、培养集体目标的承诺、榜样行为、寄予厚望、智力激发、构建愿景

5.3.2　变革型领导在 CSR 实施中的作用

1. 员工层面

变革型领导努力营造一种相互学习、成长、尊重、友善的工作环境,这有助于提高员工的幸福感,改善员工的绩效表现。一方面,变革型领导通常会表现出个性化的考虑和关怀,能够识别、响应或满足"每个人的能力、愿望和需要"[51]。变革型领导通过建立自身与下属之间的友好关系,向下属描绘美好的组织愿景,能够营造良好的组织氛围,从而使下属在工作中感到愉悦,并产生自我实现感。此外,变革型领导还会鼓励下属挑战现状,授权下属独立思考和解决问题,从而促使员工从失败中学习,并在不担心失败的情况下尝试各种选择,最终提高他们的创造力。因此,变革型领导不仅有助于改善员工的工作满意度,而且有助于促进员工的个人能力发展。反过来,这间接说明了变革型领导在一定程度上有助于促使企业对员工履行社会责任。

另一方面,变革型领导可以通过多种方式来激励下属完成他们的工作职责。首先,变革型领导能够将下属的工作角色与那些令人信服的组织未来愿景联系起来,使得下属认为他们的工作更有意义和价值,从而激励他们的内在潜力。其次,变革型领导会向下属灌输一种信念,即他们可以实现组织为他们设定的目标,反过来,较高水平的自我效能感会对他们的绩效表现产生积极的影响。最后,变革型领导可以为下属提供有效的指导和帮助,为他们提供完成工作所需的支持、工具和资源。目前,许多学者已证实了变革型领导与员工的绩效表现之间存在着积极的关系[52-53],变革型领导有助于增加企业价值和利润,这有助于促使企业对股东履行社会责任。

2.组织层面

现有的研究直接或间接地表明变革型领导有助于促使企业履行企业社会责任。Groves和 LaRocca 认为变革型领导更有可能实现企业中各个利益相关者之间的复杂相互关系,并认为企业与其社区和自然环境是相互依存的,而不是孤立的[17]。变革型领导能够促进组织不断学习和进步,并促使组织对初级和中级利益相关者的需求进行考虑,从而有助于组织践行企业社会责任[54]。Waldman 等进一步指出,变革型领导可以通过表现出有远见的行为来增强下属的社会责任价值观,特别是与股东和其他利益相关者有关的社会责任价值观[51]。现有的研究已发现变革型领导能够增强员工对企业社会责任的感知和信念[17],这进一步说明了变革型领导有助于推动企业社会责任的实施。

此外,在组织层面上,变革型领导可以通过直接领导高层管理团队来积极影响企业绩效。具体地讲,通过提高高层管理团队中的团队凝聚力、动机和目标一致性,变革型领导可以有效提高企业绩效[55]。当然,组织高层的变革型领导者也可以作为下层领导者的榜样,促进整个组织践行变革型领导,从而改善组织气氛、系统和策略,最终影响企业绩效。例如,Zhang 等利用 101 个子公司高层管理团队的数据,发现子公司的 CEO 变革型领导能够有效地提高团队效能和企业绩效[56]。因此,变革型领导可以增加企业价值和利润,这有助于促使企业对股东履行社会责任。

5.4 CSR 与真实型领导

5.4.1 真实型领导的概念及维度

Burns 被部分学者认为是最早提出真实型领导(authentic leadership)这一概念的人[57]。"authentic"一词最早起源于古希腊哲学,其含义是"to thine own self be true",意思是做真实的自己,是一种源自个体诚实和道德的表达。Burns 在很早之前就已经意识到管理者需要在领导过程中保持真实性,他认为,真实型领导是一个集中的过程,这个过程来自领导者和下属在目标和激励方面上的碰撞与一致[42]。虽然真实型领导早已被提出,但是直到 2000 年以后,该领导类型才逐渐得到广泛关注。真实型领导是真实的、自信的,能够深刻地认识到自己的信仰和价值观,在领导过程中他们清晰地认识自我,真诚地为他人服务,不会出现虚假的领导行为,不会为了一己之私而进行领导,并喜欢授权员工去做出一些改变[58]。通常情况下,真实型领导应该包含以下几个方面:清楚自己的目标、用心领导、寻求稳定的人际关系、推动积极的价值观以及具有自律表现。与其他领导类型相比,真实型领导的核心特质是具有清晰的自我意识,具有积极的心理资本(自信、希望、乐观和坚韧),具有高水平的自我分辨能力,能够做到目标清晰、言行一致[59-60]。

　　基于对真实型领导内涵的认识和理解,许多学者对该领导类型的主要内容和维度做出了进一步研究。其中,Toor 等认为真实型领导的主要构成维度应该包括自我意识、真实行为、真实关系导向和无偏见信息处理四个方面[61]。从认知心理学来说,个体在处理信息时不可避免地存在某种程度上的偏见[62],换句话讲,个体很难做到无偏见地处理信息。同时,真实关系导向还不能很好地反映领导者与下属会以一种公开的、透明的方式分享信息和走近对方。鉴于此,学者们进一步深化了真实型领导的维度,认为应该用“平衡信息处理”代替“无偏见信息处理”来表现真实型领导处理信息的过程,领导能够平衡各种有利和不利的信息,客观地进行决策;应该用“关系透明”代替“真实关系导向”来强调领导者与下属之间公开透明的交流与沟通[63-64]。因此,Lagan 表示真实型领导应该包括自我意识、真实行为、关系透明和信息平衡处理四个维度[65]。

　　随后,为了强调道德和目标的重要性,Tate 提出真实型领导的三个维度:自我戒律和道德标准、构建积极关系、对目标的激情[66]。为了强调真诚和关怀他人的重要性,Gerber 认为真实型领导应该包含以下五个重要维度:自我了解、沟通坦诚、正直领导、利他导向和成就他人[67]。Gardner 等则将真实型领导归结为两个过程:自我意识和自我调节,其中,自我意识包括对身份、价值观、情绪、目标的意识,自我调节包括内化、平衡信息处理、关系透明和真实行为[68]。从本质上看,自我戒律和道德标准、利他导向、内化和真实行为,其实均是真实型领导在道德方面的突出特点,因此,Walumbwa 等进一步将其归结为“内化道德”[69]。为了突出真实型领导的真实性,Walumbwa 等重新归纳出真实型领导的四个维度:自我意识、关系透明、平衡信息处理和内化道德[69]。其中,自我意识是指领导者对世界的意义具有清晰的认知,能认识到自己的优缺点,了解他人是怎么看待自己,知道如何影响他人,具有多层面的自我感知;关系透明是强调领导者会对下属展示真实的自我,以开放的态度分享信息和自己的真实想法,强化一种开放的氛围,从而使得下属可以自由地表达自己的想法;内化道德是指领导者会对自己和他人的行为具有高道德标准的要求,通过自己的内在道德观和价值观驱动自己的行为,在进行决策时会保持与内在的价值观一致;平衡信息处理是指领导者理性地了解和分析各方信息后再进行决策,也会倾听不同立场的意见。该四维度模型在以后的研究中得到了广泛的认可和应用。

　　基于上述学者对真实型领导维度的研究,并结合中国情境下管理者的特征,国内学者对真实型领导的概念构成产生了不同的认识。例如,通过借助访谈与文献研究,并基于品德绩效维系理论,谢衡晓认为真实型领导可以分为以下五个维度:下属导向、循规蹈矩、领导特质、诚实不欺以及正直无私[70]。在谢衡晓和 Walumbwa 等对真实型领导研究的基础上,周蕾蕾认为真实型领导可以分为以下四个维度:下属导向、内化道德观、领导特质、诚实不欺[71]。通过文献研究、深度访谈和问卷调查,王勇和陈万明认识到了真实型领导的本质是真诚,所以,他们认为真实型领导可以分为以下四个维度:员工导向真诚、关系导向真诚、价值导向真诚、工作导向真诚[72]。表 5 - 4 汇总了真实型领导的结构维度。

表 5-4　真实型领导的结构维度

维度	来源（文献）	维度
三维	Henderson 和 Hoy[73]	自身领导角色重要、操纵下属、对组织和个人行为/结果/错误负责
	Jensen 和 Luthans[74]	领导行为、未来导向、组织道德氛围
	Tate[66]	自我戒律和道德标准、构建积极关系、对目标的激情
四维	Toor 等[61]	自我意识、真实行为、真实关系导向、无偏见信息处理
	Lagan[65]	自我意识、真实行为、关系透明、信息平衡处理
	Walumbwa 等[69]	自我意识、关系透明、平衡信息处理、内化道德
	周蕾蕾[71]	下属导向、内化道德观、领导特质、诚实不欺
	王勇和陈万明[72]	员工导向真诚、关系导向真诚、价值导向真诚和工作导向真诚
五维	Gerber[67]	自我了解、沟通坦诚、正直领导、利他导向、成就他人
	谢衡晓[70]	下属导向、循规蹈矩、领导特质、诚实不欺、正直无私

5.4.2　真实型领导在 CSR 实施中的作用

1.员工层面

真实型领导通常按照他们的价值观行事，努力在与下属的互动中展现出真诚和正直。当领导者从事真实的行为时，下属往往会对他们的领导者表示更多的满意，而这种满意在很大程度上与工作满意度的增加相对应[75]。Ilies 等认为,真实型领导过程会对领导者和下属的自我意识和自我调节产生积极的影响，并有助于下属的个人成长和自我发展[64]。他们还认为真实型领导通过表达真实自我而过着美好的生活，这不仅促进领导者的自我实现（幸福感），而且对下属的幸福感体验也会产生积极的影响。反过来，这间接说明了真实型领导有助于促使企业对员工履行社会责任。

此外，真实型领导通常可以以身作则，展示透明的决策，遵守高道德标准，这有助于增加下属对领导者的信任，并且促使下属将领导者视为行为榜样，从而促进下属感知到回报的义务并且展现出积极的行为[76]。同时，真实型领导能够有效地使用信息进行平衡处理，表现出言行一致，以及协调各员工之间的工作，在这一过程中，下属能够得到他们执行任务所需要的帮助、指导和资源，从而有助于改善下属的绩效表现[77]。在管理实践的相关文献中，George 也曾观察到，真实型领导可以通过树立榜样和传递责任感来激励下属，从而可以长期影响下属的行为表现[58]。反过来，真实型领导可以通过改善员工的绩效表现而为企业积累财富，这间接地有助于促使企业对股东履行社会责任。

2.组织层面

由于领导者可以被看作组织的代表性人物，所以员工有可能察觉到领导者是组织的象征性行动者，这意味着他们可能通过观察领导者的行为来判断和认识组织的行为。因此，员工很可能会将领导者的真实性作为标准，以判断组织的企业社会责任实践是否真实[78]。如果领导者行为不真实,即使组织已经履行了企业社会责任,员工也会认为这种企业社会责任实践是一种具有"另一个隐藏的目的"的行为。换句话讲,领导者的不真实会使得员工怀疑企业社会责任实践的真实性,从而降低企业社会责任的积极影响[78]。一方面,当真实型领导展现较高程度的自我意识时,员工会认为组织不仅意识到自己的价值体系,而且其决策或战略相关的企业社会责任是基于自己的价值观而实施的。换句话讲,如果员工认为组织的企业社会责任活动源于其内在的道德自我意识,那么他们会认为组织的企业社会责任是真实的。通过对真实型领导的感知,员工将更有可能感知到企业社会责任实施的真实性,进而对组织产生较高的认同。另一方面,真实型领导会通过一种公开的、可靠的方式来表达他们的思想和情感,并鼓励下属自由地表达自己的想法和意见。同时,在做出决策之前,真实型领导会客观地分析相关信息,鼓励下属质疑领导者的观点。真实型领导中的关系透明和平衡信息处理被认为与企业社会责任的实施过程相关联。虽然一个组织积极地实施企业社会责任实践,但是如果实施过程不透明或者不平衡,员工们也会怀疑企业社会责任实践的真实性[78]。例如,Mazutis 和 Slawinski 研究证明了真实性能够增强员工对企业社会责任实施的真实性感知[79]。

组织经常通过他们的企业社会责任努力与社会联系在一起,因此,企业往往由利益相关者对这些活动进行评估,而在评估过程中利益相关者经常谴责那些歪曲其企业社会责任努力的组织,指责该类组织通过"伪善"进行自我洗白。然而,当组织推崇并践行真实型领导行为时,利益相关者更有可能相信企业社会责任努力的真实性。Kim 等的研究证明了真实型领导能够改善企业社会责任实施的有效性[78]。Angus-Leppan 等也指出,真实型领导与公司的可持续性发展和企业社会责任存在间接或直接的联系[5]。

【本章小结】

- 伦理型领导、公仆型领导、变革型领导以及真实型领导的概念及维度;
- 伦理型领导在企业社会责任实施中的作用;
- 公仆型领导在企业社会责任实施中的作用;
- 变革型领导在企业社会责任实施中的作用;
- 真实型领导在企业社会责任实施中的作用。

【复习思考题】

1.组织领导者是否会影响企业社会责任?
2.简述伦理型领导、公仆型领导、变革型领导和真实型领导这四种领导类型的区别和联系。
3.简述伦理型领导、公仆型领导、变革型领导和真实型领导对企业社会责任的影响。

🧑‍🤝‍🧑 【应用案例】

马化腾向一家小公司承认错误,并亲自道歉,腾讯做错了什么?

2017 年 12 月 26 日,国内知名的网络安全公司火绒安全发布信息称:自家产品拦截了腾讯 QQ 的推广程序,原因是其在推广"QQ 浏览器"和"腾讯安全管家"的过程中,除了常见的欺骗、诱导之外,还存在功能严重越位、技术手段严重超常规(和某些病毒的行为一致)等问题。

火绒安全解释说,自己的这种拦截行为针对的只是腾讯 QQ 过激的推广行为,并不影响腾讯系列软件的正常运行。腾讯的这些推广行为是侵权的,所以被拦截,而且全球安全行业对于这种打扰用户、侵害用户权益的商业软件侵权行为,都是一样的处理方式。

火绒安全在自己发布的报告中,详细列举了腾讯 QQ 在推广自家浏览器和安全管家产品的时候,所使用的技术手段和过激行为,以此证明自己的做法并无过错。一家小小的安全公司,居然拦截腾讯的软件,估计很多人都对这家公司的前途捏一把汗。

国内某知名 IT 评论人转发了火绒安全的这份报告,称"一帮认真的、固执的、低情商的家伙做安全产品,谁的面子都不给,你说他们这生意做得下去吗?"不过,腾讯很快展现出了国内互联网领军企业的胸怀。

马化腾对此事亲自回应称,"自查了,确实是我们团队违规了,已严格要求整改和道歉"。今天早上,腾讯电脑管家也发布声明,承认"确实出现了不合理甚至伤害用户体验之处",同时称已停止相关违规行为,并处罚了责任人,同时向广大用户道歉。

(资料来源:马化腾向一家小公司承认错误,并亲自道歉,腾讯做错了什么? [EB/OL]. (2017-12-26)[2019-10-18]. https://www.sohu.com/a/212855967_823568.)

问题讨论:

1. 在上述案例中,火绒安全和腾讯分别践行何种领导类型,该领导类型的特征是什么?
2. 在上述案例中,火绒安全和腾讯是否分别履行了企业社会责任,具体表现在哪?
3. 请谈一谈履行企业社会责任的必要性和重要性。

🍃 【本章参考文献】

[1] GARRIGA E,MELÉ D. Corporate social responsibility theories:mapping the territory [J]. Journal of Business Ethics,2013,53(1-2):51-71.

[2] JIN K G,DROZDENKO R,DELOUGHY S. The role of corporate value clusters in ethics,social responsibility,and performance:a study of financial professionals and implications for the financial meltdown[J]. Journal of Business Ethics,2013,112(1):15-24.

[3] WALDMAN D A,SIEGEL D. Defining the socially responsible leader[J]. The Leadership Quarterly,2008,19(1):117-131.

[4] WALDMAN D A,DE LUQUE M S,WASHBURN N,et al. Cultural and leadership predictors of corporate social responsibility values of top management:a GLOBE study of 15 countries[J]. Journal of International Business Studies,2006,37(6):823-837.

[5] ANGUS-LEPPAN T,METCALF L,BENN S. Leadership styles and CSR practice:an

examination of sense making, institutional drivers and CSR leadership[J]. Journal of Business Ethics,2010,93(2):189 - 213.

[6] ENDERLE G. Some perspectives of managerial ethical leadership[J]. Journal of Business Ethics,1987,6(8):657 - 663.

[7] BROWN M E,TREVINO L K,HARRISON D A. Ethical leadership:a social learning perspective for construct development and testing[J]. Organizational Behavior and Human Decision Processes,2005,97(2):117 - 134.

[8] TREVINO L K,HARTMAN L P,BROWN M. Moral person and moral manager:how executives develop a reputation for ethical leadership[J]. California Management Review,2000,42(4):128 - 142.

[9] RESICK C J,HANGES P J,DICKSON M W,et al. A cross-cultural examination of the endorsement of ethical leadership[J]. Journal of Business Ethics,2006,63(4):345 - 359.

[10] DE HOOGH A H B,DEN HARTOG D N. Ethical and despotic leadership,relationships with leader's social responsibility, top management team effectiveness and subordinates' optimism:a multi-method study[J]. The Leadership Quarterly,2008,19(3):297 - 311.

[11] KALSHOVEN K,DEN HARTOG D N,DE HOOGH A H B. Ethical leadership at work questionnaire(ELW):development and validation of a multidimensional measure [J]. The Leadership Quarterly,2011,22(1):51 - 69.

[12] BROWN M E,TREVINO L K. Ethical leadership:a review and future directions[J]. The Leadership Quarterly,2006,17(6):595 - 616.

[13] BEDI A,ALPASLAN C M,GREEN S. A meta-analytic review of ethical leadership outcomes and moderators[J]. Journal of Business Ethics,2016,139(3):517 - 536.

[14] NEWMAN A,KIAZAD K,MIAO Q,et al. Examining the cognitive and affective trust-based mechanisms underlying the relationship between ethical leadership and organizational citizenship:a case of the head leading the heart? [J]. Journal of Business Ethics, 2014,123(1):113 - 123.

[15] AVEY J B,WERNSING T S,PALANSKI M E. Exploring the process of ethical leadership:the mediating role of employee voice and psychological ownership[J]. Journal of Business Ethics,2012,107(1):21 - 34.

[16] KALSHOVEN K,BOON C T. Ethical leadership, employee well-being, and helping [J]. Journal of Personnel Psychology,2012,11(1):60 - 68.

[17] GROVES K S,LAROCCA M A. An empirical study of leader ethical values,transformational and transactional leadership, and follower attitudes toward corporate social responsibility[J]. Journal of Business Ethics,2011,103(4):511 - 528.

[18] CHOI S B,ULLAH S M,KWAK W J. Ethical leadership and followers' attitudes toward corporate social responsibility:the role of perceived ethical work climate[J]. Social Behavior and Personality:An International Journal,2015,43(3):353 - 365.

[19] WU L Z,KWAN H K,YIM F H,et al. CEO ethical leadership and corporate social responsibility:a moderated mediation model[J]. Journal of Business Ethics,2015,130

(4):819 - 831.

[20] LADKIN D. Leading beautifully:how mastery,congruence and purpose create the aesthetic of embodied leadership practice[J]. The Leadership Quarterly,2008,19(1):31 - 41.

[21] SCHAUBROECK J M,HANNAH S T,AVOLIO B J,et al. Embedding ethical leadership within and across organization levels[J]. Academy of Management Journal,2012, 55(5):1053 - 1078.

[22] KEY S. Organizational ethical culture:real or imagined? [J]. Journal of Business Ethics,1999,20(3):217 - 225.

[23] GREENLEAF R K. The servant as leader[M]. Newton Centre,MA:The Robert K Greenleaf Center,1970.

[24] VAN DIERENDONCK D. Servant leadership:a review and synthesis[J]. Journal of Management,2011,37(4):1228 - 1261.

[25] VAN DIERENDONCK D,PATTERSON K. Compassionate love as a cornerstone of servant leadership:an integration of previous theorizing and research[J]. Journal of Business Ethics,2015,128(1):119 - 131.

[26] SPEARS L C. Reflections on leadership:How Robert K. Greenleaf's theory of servant-leadership influenced today's top management thinkers [M]. New York:John Wiley,1995.

[27] LAUB J A. Assessing the servant organization:development of the organizational leadership assessment(OLA) model[J]. Dissertation Abstracts International,1999,60(2): 1 - 115.

[28] RUSSELL R F,GREGORY S A. A review of servant leadership attributes:developing a practical model[J]. Leadership & Organization Development Journal,2002,23(3): 145 - 157.

[29] PATTERSON K A. Servant leadership:a theoretical model[D]. Virginia Beach:Regent University,2003.

[30] LIDEN R C,WAYNE S J,ZHAO H,et al. Servant leadership:development of a multi-dimensional measure and multi-level assessment[J]. The Leadership Quarterly,2008, 19(2):161 - 177.

[31] SENDJAYA S,SARROS J C,SANTORA J C. Defining and measuring servant leadership behaviour in organizations[J]. Journal of Management Studies,2008,45(2):402 - 424.

[32] VAN DIERENDONCK D,NUIJTEN I. The servant leadership survey:development and validation of a multidimensional measure[J]. Journal of Business and Psychology, 2011,26(3):249 - 267.

[33] SCHWARZ G,NEWMAN A,COOPER B,et al. Servant leadership and follower job performance:the mediating effect of public service motivation[J]. Public Administration, 2016,94(4):1025 - 1041.

[34] CHEN Z,ZHU J,ZHOU M. How does a servant leader fuel the service fire? a multilevel model of servant leadership,individual self identity,group competition climate,and customer

service performance[J]. Journal of Applied Psychology,2015,100(2):511-521.

[35] TANG G,KWAN H K,ZHANG D,et al. Work-family effects of servant leadership:the roles of emotional exhaustion and personal learning[J]. Journal of Business Ethics, 2016,137(2):285-297.

[36] WALUMBWA F O,HARTNELL C A,OKE A. Servant leadership,procedural justice climate,service climate,employee attitudes,and organizational citizenship behavior:a cross-level investigation[J]. Journal of Applied Psychology,2010,95(3):517-529.

[37] BURLINGHAM B. Small giants[M]. London:Penguin,2016.

[38] 卢俊婷,张喆,贾明. 公仆型领导对员工组织公民行为影响的跨层次研究:一个有中介的调节模型[J]. 管理评论,2017,29(7):187-199.

[39] PÉREZ A,BOSQUE I R D. Corporate social responsibility and customer loyalty: exploring the role of identification,satisfaction and type of company[J]. Journal of Services Marketing,2015,29(1):15-25.

[40] LUU T T. CSR and customer value co-creation behavior:the moderation mechanisms of servant leadership and relationship marketing orientation[J]. Journal of Business Ethics,2019,155(2):379-398.

[41] DOWNTON J V. Rebel leadership[M]. Burlington:Free Press,1973.

[42] BURNS J M. Leadership[M]. New York:Harper & Row,1978.

[43] BASS B M. Leadership and performance beyond expectations[M]. Burlington:Free Press,1985.

[44] PODSAKOFF P M,MACKENZIE S B,MOORMAN R H,et al. Transformational leader behaviors and their effects on followers' trust in leader,satisfaction,and organizational citizenship behaviors[J]. The Leadership Quarterly,1990,1(2):107-142.

[45] BASS B M,AVOLIO B J. MLQ,multifactor leadership questionnaire sampler set:technical report,leader form,rater form,and scoring key for MLQ form 5x-short[M]. Redwood City,CA:Mind Garden,1995.

[46] POSNER B Z,KOUZES J M. Development and validation of the leadership practices inventory[J]. Educational and Psychological Measurement,1988,48(2):483-496.

[47] RAFFERTY A E,GRIFFIN M A. Dimensions of transformational leadership:conceptual and empirical extensions[J]. The Leadership Quarterly,2004,15(3):329-354.

[48] JANTIZI D,LEITHWOOD K. Toward an explanation of variation in teachers' perceptions of transformational school leadership[J]. Educational Administration Quarterly, 1996,32(4):512-538.

[49] 李超平,时勘. 变革型领导的结构与测量[J]. 心理学报,2005,37(6):803-811.

[50] 孟慧,宋继文,徐琳,等. 中国情境下变革型领导的内涵与测量的再探讨[J]. 管理学报, 2013,10(3),375-383.

[51] WALUMBWA F O,ORWA B,WANG P,et al. Transformational leadership,organizational commitment,and job satisfaction:a comparative study of Kenyan and US financial firms[J]. Human Resource Development Quarterly,2005,16(2):235-256.

[52] MACKENZIE S B,PODSAKOFF P M,RICH G A. Transformational and transactional leadership and salesperson performance[J]. Journal of the Academy of Marketing Science,2001,29(2):115 - 134.

[53] LIAO H,CHUANG A. Transforming service employees and climate:a multilevel,multisource examination of transformational leadership in building long-term service relationships[J]. Journal of Applied Psychology,2007,92(4):1006 - 1019.

[54] VERA D,CROSSAN M. Strategic leadership and organizational learning[J]. Academy of Management Review,2004,29(2):222 - 240.

[55] COLBERT A E,KRISTOF-BROWN A L,BRADLEY B H,et al. CEO transformational leadership:the role of goal importance congruence in top management teams[J]. Academy of Management Journal,2008,51(1):81 - 96.

[56] ZHANG X,LI N,ULLRICH J,et al. Getting everyone on board:the effect of differentiated transformational leadership by CEOs on top management team effectiveness and leader-rated firm performance[J]. Journal of Management,2015,41(7):1898 - 1933.

[57] PITTINSKY T L,TYSON C J. Leader authenticity markers:findings from a study of African-american political leaders[D]. Cambridge:Harvard University,2004.

[58] GEORGE B. Authentic leadership:rediscovering the secrets to creating lasting value [M]. New York:John Wiley & Sons,2003.

[59] EILAM G,SHAMIR B. Organizational change and self-concept threats:a theoretical perspective and a case study[J]. The Journal of Applied Behavioral Science,2005,41 (4):399 - 421.

[60] GEORGE B,SIMS P,MCLEAN A N,et al. Discovering your authentic leadership[J]. Harvard Business Review,2007,85(2):129.

[61] TOOR S R,OFORI G,ARAIN F M. Authentic leadership style and its implications in project management[J]. Business Review,2007,2(1):31 - 55.

[62] TICE D M,WALLACE H M. The reflected self:creating yourself as(you think) others see you,handbook of self and identity[M]. New York:Guilford Press,2003.

[63] AVOLIO B J,GARDNER W L. Authentic leadership development:getting to the root of positive forms of leadership[J]. The Leadership Quarterly,2005,16(3):315 - 338.

[64] ILIES R,MORGESON F P,NAHRGANG J D. Authentic leadership and eudaemonic well-being: understanding leader-follower outcomes[J]. The Leadership Quarterly, 2005,16(3):373 - 394.

[65] LAGAN T E. Examining authentic leadership:development of a four-dimensional scale and identification of a nomological network[D]. Albany:State University of New York at Albany,2007.

[66] TATE B. A longitudinal study of the relationships among self-monitoring,authentic leadership,and perceptions of leadership[J]. Journal of Leadership & Organizational Studies,2008,15(1):16 - 29.

[67] GERBER E. Authentic leadership:the development and initial validation of a measure

　　　[D]. Dahlonega:University of Georgia,2006.

[68] GARDNER W L,AVOLIO B J,LUTHANS F,et al. "Can you see the real me?" a self-based model of authentic leader and follower development[J]. The Leadership Quarterly,2005, 16(3):343 − 372.

[69] WALUMBWA F O,AVOLIO B J,GARDNER W L,et al. Authentic leadership:development and validation of a theory-based measure[J]. Journal of Management,2008,34 (1):89 − 126.

[70] 谢衡晓. 诚信领导的内容结构及其相关研究[D]. 广州:暨南大学,2007.

[71] 周蕾蕾. 企业诚信领导对员工组织公民行为影响研究[D]. 武汉:武汉大学,2010.

[72] 王勇,陈万明. 企业真诚型领导的结构维度研究[J]. 华东经济管理,2012(7):98 − 101.

[73] HENDERSON J E,HOY W K. Leader authenticity:the development and test of an operational measure[J]. Educational & Psychological Research,1982,3(2):63 − 75.

[74] JENSEN S M,LUTHANS F. Entrepreneurs as authentic leaders:impact on employees' attitudes[J]. Leadership & Organization Development Journal,2006,27(8):646 − 666.

[75] RAHIMNIA F,SHARIFIRAD M S. Authentic leadership and employee well-being:the mediating role of attachment insecurity[J]. Journal of Business Ethics,2015,132(2): 363 − 377.

[76] WALUMBWA F O,WANG P,WANG H,et al. Psychological processes linking authentic leadership to follower behaviors[J]. The Leadership Quarterly,2010,21(5): 901 − 914.

[77] LEROY H,PALANSKI M E,SIMONS T. Authentic leadership and behavioral integrity as drivers of follower commitment and performance[J]. Journal of Business Ethics,2012, 107(3):255 − 264.

[78] KIM B J,NURUNNABI M,KIM T H,et al. Doing good is not enough,you should have been authentic:organizational identification,authentic leadership and CSR[J]. Sustainability,2018,10(6):2026 − 2041.

[79] MAZUTIS D D,SLAWINSKI N. Reconnecting business and society:perceptions of authenticity in corporate social responsibility[J]. Journal of Business Ethics,2015,131 (1):137 − 150.

第 6 章

CSR 与其内部利益相关者——
员工的关系研究与实践

【学习目标】

- 掌握企业社会责任影响求职者和内部员工态度和行为的理论视角；
- 明确企业社会责任对员工产生影响的边界条件；
- 明确基于社会责任的人力资源管理实践的概念和作用。

【案例导读】

从 2006 年国家电网有限公司发布了中国企业第一份社会责任报告，到 2018 年国家电网有限公司向社会公开发布《国家电网有限公司 2018 社会责任报告》，这是国家电网有限公司连续 13 年在国内企业中率先发布社会责任报告。国家电网有限公司一直在中国企业社会责任的实践与报告领域扮演着领头羊的角色。它发布了中国第一个"企业履行社会责任指南"，率先建立了全面社会责任管理体系，也是首个参与制定社会责任国际标准 ISO 26000 的中国企业。2014—2016 年国家电网有限公司累计实施社会责任根植项目 733 个，推动公司各单位各层级主动、全面参与到社会责任管理过程中，更多有效的、科学的和可复制的社会责任管理工具、方法和模型得到提炼和发展。2017 年以来，国家电网有限公司提出"自上而下层层推动全面社会责任管理落地，自下而上层层推进社会责任根植融入"的"双向驱动、示范引领"型社会责任工作推进模式。

作为关系国家能源安全和国民经济命脉的国有骨干企业，国家电网秉承着"你用电，我用心"的服务宗旨，把满足人民美好生活需要作为工作的出发点和落脚点，服务社会、服务民生、打通连接千家万户的"最后一公里"作为公司的不懈追求。在员工成长方面，公司视员工为企业的最大财富，坚持以人为本，尊重和保护员工基本权益，保障员工的身心健康；激发员工组织活力，营造文化氛围，努力构建"服务职工，和谐发展"的服务体系。在企业公民方面，国家电网聚焦脱贫攻坚、精准帮扶。常态开展青年志愿服务，坚持"为民服务无小事"，始终带着强烈的使命感和对人民群众的深厚感情做服务，把便民、利民、惠民举措落到实处，被老百姓称赞为党的"光明使者"。例如，国网陕西电力实施"小橘灯点亮希望"关爱农村留守儿童项目，国网浙江电力实施"点亮玉树"扶贫项目,国网重庆电力实施关爱农村留守儿童的"光束行动"项目,国网浙江电力实施"电娃课堂"项目,国网江山供电公司实施"同在一片蓝天下"的阳光助残等志愿服务活动,受惠社会人群达 70 余万人。在绿色环保方面,国家电网认真贯彻落实绿色发展任务和要求,坚持新能源消纳"双降"目标不动摇,不断提高新能源利用水平,推动新能源更高质量、更有效率、更加可持续发展,以绿色低碳高效的充足电能,全力服务美丽中国。

（资料来源：根据哈佛大学商学院案例《国家电网：企业社会责任》编辑整理。）

6.1　现实和理论背景

在现代经济高速增长的光环之下,往往暗藏着生态破坏、环境污染、资源过度开发、社会公德缺失等一系列社会问题,这使得企业社会责任成为社会各界共同关注的热点问题。Aguinis 和 Glavas 认为企业社会责任是企业在一定情境条件下,考虑了利益相关者期望和经济、社会、环境等三重绩效的政策和活动[1],有利于企业通过创造"共享价值"来提升竞争力。企业社会责任不仅是企业作为公司公民的"应有之义",而且对于解决诸如赈灾、扶贫、助学、环保等众多社会问题,具有非常重要的意义。近年来,构建和谐社会、节能减排、实现可持续发展的理念已成为社会共识,越来越多的中国企业开始关注其自身的 CSR 实践活动,旨在追求经济效益和社会效益的"双赢"。

从利益相关者视角来看,随着消费者、投资者、供应商和员工等利益相关者对企业社会责任的需求不断增加,企业决策者面临着如何管理企业社会责任活动以及如何为其分配资源的重要问题,企业管理者也越来越关注如何将 CSR 与人力资源管理实践相结合[2-3]。在学术界,以往对 CSR 的研究多集中于宏观层面(如制度、组织层面),探究 CSR 政策对企业绩效等结果变量的影响。企业追求经济利益与社会福利的不相容,导致在宏观领域的研究并没有就 CSR 与企业绩效之间的关系给出明确的答案。在微观层面,关于企业社会责任影响的研究主要集中于市场研究领域,学者们主要从消费者的视角探究企业社会责任对其经济绩效的提升作用[4-5]。

近几年来,在组织行为与人力资源管理方面的 CSR 研究也引起了学者们的重视[3]。特别是从组织内部员工的视角,探究 CSR 对企业影响的研究越来越受到学者们的关注[1]。以往的研究重点分析了组织文化、领导风格和利益相关者压力等因素对 CSR 的影响,现在越来越多的国内外学者开始关注 CSR 对员工态度和行为的影响[3]。

员工不仅是企业竞争优势的重要来源,而且是为企业做出直接贡献的主要利益相关者。对于员工来说,企业不仅仅是一个工作的场所,而且在企业中,他们的需求变得越来越复杂。在社会转型期,仅靠满足员工的物质需求已经难以充分调动员工的工作积极性,他们越来越看重工作与生活的平衡、工作的意义与价值、企业价值观与自身价值观的匹配等精神需求。因此,探究 CSR 对员工态度和行为的影响,对于强化企业的社会责任,帮助企业实现可持续发展、改善社会福祉具有重要的现实意义。

6.2 CSR 对员工行为影响的研究现状

6.2.1 CSR 的概念与维度

在众多的关于 CSR 的文献中,CSR 有很多种概念化的方法。然而,在微观 CSR 研究中,被学者们普遍认可并具有代表性的 CSR 概念与维度主要有以下几种。从企业社会责任的类型划分来说,Carroll 提出 CSR 指社会在特定时期内对企业提出的经济、法律、伦理和慈善等方面的期望。因此,CSR 的测量也应包含这四个维度[6]。从利益相关者的视角来说,Turker 指出 CSR 涉及企业建立在经济利益之外,并且能够对利益相关者产生积极影响的行为。这些利益相关者包含员工、消费者、政府、社会与非社会(如自然环境、子孙后代及非政府组织)等[7]。Akremi 等也基于利益相关者理论,开发了以社区、自然环境、员工、供应商、顾客和股东为导向的六维度 CSR 量表[8]。从员工的视角来看,CSR 感知是指员工对企业的 CSR 活动及企业承担社会责任程度的感知。相比于实际的 CSR 活动,员工对 CSR 的感知更为重要,因为这种感知会对员工后续的态度和行为产生更显著的影响。

6.2.2 CSR 对求职者态度和行为的影响

在潜在员工方面,以往研究主要关注 CSR 对求职者的工作追求意愿[11]及组织吸引力[12]的影响。CSR 对潜在员工的研究目前主要从公平启发理论、信号理论和道义论等视角,探究了 CSR 对应聘者的工作追求意向及组织吸引力的影响。

1.公平启发理论

公平启发理论的核心论点是,如果员工缺乏管理者是否可信的信息时,员工将把公平用作决策中的启发法则以帮助自身决定是否要与管理者进行合作。Bauman 和 Skitka 从公平启发理论的视角阐述了 CSR 对(潜在)员工的影响[13]。根据公平启发理论,当潜在员工缺乏足够的信息去评估企业是否值得信任时,他们会利用可获得的信息去推断企业是否道德、是否值得信赖,而 CSR 是企业关注外部利益相关者、致力于社会公正的表现,潜在员工会根据企业对外部利益相关者的态度,进而推断出企业会如何对待自己[13]。

2.信号理论

基于信号理论,招聘方面的研究指出求职者往往缺乏关于招聘组织的信息,因此他们通常根据自身所拥有的信息来获得信号以推断招聘组织的工作条件和其他组织特征[11]。Gully 等基于信号理论指出,关于企业社会责任和环境责任的招聘信息能够显著地影响求职者感知的个体-组织匹配度、组织吸引力以及工作追求意愿[11]。Jones 等基于信号理论,提出了 CSR 与组织吸引力之间的基于信号的三种机制,即 CSR 会给企业带来良好的声誉,向求职者发出信号,使得求职者形成预期的自豪感、感知到的价值观的一致性以及预期的对待,最终影响组织对员工的吸引力[12]。

3.道义论

道义论认为,个体关心公正并对不公正做出反应,是因为不公正的待遇违反了道德和伦理规范。该理论暗示着个体不仅会对他们自身所受到的对待做出反应(即第一方公正),而且会对其他人受到的不公正对待做出反应(通常被称为第三方公正)。

Rupp 等基于道义论提出第一方分配公平和道德认同能够调节求职者对 CSR 的感知与工作追求意愿之间的关系,也可以调节在职员工的 CSR 感知与组织公民行为(organizational citizenship behavior,OCB)之间的关系[14]。

4.其他理论视角

国内学者张麟等在中国背景下,基于社会认同理论探讨了求职者在劳动力市场上对 CSR 的心理反应,即向求职者传递有关 CSR 的信息能够提高求职者预期的自豪感,继而提升组织吸引力[15]。

6.2.3　CSR 对企业内部员工态度和行为的影响

1.CSR 对员工态度的影响

就态度结果而言,现有的实证研究主要关注的是员工的积极结果。在企业现有员工方面,以往 CSR 对员工态度的影响主要集中在工作满意度[16]、组织承诺[17]及组织认同[18]方面。De Roeck 等通过对 181 名医护工作者进行调研,发现 CSR 行为的两个方面(即员工对内部 CSR 和外部 CSR 的感知)能够影响员工的工作满意度[16]。Glavas 和 Kelley 通过对 18 个组织的 827 名员工进行调研,发现员工对特定 CSR 方面(社会、环境及一般的 CSR)的感知与工作满意度、组织承诺正相关[9]。De Roeck 等的研究表明,感知到的 CSR 与总体公正的交互作用共同影响组织认同[18]。

此外,还有一些研究表明,CSR 能够影响员工的离职倾向[19]以及工作参与[20]。Hansen 等通过对美国中西部一家医疗机构 1116 个员工的调研研究得出,员工感知到的 CSR 能够减少他们的离职倾向[19]。Rupp 等使用来自不同国家(如加拿大、中国、法国及新加坡等)的 673 名工作人员的样本,提出员工的 CSR 感知与工作投入之间的关系会受到特定 CSR 的相对自主性(即员工遵守、倡导和参与 CSR 活动的情境化动机)和员工的个人主义的影响[20]。

2.CSR 对员工行为的影响

在过去的几年中,学者们开始探究 CSR 的各种行为结果。目前,CSR 感知对员工行为的影响研究主要集中于员工的积极结果变量方面,主要包括工作绩效和角色内外 CSR 特定绩效[10]、员工创新[21]、组织公民行为[19,14,22]及其子维度[23]等方面的研究。具体来说,Vlachos 等通过研究,探讨了 CSR 对员工角色内外 CSR 特定绩效以及角色内工作绩效的影响[10]。Hur 等通过对韩国 250 名酒店员工进行调研,结果表明员工对 CSR 的感知与他们的创造力正相关[21]。Ong 等开发了一个 CSR 敏感性框架,通过三项实地研究发现 CSR 和任务重要性的交互作用共同影响 OCB[22]。Farooq 等通过对南亚一家快销集团的 408 名员工(研究 1)和来自两个不同文化国家(法国和巴基斯坦,研究 2)的 9 家公司的 415 名员工进行调研,发现内部 CSR 和外部 CSR 会通过不同的路径影响不同形式的组织公民行为(即人际帮助、个人勤奋及忠诚拥护)[23]。Archimi 等的研究表明,员工感知到的 CSR 的四个方面(经济、法律、道德和自由裁量权)能够减少员工的犬儒主义[24]。

也有一些国内学者开始关注员工感知的 CSR 对员工工作行为的影响,如刘远和周祖城的研究表明,员工感知的企业社会责任通过提升员工的情感承诺,进而影响员工的组织公民行为[25]。刘凤军等的研究表明,CSR 是获取组织公民行为的重要治理工具[26]。王娟等对员工感知的 CSR 与反生产行为之间的关系进行了深入研究,探讨了亲社会动机、内在动机在二者之间的中介作用,并进一步探究了伦理型领导在此过程中的调节作用[27]。

6.2.4　CSR 影响企业内部员工态度和行为的相关理论视角

目前国内外学者对 CSR 与员工行为之间关系的研究多是从以下几个视角展开:组织公平理论、社会认同理论、社会交换理论及其他理论,如表 6-1 所示。

表 6-1　员工个体层面 CSR 实证研究的主要理论视角

组织理论视角	代表性文献	中介变量	调节变量	CSR 的结果变量
组织公平理论	Vlachos 等[10]	情感承诺		CSR 特定绩效,工作绩效
社会认同理论	Farooq 等[17]	组织认同,组织信任		情感承诺
	张倩等[36]	组织自豪感	CSR 的利他归因、利己归因	组织认同
	李歌等[37]	外部荣誉感	组织支持感	离职率
	De Roeck 等[18]	外部声望,继而产生自豪感	总体公正感知	组织认同
	Farooq 等[23]	外部声望和内部尊重,二者继而影响组织认同	个人/集体主义,国际化/本土化	组织公民行为
	Edwards 和 Kudret[32]	情感承诺,组织自豪感		角色内绩效
	Scheidler 等[34]	伪善感知,继而引发情绪耗竭		离职倾向
	Brieger 等[33]	组织认同,工作意义	公共价值意识	工作成瘾行为
	Tian 和 Robertson[35]	组织认同	同理心	自愿环保行为
社会交换理论	De Roeck 和 Delobbe[41]	组织信任	以自我为中心的 CSR 归因	组织认同
	Archimi 等[24]	组织信任		犬儒主义
自我决定理论	王娟等[27]	亲社会动机,内在动机	伦理型领导	反生产行为
	Rupp 等[20]		CSR 相对自主性,个人主义	工作参与
心理契约理论	Rayton 等[46]			情感承诺
情绪评估理论	Ng 等[47]	组织自豪感,继而影响组织嵌入性		离职率

资料来源:根据相关文献整理。

1. 组织公平理论

组织公平理论指出,人们会针对组织的行为是否公平这一问题形成自己的判断,继而做出相应的反应[3]。Rupp 等率先将宏观层面的 CSR 概念引入到微观层面的组织公正领域,因为 CSR 与组织公正均基于规范性对待的基本伦理假设,因此他们用公平理论来解释 CSR 对员工的影响[28]。Rupp 进一步提出了"以员工为中心的组织公正与社会责任模型",认为员工会向内看(looking in)企业是否公平地对待自己、向周围看(looking around)企业是否公平地对待组织内的所有人,以及向外看(looking out)企业是否公平地对待组织外的利益相关群体(如社区、环境等)来形成公平感知,继而触发员工的情绪、认知以及态度和行为等[29]。有些实证研究也从公平理论的视角探究了 CSR 对员工工作结果的影响,例如,Vlachos 等从组织公正的视角探究了 CSR 如何通过影响员工的情感承诺继而影响他们角色外的 CSR 特定绩效[10]。

2. 社会认同理论

CSR 的综合视角表明,CSR 投资的有益回报取决于 CSR 能够增强企业与利益相关者之间关系强度和质量的能力[30]。目前,现有的一些研究主要是从社会认同理论的视角探究 CSR 对员工工作结果的影响。社会认同理论认为社会群体的成员身份和群体类别是一个人自我概念的重要组成部分,个体所获得的对自己所在群体成员身份的认识,会影响其知觉、态度和社会行为[31]。根据社会认同理论,当个体认为他们的组织具有很高的声望,并且具有积极吸引人的形象时,他们会认同这个组织,且这种组织认同能够增强员工的自尊心。为了发展和保持良好的自我价值感,人们会寻求加入并保留在高地位的组织中,因为获得这样的团队成员资格是有益的,并且会使员工产生一种自豪感。

尽管绝大多数微观层面的 CSR 研究都依赖于社会认同作为解释框架[30-31],但实际上只有少数研究检验了组织认同是否能够作为 CSR 与员工结果变量之间的潜在机制。例如,Farooq 等基于社会认同理论和社会交换理论,探讨了员工感知到的 CSR(针对社会和非社会利益相关者的 CSR,针对客户的 CSR 和针对员工的 CSR)会通过影响组织认同和组织信任来影响员工的情感承诺[17]。Edwards 和 Kudret 也基于社会认同理论和社会交换理论,探讨了组织情感承诺和组织自豪感在多焦点 CSR(即针对客户、社区、股东及环境的 CSR)和员工角色内绩效之间的中介作用[32]。Brieger 等基于这两个理论,探究了 CSR 的"黑暗面",即 CSR 通过提升员工的组织认同和工作意义感继而引发工作成瘾行为[33]。

De Roeck 等基于社会认同理论,探讨了感知到的 CSR 会通过对感知到的外部声望和组织自豪感,继而对组织认同产生积极影响[18]。Farooq 等基于社会认同理论,探讨了以外部利益相关者为焦点的外部 CSR 提升了员工感知到的外部声望,而关注员工福祉的内部 CSR 则提升了员工感知到的内部尊重,这两者都被认为会影响员工的组织认同,但会产生不同形式的组织公民行为,具体来说,外部 CSR 将通过感知到的外部声望和组织认同来提升员工的忠诚度,而内部 CSR 将通过感知到的内部尊重、组织认同继而影响员工的人际帮助行为和个人勤奋[23]。Scheidler 等基于社会和道德认同理论(即将社会认同理论与道德自我理论相结合),探究了不一致的 CSR 战略(偏向外部利益相关者而非内部利益相关者),会引发员工对企业伪善的感知,继而引发员工的情绪耗竭,最终提高他们的离职倾向[34]。Tian 和 Robertson 基于组织认同理论和自我归类理论,探究了组织认同在员工感知到的 CSR 与他们的自愿环保行为之间的中介作用[35]。

国内的一些研究也开始从组织认同理论的视角探讨企业的 CSR 对内部员工态度和行为的影响。例如,张倩等基于组织认同理论和归因理论,探讨了 CSR 如何以及何时对员工的组织认同产生影响[36]。他们的研究表明,CSR 会通过影响员工的组织自豪感,继而影响员工的组织认同。员工对企业 CSR 的归因会调节 CSR 和员工组织自豪感之间的关系,即当 CSR 利他归因水平较高时,员工感知到的 CSR 与组织自豪感之间的正向关系较强,而当 CSR 利己归因水平较高,员工感知到的 CSR 与组织自豪感之间的负向关系较强。国内学者李歌等也从社会认同理论视角,探讨了员工感知的 CSR 对员工离职率的影响,其中,外部荣誉感在这一关系中起到了中介作用[37]。

3. 社会交换理论

虽然社会认同理论解释了 CSR 如何通过群体成员的动态来影响员工的态度和行为,但该理论并没有整合社会交换关系中强调的互惠互利的社会规范[30]。与经济交换关系不同,社会交换关系主要与无法用价格决定的无形资产相关联,这通常使得交换关系相当不明确,所以交换关系通常基于信任[30]。信任是一种关系标记,委托人对受托人的可信度的评估,特别是对受托人能力、仁慈和诚信的评价,提高了这种把自己置于与他人有关的风险之中的意愿。基于正义的社会交换理论,假设员工相信他们受到组织对待的方式(例如,他们是否受到组织公平、仁慈及诚信地对待)可以作为信任的启发式信息,这些信息可能会使员工觉得有义务回报组织,从而影响了员工与组织的交换关系[39-40]。社会交换理论将 CSR 作为组织对其与员工交换关系的输入,即由于 CSR 意味着有利于各利益相关群体的角色外企业行为,因此,CSR 增强了员工与雇主之间的互惠规范,从而提高了员工感知到的组织信任和支持感,继而引发个体对 CSR 的积极反应[31]。CSR 方面的学者也证明了信任可以中介 CSR 与员工不同工作态度之间的关系(如 OCB、离职倾向)[19]。这些研究主要受 CSR 文献中关系营销的影响,假设 CSR 活动标志着组织的道德属性(如诚信和慈善),继而影响员工对企业的信任程度[30]。然而,尽管这些研究提供了新的实证研究结果,但它们仅仅隐含地反映了社会交换理论,在很大程度上忽略了关于 CSR 的微观结果[30]。

最近的研究开始出现旨在更清楚地认识社会交换理论的动态过程以解释 CSR 如何影响员工的相关结果。例如,De Roeck 和 Delobbe 调研了一家石油化工企业的 155 名员工,研究结果表明外部 CSR 活动(即保护和促进自然环境的举措)通过组织信任继而影响组织认同[41]。Farooq 等人明确认识到用社会交换理论来解释组织信任在感知的 CSR 与特定员工结果变量(即组织承诺)之间的中介作用,补充和扩展了以往的发现[17]。Archimi 等则从社会交换的理论视角,探讨了组织信任在 CSR 与员工犬儒主义之间的关系[24]。

4. 其他理论

目前,也有一些学者从其他理论视角探究员工对 CSR 做出反应的内在机制,如心理需求机制和心理契约理论等。

员工诠释 CSR 更多的是从道德视角进行的,道德包括公平,也包括伤害、关心等其他道德关怀,这些其他的道德关怀可能是员工对 CSR 的某些方面感兴趣的重要驱动力,如关心的道德关怀能够更好地解释员工对慈善捐赠的感知[13]。Bauman 和 Skitka 从需要层次的视角阐述了 CSR 能够提高员工感知的企业道德,继而满足员工的安全需要、尊重需要、归属需要和有意义的生存需要[13]。但是从需要层次的角度阐释 CSR 对员工态度的影响大多停留在理论解释方面,目前很少有实证研究从该视角探究二者之间的内在机制。

（1）自我决定理论。自我决定理论包含认知评价理论和有机整合理论[42-43]。认知评价理论定义了人类普遍拥有的三种基本心理需要：自主需要、能力需要及归属需要，满足这三种基本心理需要就会产生内部动机。有机整合理论根据个体对外部规则内化程度的不同，将动机类型划分为以下三种：去动机、外部动机和内部动机。在自主性维度上，从去动机到内部动机是一个连续体，去动机代表了一种无意愿的状态，而内部动机则代表了一种高度自主、自我决定的状态，外部动机介于二者之间，是一种部分自主的控制状态。根据内化程度的不同，外部动机可以细分为以下几种类型：外部调节，是指个体表现出某种行为是为了获得奖励或避免惩罚；内摄调节，即个体吸收但并不完全接受外部规则，他们表现出某种行为是为了提升自尊等；认同调节，是指个体感觉所从事的活动是重要的，并且认同活动的价值；整合调节，是指当个体将外部规则完全内化为自身的一部分，并通过他们的自我和其他活动表现出来。

根据自我决定理论，亲社会动机是一种内摄性、关注结果和未来导向的动机，而内在动机是一种自主性、过程导向和关注现在的动机[44]。最近，也有学者从自我决定理论的视角探究员工对 CSR 做出反应的潜在机制[27]。尽管外部 CSR 主要是针对外部利益相关者实施的志愿行为，与员工自身利益并不直接相关，但企业所表现出的公平、信任和关怀等伦理特征，有助于构筑良好、公平的工作环境，提高员工对企业道德性的感知。一方面，当员工感知到企业履行社会责任、重视外部利益相关者时，可通过情感认同和价值观的一致性，对亲社会动机进行自主调节[44]，而亲社会动机能够减少员工的反生产行为。另一方面，CSR 活动能够让员工感知到工作的意义，提升其内在动机，继而减少反生产行为。研究表明，CSR 对于满足员工的工作意义需求具有潜在作用，企业通过履行社会责任，使员工感受到他们作为企业的一员也在为社会做贡献，从而从工作中获得意义和价值，提高其内在动机[45]。

Rupp 等基于自我决定理论，提出了在 CSR 背景下员工感知到的相对自主性模型[20]。CSR 背景下的相对自主性的范围是从外部调节到内在激励。具体来说，外部调节是通过员工的"志愿服务"项目加以说明的，员工发现不参与该项目会给自己的绩效考核带来风险；内摄调节是通过 CSR"排行榜"加以说明的，该"排行榜"对参与 CSR 项目的企业进行跟踪和公开报告，从而产生了巨大的同行压力和竞争力；认同调节是通过员工自身重视的"内部 CSR"的举措来加以例证说明的，内部 CSR 包括为员工提供职业发展和领导机会等；员工参与 CSR 活动的内在动机可以通过员工参与 CSR 活动本身就获得了回报来说明。例如，环境保护主义者通过参与企业的低碳环保计划以努力减缓气候变化[20]。

（2）心理契约理论。Rayton 等基于心理契约理论解释了企业社会绩效提升企业与员工关系的微观基础[46]。以往的心理契约理论仅探究了员工和组织间的二元关系，而 Rayton 等通过对员工感知的内外部企业社会绩效进行分析，扩展了心理契约理论，开始考虑企业社会绩效背景下除了组织和员工外的第三方心理契约交换关系[46]。该研究表明，员工感知的企业社会绩效（内、外部）水平均与情感承诺正相关，而员工对企业社会绩效（内、外部）违反规定的感知均与情感承诺负相关。

（3）情绪评估理论。Ng 等根据情绪评估理论，探究了员工感知到的 CSR 与其离职率之间的中介机制[47]。情感评估理论试图从认知视角去理解决定个体情绪体验的因素，其主要宗旨是个体对事件的评估，而不是事件的客观现实本身，决定着人们是否以及为什么会触发某种情绪，认知评估导致的情绪变化最终会导致与这些情绪一致的态度和行为。他们提出员工感知到的 CSR 能够影响员工的情绪(即组织自豪感),继而影响他们的工作态度(即组织嵌入性),最终影响他们的工作行为(即离职率)[47]。

6.2.5　CSR 影响企业内部员工态度和行为的边界条件

1.个体差异

Rupp 等的研究表明,第一方公正和道德认同在 CSR 与 OCB 之间起调节作用[14]。Farooq 等探讨了个体的社会导向(个人主义/集体主义)和文化导向(国际化/本土化)在 CSR 与员工不同形式的行为之间所起的调节作用[23]。Rupp 等基于自我决定理论提出特定 CSR 的相对自主性(即员工遵守、提倡和/或参与 CSR 活动的情境化动机)与个人主义共同调节了 CSR 与员工工作参与之间的关系[20]。

国内学者张倩等根据归因理论,分别探究了 CSR 利己归因、CSR 利他归因以及 CSR"双重归因"对 CSR 与组织自豪之间关系的调节作用[36]。

2.组织情境

(1)领导因素。Vlachos 等研究表明,领导风格(如命令型领导)和中层管理者参与实施深思熟虑的策略可以调节管理者 CSR 判断与下属 CSR 判断之间的"涓滴效应"[10]。De Roeck 和 Maon 的研究指出,伦理型领导能够调节员工对企业社会责任的感知(即感知的环境责任和社区责任)与社会责任行为(即绿色行为和社会行为)之间的关系[30]。

(2)人力资源管理因素。Ong 等从工作设计的视角,指出任务重要性激活了员工的亲社会动机,从而促使员工对 CSR 活动的社会影响更加敏感[22]。刘远和周祖城的研究表明,承诺型人力资源管理实践能够削弱在 CSR 与员工情感承诺之间的关系[25]。

(3)企业因素。Brammer 等的研究表明,企业能力不仅会影响 CSR 与员工组织认同之间的关系,而且也会影响 CSR 与员工创造力之间的关系[48]。企业社会责任对员工态度和行为影响的研究综述如图 6-1 所示。

6.3　基于社会责任的人力资源管理实践

企业的管理者已经开始认识到参与企业社会责任实践活动不仅能够带来财务上的收益,而且可以成为组织竞争优势的重要来源。但是管理者们还不了解如何才能在提高企业社会绩效的同时,提高企业内部的财务绩效。企业制定和实施基于社会责任的人力资源管理实践对于解决这一问题具有重要意义,

基于社会责任的人力资源管理实践不仅是企业履行社会责任的重要组成部分,而且是企业社会责任成功实施的重要工具。基于社会责任的人力资源管理实践是指招聘和保留有社会责任感的员工,为员工提供社会责任方面的培训,并在绩效考核和升职加薪时考虑员工对社会的贡献[49-50]。通常人力资源管理实践包括三种类型:技能提升型、动机增强型和机会提升型实践。尽管社会责任人力资源管理(social responsibility human resource management,SRHRM)包括技能提升型实践(如进行企业社会责任方面的培训)和动机增强型实践(如表彰和奖励员工的社会贡献),但它不同于普通的人力资源管理实践,它主要是针对特定的企业社会责任,并有助于促进企业社会责任的贯彻和实施。

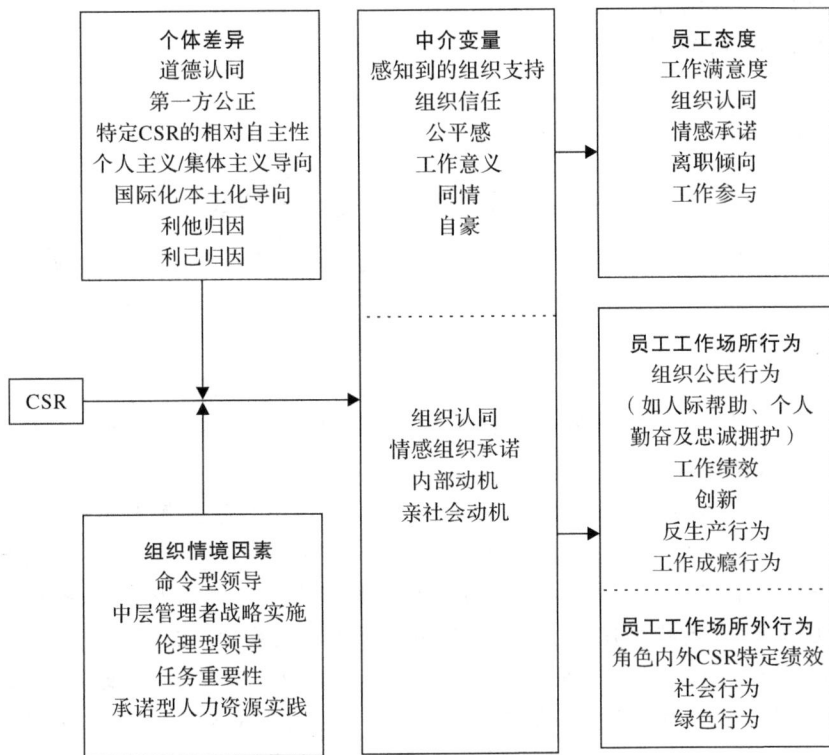

图 6-1　CSR 对员工态度和行为影响的研究综述

Shen 和 Zhu 基于社会认同理论探究了 SRHRM 与三种组织承诺（情感承诺、持续承诺及规范承诺）之间的关系[51]。Newman 等基于社会交换理论和社会认同理论，探究了 SRHRM 的三个维度，即合规的 HRM(legal compliance HRM)、员工导向的 HRM(employee-oriented HRM)及一般促进企业社会责任的 HRM(general CSR facilitation HRM)对组织公民行为的影响[52]。

综上所述，SRHRM 不仅对于成功实施针对外部利益相关者的 CSR 项目至关重要，而且将企业内部员工的利益和外部利益相关者的利益结合在一起，从而实现企业经济效益和社会效益的"双赢"。

【本章小结】

· 企业履行社会责任对求职者和员工的影响及其背后的理论依据；
· 影响企业社会责任作用发挥的因素；
· 社会责任的人力资源管理实践的概念和作用。

【复习思考题】

1. 简述企业履行社会责任对求职者的影响及其原因。
2. 简述企业履行社会责任对员工的影响及其背后的理论依据。

3.哪些因素能够影响企业社会责任作用的发挥?

4.简述 SRHRM 的概念和作用。

【应用案例】

英特尔中国的企业社会责任实践

英特尔中国自 2009 年以来每年主动发布公开透明的年度报告,内容全面而且系统地涵盖了英特尔在科技创新和环境可持续、社会责任融入供应链、多元化与包容性的企业文化、社会影响力等领域的举措和成效。

英特尔公司全球副总裁兼中国区总裁杨旭表示:"在全球范围,英特尔把履行企业社会责任及推动可持续发展作为其重要使命并长期坚守。扎根中国 34 年以来,英特尔始终坚持以科技创新推动可持续发展,将社会责任融入企业核心战略,同时贯彻于业务的每个环节和员工的日常工作,通过实际行动解决复杂的社会与环境等问题,并取得了显著的进展。"

多元化与包容性是当今世界发展的重要趋势之一。英特尔意识到,平等同权与积极赋能是推动社会进步的重要一环。英特尔重视女性和少数族裔员工的职业发展,打造宽容平等的员工文化。2019 年初,英特尔宣布在全球范围实现了不同性别的同工同酬。致力于提升女性职业价值和领导力,英特尔推出了领导力项目和"技术行业人才多样化"计划,协助女性管理者,培养首席女性工程师和计算机科学家后备人才。截至 2018 年底,英特尔中国女性员工占比 33%,女性管理者占比 23%。英特尔通过极具包容性的热线服务为员工提供支持渠道,进而提升员工的留任比率,员工的留任率达到 82%。英特尔为不同层级的员工提供上百万小时的网络和面对面培训。针对新员工,通过完备的培训计划,帮助他们适应工作环境;针对管理者,通过在线课程、小组讨论等方式,提供差异化培训,促进管理者之间的沟通,提升管理者能力。

回馈社会,亦须身体力行,英特尔中国始终鼓励和支持员工积极参与志愿服务活动,在环境保护、科学教育和社区服务领域与政府及社会组织合作为社会服务,使企业以人的温度,持续传达对社会与自然的关爱。2018 年,全球有超过 6.8 万名英特尔员工志愿者参与社区服务,贡献了约 150 万小时的志愿服务时间。同年,八千多名英特尔中国志愿者付出了超过 12 万小时的志愿服务,参与率高达 80%,创下了英特尔中国志愿服务的历史新高。在北京,自 2016 年起,英特尔员工志愿者积极参与"助盲跑"活动,2019 年累计志愿服务时间达 2459 小时;在上海,英特尔员工志愿者自 2011 年起开展"净滩"活动,到目前为止累计净滩 11 次,共清理海洋垃圾 3.8 吨;在大连,每逢 4 月 2 日"世界自闭症意识提高日",英特尔员工志愿者都会组织关爱自闭症患者的大型主题活动,已累计有上千名英特尔员工参与,累计志愿服务超过 2 万小时。此外,自 2012 年起,英特尔志愿者们在成都开展了"云桥湿地保护行动",致力于设施维护与完善、生物多样性数据的收集与整理以及自然读本素材的开发工作。2019 年,英特尔成都向云桥湿地捐款修建了"芯云康桥"步行木栈道,用于提升该湿地的日常巡视和维护工作的安全保障。

近几年来,英特尔被评为"2019 全球最具声望公司百强"、福布斯"世界最具声誉企业及最具价值品牌"和"最佳女性员工雇主"。同时,英特尔也荣获了《财富》杂志"世界最受尊敬企业"称号,名列"2019 中国企业公民责任品牌 60 强",以及由中国社科院与腾讯联合评选的"中国益公司"2019 年企业社会责任力百强企业。未来,英特尔将秉承"与中国同行,必将远行"的长期战略,通过技术的力量和员工的热情创造一个更美好的世界。

(资料来源:英特尔中国发布 2019 年度企业社会责任报告:企业责任要和行业影响力携手共进[EB/OL]. (2019 - 11 - 29)[2020 - 12 - 25]. http://news. mydrivers. com/1/659/659800. htm.)

问题讨论:

1.英特尔中国的企业社会责任会对其内部员工产生哪些影响? 为什么?

2.英特尔中国的企业社会责任实践为其他企业提供了哪些管理启示?

3.结合案例讨论企业可以采取哪些措施以发挥企业社会责任的积极效应?

【本章参考文献】

[1] AGUINIS H,GLAVAS A. What we know and don't know about corporate social responsibility a review and research agenda[J]. Journal of Management,2012,38(4): 932 - 968.

[2] MORGESON F P,AGUINIS H,WALDMAN D A,et al. Extending corporate social responsibility research to the human resource management and organizational behavior domains:a look to the future[J]. Personnel Psychology,2013,66(4):805 - 824.

[3] 马苓,陈昕,赵曙明.企业社会责任在组织行为与人力资源管理领域的研究述评与展望 [J].外国经济与管理,2018,472(6):60 - 73.

[4] 刘凤军,李辉.社会责任背景下企业联想对品牌态度的内化机制研究:基于互惠与认同视角下的理论构建及实证[J].中国软科学,2014(3):99 - 118.

[5] 刘凤军,孔伟,李辉.企业社会责任对消费者抵制内化机制研究:基于 AEB 理论与折扣原理的实证[J].南开管理评论,2015,18(1):52 - 63.

[6] CARROLL A B. A three-dimensional conceptual model of corporate social performance [J]. Academy of Management Review,1979,4(4):497 - 505.

[7] TURKER D. How corporate social responsibility influences organizational commitment [J]. Journal of Business Ethics,2009,89(2):189 - 204.

[8] AKREMI E A,GOND J P,SWAEN V,et al. How do employees perceive corporate responsibility? development and validation of a multidimensional corporate stakeholder responsibility scale[J]. Journal of Management,2018,44(2):619 - 657.

[9] GLAVAS A,KELLEY K. The effects of perceived corporate social responsibility on employee attitudes[J]. Business Ethics Quarterly,2014,24(2):165 - 202.

[10] VLACHOS P A,PANAGOPOULOS N G,RAPP A A. Employee judgments of and behaviors toward corporate social responsibility:a multi-study investigation of direct, cascading, and moderating effects[J]. Journal of Organizational Behavior,2014,35(7):990 - 1017.

[11] GULLY S M,PHILLIPS J M,CASTELLANO W G,et al. A mediated moderation model of recruiting socially and environmentally responsible job applicants[J]. Personnel Psychology,2013,66(4):935 - 973.

[12] JONES D A,WILLNESS C R,MADEY S. Why are job seekers attracted by corporate social performance? experimental and field tests of three signal-based mechanisms[J]. Academy of Management Journal,2014,57(2):383 - 404.

[13] BAUMAN C W,SKITKA L J. Corporate social responsibility as a source of employee satisfaction[J]. Research in Organizational Behavior,2012(32):63 - 86.

[14] RUPP D E,SHAO R,THORNTON M A,et al. Applicants' and employees' reactions to corporate social responsibility:the moderating effects of first-party justice perceptions and moral identity[J]. Personnel Psychology,2013,66(4):895 - 933.

[15] 张麟,王夏阳,陈宏辉,等.企业承担社会责任对求职者会产生吸引力吗:一项基于实验的实证研究[J].南开管理评论,2017,5(20):116 - 130.

[16] DE ROECK K,MARIQUE G,STINGLHAMBER F,et al. Understanding employees' responses to corporate social responsibility:mediating roles of overall justice and organizational identification[J]. The International Journal of Human Resource Management,2014,25(1):91 - 112.

[17] FAROOQ O,PAYAUD M,MERUNKA D,et al. The impact of corporate social responsibility on organizational commitment:exploring multiple mediation mechanisms [J]. Journal of Business Ethics,2014,125(4):563 - 580.

[18] DE ROECK K,AKREMI E A,SWAEN V. Consistency matters! how and when does corporate social responsibility affect employees' organizational identification? [J]. Journal of Management Studies,2016,53(7):1141 - 1168.

[19] HANSEN S D,DUNFORD B B,BOSS A D,et al. Corporate social responsibility and the benefits of employee trust:a cross-disciplinary perspective[J]. Journal of Business Ethics,2011,102(1):29 - 45.

[20] RUPP D E,SHAO R ,SKARLICKI D P,et al. Corporate social responsibility and employee engagement:the moderating role of self-determination and individualism[J]. Journal of Organizational Behavior,2013(1).

[21] HUR W M,MOON T W,KO S H. How employees' perceptions of CSR increase employee creativity:mediating mechanisms of compassion at work and intrinsic motivation [J]. Journal of Business Ethics,2018(153):629 - 644.

[22] ONG M,MAYER D M,TOST L P,et al. When corporate social responsibility motivates employee citizenship behavior:the sensitizing role of task significance[J]. Organizational Behavior and Human Decision Processes,2018(144):44 - 59.

[23] FAROOQ O,RUPP D E,FAROOQ M. The multiple pathways through which internal and external corporate social responsibility influence organizational identification and multifocal outcomes:the moderating role of cultural and social orientations[J]. Academy of Management Journal,2017,60(3):954 - 985.

[24] ARCHIMI C S,REYNAUD E,YASIN H M,et al. How perceived corporate social responsibility affects employee cynicism:the mediating role of organizational trust[J]. Journal of Business Ethics,2018,151(4):907 - 921.

[25] 刘远,周祖城.员工感知的企业社会责任、情感承诺与组织公民行为的关系:承诺型人力资源实践的跨层调节作用[J].管理评论,2015,27(10):118-127.

[26] 刘凤军,李敬强,杨丽丹.企业社会责任、道德认同与员工组织公民行为关系研究[J].中国软科学,2017(6):117-129.

[27] 王娟,张喆,贾明.员工感知的企业社会责任与反生产行为:基于亲社会动机和内在动机的视角[J].预测,2017,36(5):8-14.

[28] RUPP D E,GANAPATHI J,AGUILERA R V,et al. Employee reactions to corporate social responsibility:an organizational justice framework[J]. Journal of Organizational Behavior,2006,27(4):537-543.

[29] RUPP D. An employee-centered model of organizational justice and social responsibility [J]. Organizational Psychology Review,2011,1(1):72-94.

[30] DE ROECK K,MAON F. Building the theoretical puzzle of employees' reactions to corporate social responsibility:an integrative conceptual framework and research agenda[J]. Journal of Business Ethics,2018,149(3):609-625.

[31] GOND J P,AKREMI E A,SWAEN V,et al. The psychological micro foundations of corporate social responsibility:a person-centric systematic review[J]. Journal of Organizational Behavior,2017,38(2):225-246.

[32] EDWARDS M R,KUDRET S. Multi-foci CSR perceptions,procedural justice and in-role employee performance:the mediating role of commitment and pride[J]. Human Resource Management Journal,2017,27(1):169-188.

[33] BRIEGER S A,ANDERER S,FRöHLICH A,et al. Too much of a good thing? on the relationship between CSR and employee work addiction[J]. Journal of Business Ethics,2019(9):1-19.

[34] SCHEIDLER S,EDINGER-SCHONS L M,SPANJOL J,et al. Scrooge posing as mother teresa:how hypocritical social responsibility strategies hurt employees and firms[J]. Journal of Business Ethics,2018,157(2):1-20.

[35] TIAN Q,ROBERTSON J L. How and when does perceived CSR affect employees' engagement in voluntary pro-environmental behavior? [J]. Journal of Business Ethics,2019(155):399-412.

[36] 张倩,何姝霖,时小贺.企业社会责任对员工组织认同的影响:基于 CSR 归因调节的中介作用模型[J].管理评论,2015,27(2):111.

[37] 李歌,颜爱民,徐婷.中小企业员工感知的企业社会责任对离职倾向的影响机制研究[J].管理学报,2016(6):847-854.

[38] DE ROECK K,FAROOQ O. Corporate social responsibility and ethical leadership:investigating their interactive effect on employees' socially responsible behaviors[J]. Journal of Business Ethics,2018,151(4):923-939.

[39] CROPANZANO R,MITCHELL M S. Social exchange theory:an interdisciplinary review[J]. Journal of Management,2005,31(6):874-900.

[40] CROPANZANO R,BYRNE Z S,BOBOCEL D R,et al. Moral virtues,fairness heuris-

tics,social entities,and other denizens of organizational justice[J]. Journal of Vocational Behavior,2001,58(2):164 - 209.

[41] DE ROECK K,DELOBBE N. Do environmental CSR initiatives serve organizations' legitimacy in the oil industry? exploring employees' reactions through organizational identification theory[J]. Journal of Business Ethics,2012,110(4):397 - 412.

[42] RYAN R M,DECI E L. Self-determination theory and the facilitation of intrinsic motivation, social development,and well-being[J]. American Psychologist,2000,55(1):68 - 78.

[43] 赵燕梅,张正堂,刘宁,等. 自我决定理论的新发展述评[J]. 管理学报,2016,13(7):1095 - 1104.

[44] GRANT A M. Does intrinsic motivation fuel the prosocial fire? motivational synergy in predicting persistence,performance,and productivity[J]. Journal of Applied Psychology,2008,93(1):48 - 58.

[45] ROSSO B D,DEKAS K H,WRZESNIEWSKI A. On the meaning of work:a theoretical integration and review[J]. Research in Organizational Behavior,2010(30):91 - 127.

[46] RAYTON B A,BRAMMER S J,MILLINGTON A I. Corporate social performance and the psychological contract[J]. Group & Organization Management,2014,40(3):353 - 377.

[47] NG T W H,YAM K C,AGUINIS H. Employee perceptions of corporate social responsibility:effects on pride,embeddedness,and turnover[J]. Personnel Psychology,2019, 72(1):107 - 137.

[48] BRAMMER S,HE H,MELLAHI K. Corporate social responsibility,employee organizational identification,and creative effort:the moderating impact of corporate ability [J]. Group & Organization Management,2015,40(3):323 - 352.

[49] ORLITZKY M,SWANSON D L. Socially responsible human resource management [M]. Charlotte:Information Age,2006.

[50] SHEN J,BENSON J. When CSR is a social norm:how socially responsible human resource management affects employee work behavior[J]. Journal of Management, 2016,42(6):1723 - 1746.

[51] SHEN J,ZHU C. Effects of socially responsible human resource management on employee organizational commitment[J]. The International Journal of Human Resource Management,2011,22(15):3020 - 3035.

[52] NEWMAN A,MIAO Q,HOFMAN P S,et al. The impact of socially responsible human resource management on employees' organizational citizenship behaviour:the mediating role of organizational identification[J]. The International Journal of Human Resource Management,2016,27(4):440 - 455.

第 7 章

CSR 与其外部利益相关者——
投资者的关系研究与实践

【学习目标】

- 了解 CSR 与企业投资者的关系；
- 了解 CSR 如何影响企业投资者的态度与行为；
- 了解 CSR 沟通的概念。

【案例导读】

从欺诈投资者的安然事件到震惊中国的三鹿奶粉事件，日益严重的社会问题表明了社会责任关系着企业的生死存亡，也表明了公众对社会责任信息的极度需要。国家电网有限公司于 2006 年发布的我国首份企业社会责任报告拉开了我国企业发布社会责任信息报告的大幕。自此，越来越多的中国企业开始对外公开发布社会责任信息。

2006 年 9 月 25 日，深圳证券交易所发布了《深圳证券交易所上市公司社会责任指引》，上海证券交易所也于 2008 年 5 月 14 日发布《关于加强上市公司社会责任承担工作的通知》以及《上海证券交易所上市公司环境信息披露指引》，旨在引导各上市公司积极履行社会责任。据润灵环球责任评级(Rankins CSR Ratings，RKS)统计，2017 年沪深两市共有 795 家 A 股上市公司披露了其年度企业社会责任报告(含可持续发展报告)，这一数字 2016 年为 747 家，同比增长约 6.4%。

这些发布的社会责任报告在一定程度上满足了投资者的信息需求和监管部门的监管要求，但是这些信息在市场上到底会引起什么样的反应呢？即使发布了责任报告，但是这些报告的质量到底怎么样呢，市场会不会根据报告的质量给出积极或消极的影响呢？

7.1 企业履行 CSR 现状分析

20 世纪 50 年代末以来,企业社会责任的问题开始逐渐受到各界的关注。众所周知,CSR 这一概念代表了企业不仅仅要对其股东负责,同时也要对其所在的全社会利益相关者负责。研究发现,现如今,大部分企业都致力于建立一个良好的社会责任履行者的形象。国际知名管理咨询公司麦肯锡在其开展的关于企业履行 CSR 的调研结果中显示,有 76% 的企业管理者认为企业履行 CSR 对于企业股东价值的提升具有积极的作用,调研同时发现,有 55% 的企业管理者认为企业履行 CSR 的行为可以提高企业的社会声誉[1]。虽然有很多的管理者在选择履行 CSR 行为的时候并不是单纯地以得到投资回报为目的,但作为以盈利为目的的组织,绝大多数的企业管理者仍然希望企业能够通过履行 CSR 行为在有益于社会的同时也能通过这种方式使企业自身得到相关收益,例如,树立更好的社会形象和社会声誉、提升企业价值、强化员工信任、获得消费者忠诚和招聘优势等。

然而,在现实经营中,积极履行社会责任的企业是否能够真正如其所愿呢? 在以往的众多研究中,学者们似乎已经给出了并不一致的答案。虽然有许多学者通过研究发现企业履行 CSR 可以获得竞争优势、减少风险和成本,以及获得税收优惠政策等好处[2-3],但仍有很大一部分学者认为 CSR 与 CFP(corporate financial performance,公司财务业绩)的关系并不能确定,甚至有的学者提出存在着负相关的关系。Barnea 和 Rubin[4]认为企业 CSR 会负面影响其企业内部股东财富的价值。Kim 等人[5]在其研究中发现,CSR 与融资成本正相关,企业履行 CSR 行为会降低公司价值,提高违约风险。Du[6]认为企业可能存在通过 CSR 行为去掩盖其不良行为的现象。如果积极履行社会责任的行为也能够使企业相应获得较好的经济回报,那么我们有充分的理由支持企业这样做[7]。然而,正如上文所述,企业履行 CSR 的行为并不能保证企业可以得到确定性的理想收益,甚至还可能给企业带来负面效应。如此看来,难道说本意为了提高社会整体效益的 CSR 行为对于企业而言反而还有可能是坏事? 如果这样,为了避免产生负面影响,企业是否还需要继续履行其 CSR 的行为? 又是什么原因使得企业在履行社会责任的同时又必须承担其为企业本身所带来的不良后果?

现实情况表明,虽然企业在不断地通过履行社会责任的方式向公众"示好",但很多情形下,公众对企业这一行为似乎并不买账。究其原因,很大程度上是由于企业低效率甚至是无效的 CSR 沟通行为造成的。也就是说,企业利益相关者(如消费者和投资者)在进行其购买决策或投资决策时,往往缺乏有效的途径对企业社会责任情况进行深入的了解和判断,特别是对于一些特殊的行业(如重污染行业与食品行业),利益相关者在某些情况下往往会由于缺乏相关信息而对这类企业的 CSR 行为持怀疑和讽刺的态度,甚至将其判断为某种程度的"漂绿(greenwash)"行为。同样地,CSR 行为与利益相关者之间沟通存在问题这一现象,也逐渐在学术研究中被学者们发现。虽然在以往的研究中,学者们发现企业从事 CSR 的活动可以产生更好的利益相关者支持行为,如拥有消费者忠诚、吸引更多投资以及获得招聘优势等,但近几年的研究帮助人们发现,"怀疑"态度、"漂绿(greenwash)"态度以及"伪善"态度常常存在于利益相关者对企业 CSR 行为的评价当中[8]。

也就是说,企业的 CSR 行为与社会公众之间是否具有有效的沟通十分重要,良好的 CSR 沟通效果可以有效地影响利益相关者对企业 CSR 行为产生积极的正向归因,从而做出有利于企业的市场反应。反之,无效的 CSR 沟通则往往会给企业带来负面的影响。因此,企业与利益相关者之间的沟通问题是企业履行 CSR 行为能否达到其预期结果的关键。想要了解 CSR 的沟通效果是如何影响到企业履行社会责任的行为所产生的市场反应的,我们就必须对企业社会责任行为的信息的传播与使用过程有较为深刻的认识,而这一点也是我们当前理论研究中所比较缺乏的一个部分。由于我们缺乏对企业履行 CSR 行为与其随后产生的市场反应的内在机制的研究,使得我们不能充分地认识到企业 CSR 信息的沟通传递过程,也就无法制定有针对性地提高 CSR 沟通效果以实现社会与企业共同预期目标的解决方案。

7.2　CSR 与投资者态度和行为

由于企业或者媒体发布的信息是通过影响投资者行为进而对股票市场产生影响的,那么,我们就有必要引入“投资者”这一重要因素。特别是中小投资者,这些相对于上市公司中的控股股东或非控股的大股东以及相对于机构投资者而言的社会公众投资者,随着我国证券市场的形成与发展,其直接参与到我国证券市场中来的趋势越来越明显。根据以 Spence[9] 为代表提出的信号传递理论(signaling theory),在股票市场,媒体信息的传播将减少投资者信息的不对称性,从而影响到投资者的投资行为。也就是说,企业的相关信息会通过某种渠道传递给投资者,而投资者因此对企业关注程度(investor attention)的提高就代表了证券市场上买卖双方的信息对称性在逐渐提高,这也就会使得投资者对该企业的交易活动会更加活跃。

信息不对称往往会引起管理者与股东之间的利益冲突。现有研究表明,在信息不对称的情形下,企业通常通过利润宣告、股利宣告以及融资宣告三种信号来向外界传递企业信息[10],除此以外,由于企业履行社会责任代表了其在一定时期内为保障相关者的利益所做出的贡献,在一定程度上反映了企业未来的发展前景,因此,企业发布的社会责任报告往往也会向市场传递着股市中所需的信号。如此,对于企业履行社会责任的这一行为而言,企业与投资者关于这一类信息的沟通与传递过程是否也会依照信号传递理论所提到的,通过传递企业信息而减少企业与公众的信息不对称性,从而引起投资者对企业这类行为的关注并做出相应市场反应呢?

此外,对于企业履行社会责任在股票市场上引起的一系列反应,作为专业的信息中介,证券分析师在其中所起到的作用不可小觑。众所周知,20 世纪 90 年代以来,股评家和庄家成了证券市场上炙手可热的人物,其言行直接对股票的涨跌产生影响。随着我国自资本市场的日趋成熟,证券分析师成为市场上发现价值、引导资金流向的主导力量。其中,机构投资者是分析师研究报告的最主要客户。Mola 和 Guidolin[11] 认为分析师的研究报告往往被作为支持经纪业务的营销工具。在金融市场中,机构投资者往往是在分析师研究报告结果的基础上进行信息的再处理,从而最终形成市场的投资决策,也就是说,分析师对企业的评级和预测会对机构投资者产生直接的影响。那么,对于证券分析师而言,他们在企业履行社会责任信息沟通过程中会发挥怎样的作用?企业履行社会责任的行为是否也会通过不同分析师的预测结果而影响到最终市场反应呢?另外,对于大部分中小投资者而言,其投资行为也会受到分析师给出的预测信息的影响。由于分析师定期对上市公司进行的评级和盈余预测是投资者进行决策的另一个重要的信息来源,因此,在投资过程中,中小投资者往往也会根据分析师发布出的预测信息对其投资行为进行修正。同时,中小投资者往往还存在跟随机构投资者的“羊群行为”。如此,企业发布社会责任信息后,分析师的预测会对中小投资者的行为产生怎样的影响?进而又如何影响到企业社会责任行为的市场反应呢?

7.2.1　企业社会责任和企业财务绩效

1972年,Moskowitz发表了《挑选有社会责任感的股票》一文,采用实证研究的方法来深入检验公司社会责任与财务业绩的关系。Alexander和Bucholtz[12]的研究发现股票市场回报与承担企业社会责任之间的相关关系并不显著。Frooman[13]研究证明,积极的社会责任表现能够积极地影响企业的股价。Preston和O'Bannon[14]则分析了1982—1992年美国67家大公司有关的数据,得出财务绩效和社会表现之间呈现正相关关系的结论。学者Garriga和Melé[15]的研究证明,长期来看,企业良好的社会责任表现在有助于企业获得一些重要资源,比如吸引人才等,而这些资源能够为企业创造竞争优势。

我国管理学界对企业社会责任和社会绩效之间关系的研究始于20世纪80年代初期,国内学术界多从介绍西方企业社会责任观点开始进行研究。随着企业社会责任理论在我国的发展和应用,我国学者对该问题也有了深入的理解,并开始结合我国实际,积极探索着二者的联系。徐光华和张瑞[16]通过对利益相关者理论演进过程的分析提出了利益相关者模型,并在此基础上,选用企业内外部主要利益相关者财务数据,且选用盈利能力和成长能力指标作为财务绩效的衡量标准,实证结果表明企业社会责任和财务绩效正相关。金建江[17]的分析则认为积极承担社会责任在最初的一段时间内会对企业绩效带来负面影响,但随着企业社会责任水平的提高,企业绩效也会呈现逐渐增加的趋势;他还认为企业社会责任的目标和企业绩效的目标是一致的,企业积极地承担社会责任是有利于企业长期发展的。此外,梁大为[18]的研究也表明企业履行社会责任的程度和企业经营绩效是正相关关系,但在行业和地区间存在差别。

7.2.2　社会责任信息与股价的反应

进入20世纪90年代后,开始有对需求者的决策价值的相关研究。研究者认为,利益相关者与企业之间的相互信任将会激励企业展示其伦理行为,而企业的伦理行为将会帮助企业取得竞争优势,并将促进企业与利益相关者建立起持续的生产关系。Frooman[13]实证研究表明,公司不承担社会责任或不合法规的表现会影响公司的市场价值。Waddock和Graves[19]等学者研究了企业社会责任会计信息与企业价值及各利益相关者对企业价值影响的显著程度,总体上来看,企业承担社会责任能够提高企业价值,且两者互为因果,互相促进。此后,有更多的学者对该问题进行了更多、更为细致的考察。Luo和Bhattacrya[20]通过对企业社会责任、消费者满意度和企业市场价值三者关系的实证研究,证明了企业社会责任可以通过提高消费者的满意度,提升企业的市场价值。

陈玉清和马丽丽[21]则采用抽样的方法,对上市公司社会责任会计信息披露现状进行了分析,并建立了社会责任贡献的指标体系,以此来衡量企业对利益相关者承担的责任,揭示我国深市、沪市所有上市公司对社会的真实贡献。李正[22]以我国2003年沪市521家上市公司为研究样本,研究了企业社会责任活动与企业价值二者的关系。实证结果证明,从当期来看,承担社会责任与企业价值之间呈现负相关关系;但从长期来看,承担社会责任并不会降低企业价值。此外研究还表明负债比率、重污染行业、资产规模等因素与企业社会责任的承担显著正相关,而财务状况则与企业社会责任活动的承担呈现出负相关关系。

7.3　社会责任信息的传播方式——CSR 沟通

7.3.1　CSR 沟通概念的提出

企业往往希望通过履行社会责任实现企业和社会利益的双重实现,而企业的收益则更多地依赖于高质量的企业 CSR 沟通行为。Du 等[23]尝试从 CSR 沟通内容(message content)和 CSR 沟通途径(communication channels)两方面构建 CSR 沟通的理论框架,他们提出 CSR 的沟通行为中的沟通内容和途径的选择会影响到最终 CSR 的沟通结果。同时,作者还提出利益相关者特征(利益相关者类型和价值观等)和企业特征(如企业声誉、所在行业等)可能会是 CSR 沟通效果的重要影响因素。此外,Chaudhri[24]在研究中也提出了沟通在企业社会责任中的必要性。他通过与印度大型国内及全球企业的 CSR 管理层进行深度访谈,提出应当将有效的 CSR 沟通行为作为研究企业社会责任行为的重要环节。Van Rekom 等学者[25]在研究中提出,当企业对社会的贡献与其自身的核心商业活动有紧密关联时,企业通过选择合适的 CSR 沟通方式以便向社会传递其社会责任行为的做法就显得更加重要。

7.3.2　CSR 沟通方式

CSR 沟通方式可以包括企业自主决定的和第三方决定的两种[23]。研究发现,企业可以自主选择多种方式向公众发布披露其 CSR 相关消息。CSR 信息披露是企业对公众履行 CSR 行为的具体表现,也是反映企业履行 CSR 水平的重要指标,是指企业向社会和更广泛的领域内的各个利益相关者群体沟通其经济行为对社会和环境影响作用的行为过程,具体包括发布企业社会责任报告、在企业网页中发布 CSR 相关消息、以广告的形式传播、在销售点进行宣传等形式。对于第三方的 CSR 沟通方式,主要包括了媒体对企业的报道以及公众之间通过口口相传的形式对企业事件的传播[23]。其中,媒体对 CSR 行为的报道常常被利益相关者赋予更多的信任,因为相对于企业发布的 CSR 信息而言,媒体的第三方报道常常被认为是无偏的[26]。

对于我国上市公司而言,企业发布社会责任报告以及在网页中发布其履行 CSR 行为的相关信息是我国上市公司选择的 CSR 自行传播的主要方式。因此,学者们的研究也主要以企业社会责任报告的披露为主。陈玉清和马丽丽[21]研究发现我国上市公司披露的真实社会贡献信息与股价的相关性不显著,但刘长翠和孔晓婷[27]的研究却指出两者之间存在着正相关关系。陶文杰和金占明[28]研究发现,提供高水平的企业社会责任报告的企业,其绩效明显高于提供低水平的企业社会责任报告的企业,但这种作用关系是通过在媒体关注度的完全中介作用下实现的。由于我国直到近几年才要求部分上市公司发布企业社会责任报告,因此相对于国外研究而言,国内对企业社会责任报告的研究起步相对较晚,从相关参考文献中可以看出,当前研究对我国企业社会责任报告的研究结果并不统一。再者,早期研究的学者们对企业社会责任报告的评价方式也是更多通过自行设计量化的指标体系进行量化,这也难免会存在一些量化过程中所产生的主观片面性问题。另外,现有为数不多的实证研究主要集中在考察企业社会责任信息披露对企业财务绩效(corporate financial performance,CFP)或市场反应的直接作用关系上,而探索二者之间的作用机理的文献并不多。对于企业通过其网页披露 CSR 信息的行为,相关的研究文献就更少了。

对于第三方媒体而言,新闻媒体在传播信息以及引导社会公众舆论和行为方面有着不可忽视的力量。根据传媒学的议程设置理论(agenda setting theory)提出的观点,媒体往往不能决定人们对某一事件的具体看法,但却可以通过提供相关信息和安排相关的议题来左右人们关注于哪些事情以及其关注的先后顺序[29]。因此,对于履行社会责任的企业而言,社会公众会在获取企业社会责任信息的基础上做出相应的判断和行为响应。作为公众了解企业行为的重要途径之一,媒体报道往往能够凭借着自己对公众的影响力而对企业产生影响。已有研究发现,媒体和政府及活动家一起被称为是迫使企业对其经营行为的社会影响和后果负责的重要驱动力及压力来源。因此,在企业存在的合法性(legitimacy theory)的驱动下,企业为了满足媒体和公众的信息需求会倾向于主动披露更多的企业社会责任的信息[30]。另外,取得良好经济绩效的企业由于承载着公众更多的期望,因此往往会受到媒体的更多关注。媒体的大量关注将会进一步提高企业的知名度,从而加强公众对企业行为的关注和监督。因此,作为企业信息发布的重要平台和公众获取信息的重要途径,媒体对企业的关注将会在企业行为与利益相关者反应之间起到不可小觑的作用。

7.3.3　CSR 沟通中存在的问题

由于企业社会责任的行为可以帮助企业塑造一个良好的经营环境,因此,正确利用企业社会责任信息的披露方式,可以帮助企业改变公众对企业合法性的感知,建立良好的公共关系,改善企业形象,更好地激励员工,降低成本增加收入,帮助企业建立长期的竞争优势。然而,当前对于企业社会责任报告信息披露中所存在的问题是,公众(包括媒体)对企业履行社会责任信息的获取程度以及对信息的感知会存在着差异,公众感知的差异将会导致其相应行为不能符合企业最初的预期。同时,如若社会公众并没有成功获得相应的企业社会责任信息或者信息传达的内容有误时,公众对企业社会责任表现不同的企业的行为响应可能不会存在差异。假如公众缺乏对企业履行社会责任这一行为的正确认知,那可能就会出现公众根本不了解企业做了什么,自然也就不会把企业履行社会责任的积极表现作为其购买或者投资企业的决策依据。这一现象对企业社会责任行为传播的沟通质量提出了要求。

当前,已有学者对 CSR 沟通行为中可能会存在的问题进行了研究。如 Lii 和 Lee[31]在其研究中发现,利益相关者对于企业所提供的 CSR 沟通行为存在着不可忽视的"怀疑"态度。研究发现,产生这种怀疑态度的原因主要是当企业声称自己要履行某项 CSR 行为,但却并没有真正去履行时[32],这些行为对企业品牌声誉就可能会存在"逆反效应(backfire effects)"。特别需要提到的是,这种怀疑态度在企业发生丑闻事件时会更加明显。情境危机沟通理论[33]提出,危机情境会影响危机后企业行为的选择与实施。当企业丑闻事件发生后,迫于制度压力和市场压力,企业往往会更加积极主动地开展社会责任活动,其目的是确保其行动的制度合法性和行为有效性[34]。然而受到消费者归因(attribution)的影响,企业在丑闻发生后进行的慈善捐助,其利他动机可能会大打折扣[35]。针对这一现象,Borglund 等[36]在 2009 年的研究中发现,当企业选择清晰、透明且又可以被证实的方式发布企业的 CSR 相关行为时,利益相关者的怀疑态度会有所减少。

当前,有关 CSR 沟通问题的研究还多停留在概念层面。虽然学者们研究发现了 CSR 沟通可能存在的问题,但从 CSR 沟通效果的角度去研究 CSR 信息的不同发布行为对企业无论是正常情况下的市场反应,还是危急情形下的品牌形象恢复等方面的研究都还十分欠缺。更重要的是,结合当前 CSR 沟通所存在的问题,对于 CSR 沟通问题的研究关键性的挑战在于,如何最小化利益相关者的"怀疑"倾向,使公众感受到企业履行 CSR 行为的初衷,以提高 CSR 沟通效果。

7.4　投资者关注度、证券分析师预测与企业社会责任

本节将从投资者关注度和证券分析师预测两个方面分析其与企业社会责任的关系。在金融市场中,机构投资者往往是在分析师研究报告的基础上进行信息再处理,从而形成其自身的投资决策。

7.4.1　投资者关注度

对投资者关注度的衡量的难点在于"关注"一词较难衡量。根据以往学者的研究,传统的投资者关注度可以被表示为超额收益、交股票易量、媒体报道、换手率以及广告费用[37-38]。Seasholes 和 Wu[39]研究发现涨停报道会吸引投资者的关注。他们利用涨停板事件作为投资者关注度的代理变量,研究发现上市公司股价的涨停事件会影响投资者注意力的配置。贾春新等[40]利用谷歌网页关于企业的历史资讯作为投资者有限关注的度量指标,研究了限售股解禁报道对股票收益的影响。

然而正如学者 Engelberg 等[41]在其研究中所提出的,超额收益率、成交量、换手率以及涨停事件等都是金融资产本身的交易特征和价格行为,而要作为一种投资者关注度的反映公众注意力的分布和强弱的代理变量,需要假设这种现象必须是投资者的关注所造成的。因此,其在 2011 年研究中利用谷歌趋势的数据作为投资者关注度的代理变量[41]。我国学者宋双杰也在其 2011 年的研究中利用这种方式研究了投资者关注度与股票市场的 IPO 现象。根据中国搜索市场的现状,百度在国内搜索市场占有绝对的强势地位,在国内个体投资者中使用率非常高,因此,俞庆进和张兵[42]在其文章中使用百度指数作为投资者关注度的代理变量,研究投资者关注度与股票收益之间的关系。

总的来说,就投资者关注度所展开的研究主要围绕投资者的投资需求以及产生的投资结果展开。就投资者的投资需求来看,研究发现在盈利公告前的两个星期左右,企业的谷歌搜索量会异常放大,并在一段时间之内维持较高水平。这一发现表明,投资者在做出投资决策前需要了解有关企业的更多信息,并不仅仅是盈余公告信息。研究发现,谷歌搜索量的增加与投资者交易活动和股票的流动性上升相关。投资者与市场反应的研究主要研究投资者关注所产生的投资结果。Engelberg 等[41]采用企业产品的网络搜索量预测企业的异常收益,研究发现,企业最受欢迎的产品搜索量的增加可以有效地预测正向的企业异常收益。俞庆进和张兵[42]研究发现,投资者的有限关注可以给上市公司股价带来正向的价格压力。张崇等[43]在其研究中提出,消费者与生产者对商品的网上搜索行为对其在市场中的交易价格的变化存在相关关系。

可以发现,当前对投资者的研究更多是从投资者的投资行为入手,而较少考虑企业信息特

别是 CSR 信息对中小投资者关注的影响。另外,目前我国中小投资者所占市场比例远高于国外的资本市场,相较于机构投资者而言,中小投资者对企业信息的获取更多是采用搜索引擎的方式进行收集[42]。

7.4.2　证券分析师预测

自我国股市建立以来,证券分析师就成为我国资本市场的重要参与者和核心组成部分。长期以来,扮演着资本市场信息中介角色的证券分析师被认为在缓解信息不对称方面发挥着至关重要的作用。通过证券分析师的研究报告,外部投资者能够了解更多的信息,公司的信息透明度也能有所提高。特别是在企业发生危急的时刻,这有利于企业降低崩盘的风险。作为信息的使用者和发布者,证券分析师研究报告的发布往往能够影响企业股价的走势。作为信息的使用者,证券分析师可以对上市公司的相关信息进行预测。作为信息的发布者,证券分析师可以利用其专业的知识和信息搜集的优势向市场参与者提供能够反映股票内在价值的信息,降低证券市场价格的偏离。一般而言,盈余预测或证券分析师给予的股票评级得分越乐观,公司股价的市场表现就越好。

关于证券分析师能否有效地发挥信息中介的作用,以促进我国资本市场证券定价效率的提高和股市的平稳发展,一直都是一个充满争议的话题。一方面,已有文献中提出不少关于证券分析师"乐观"问题的研究。Easterwood 和 Nutt[44]在 1999 年的研究发现,证券分析师往往倾向于高估正面信息的收益而低估负面信息对上市公司的损害。许年行等[45]研究发现,分析师的乐观偏差与上市公司未来的股价的崩盘风险之间呈现显著的正相关关系,同时研究还发现这种关系在"牛市"会更加显著。另一方面,对于证券分析师而言,其"羊群行为"也是影响证券市场发展稳定性的重要因素。具体而言,证券市场中,以证券分析师和机构投资者所代表的信息投资者(informed investors)的增加会提高资产价格对市场信息的反应和吸收速度,有利于提高市场的定价效率。对于我国证券市场而言,自 2005 年以来,我国证券市场的"暴涨暴跌"现象并没有因为证券分析师和机构投资者掌握市场的话语权和定价权而变得更加稳定。更有学者研究发现,信息传递、声誉忧虑以及薪酬激励等因素可能会引发证券分析师与机构投资者的"羊群行为"。例如,缺乏经验的年轻证券分析师往往会放弃自己的私人信息而模仿有丰富经验的资深证券分析师进行投资决策。Dasgupta 等学者[46]在 2011 年的研究中也提出机构投资者的"羊群行为"会加剧证券市场的波动性,甚至催生资产泡沫。

近年来,上市公司各类信息的发布对证券分析师预测的影响也是学者们所关注的重点。西方学者已有的研究表明,上市公司发布的公开信息是证券分析师进行盈余预测的重要来源[47]。上市公司选取的不同披露政策对于证券分析师的预测将会产生不同的影响。我国学者也进行了很多相关的研究。白晓宇[48]选取了 2001—2007 年度年报发布的分析师预测样本,对上市公司的信息披露政策与证券分析师预测的关系进行了研究,发现上市公司信息披露政策越透明,跟随其进行预测的证券分析师数量就越多,预测的分歧度就越小,准确度越高。李馨子和肖土盛[49]研究发现,作为上市公司年度财务报告信息的"前奏",在管理层的业绩预告发布之后,证券分析师盈余预测修订与业绩预告消息显著正相关。

以上研究发现,在上市公司发布的多种信息中,较少有学者关注到企业发布的 CSR 行为的相关信息对证券分析师的影响。Ioannou 和 Serafeim[52]的研究中发现企业履行社会责任会影响到卖方证券分析师对企业财务绩效的评估。王艳艳等学者[51]以 2006—2010 年我国上市公司为样本,研究发现自主披露社会责任报告的企业更会引起证券分析师的关注。根据有效市场理论[50],作为弱势有效市场,我国上市公司 CSR 信息的发布将会对投资者的投资决策产生影响。对于作为信息中介的证券分析师而言,不论是对于直接使用其分析结果的机构投资者还是将其建议作为参考的中小投资者,证券分析师对企业的预测都会对企业的市场反应产生影响。

7.4.3   企业社会责任信息披露与市场反应

作为 CSR 沟通过程中的首要环节,企业社会责任披露(corporate social responsibility disclosure,CSRD)是指企业向社会和更广泛领域利益相关者沟通其经济行为对社会和环境影响作用的行为过程[53]。随着食品安全、环境污染以及赈灾捐助等一系列重大企业社会责任事件的发生,公众对企业履行社会责任的关注开始逐渐加强,企业社会责任信息的供给和需求呈现出了迅速增加的趋势。2008 年底深交所明确提出,要求纳入"深证 100 指数"的上市公司按照《上市公司社会责任指引》的规定披露企业社会责任报告。同样,上证所也发出了《关于做好上市公司 2008 年履行社会责任报告及内部控制自我评价报告披露工作的通知》,要求其上市公司做好相关工作。在这种背景下,为了满足社会公众的需求以及权威部门的要求,我国企业发布社会责任报告的热情渐高。根据中国社科院经济学部企业社会责任研究中心发布的《中国企业社会责任报告(2015)》,2015 年我国企业发布的社会责任报告从 2006 年的 32 份已增长至 1703 份,同时相比 2014 年的 1526 份增长了 11.6%。

合法性理论(legitimacy theory)认为,企业并没有内在的存在的权利,至于在社会赋予企业这个权利,并且企业的价值观被认为与所在社区的价值观一致时,社会才赋予公司存在的合法性[30]。因此,在合法性的驱动下,企业为了满足媒体和公众的信息需求会倾向于主动披露更多的企业社会责任的信息。Magness[30]建议企业应该运用社会责任信息的披露,向公众表明企业的运作是符合社会责任标准的,用以减少企业与社会在合法性方面产生对抗性的概率。Benlemlih 和 Bitar[54]通过对美国 1998—2012 年上市公司数据的研究发现,企业社会责任绩效与投资效率存在正向关系,同时作者还提出这样的结果正与企业社会责任行为会减少信息不对称(low information asymmetry)以及增强利益相关者之间团结(high stakeholder solidarity)的预期相符。那么,对于证券市场而言,上市公司只要披露企业社会责任行为就一定会得到市场的正面的回应吗? 企业社会责任行为可能给企业带来的好处是否会真正起效?

针对上述问题,学者们的研究得出了不一样的结论。早期的研究结果多偏向于积极的市场回报,包括企业社会责任与股东回报率、每股收益以及利润率均呈正相关关系[55]。Guidry 和 Patten[56]在其 2010 年的研究中提出,若投资者认为企业因为履行社会责任而产生的利益能够增加企业的声誉资本,则发布企业社会责任报告会产生积极的市场反应。Dhaliwal 等研究发现企业社会责任的披露能够显著降低企业的资本成本,从而吸引更多的投资者进行投资。高洁的研究表明,自愿发布企业社会责任报告的企业在其整个事件窗口的累积异常收益率为正。另外,学者们认为股价与企业社会责任之间的关系并不显著,抑或是存在着负相关关系。Guigry 和 Patten[56]使用美国上市公司的数据发现美国上市公司发布可持续发展报告所产生的市场反应不显著。施平[57]的研究发现,在发布企业社会责任报告的上市公司中,年度累计异常收益率为正的公司只有 29.94%。

综上所述,我们可以发现当前对于企业社会责任对企业市场反应的影响多是以直接研究为主,对于企业社会责任报告的发布为何会对市场反应产生不显著以及负显著的影响并没有过多深入探讨。正如学者 Guidry 和 Patten[56] 在其研究中提到的,如果投资者认为企业履行社会责任会产生声誉资本从而使企业长期价值有所提升,那么企业发布社会责任报告就会产生积极的市场反应。也就是说,对于企业社会责任信息的披露与市场反应之间的关系而言,其中所存在的作用机制是我们不可忽略的。

✉ 【本章小结】

- 正确认识 CSR 与投资者的关系;
- CSR 沟通的多种形式;
- 企业社会责任披露与 CSR 沟通的关系。

❓ 【复习思考题】

1. 什么是 CSR 沟通,其具体形式有哪些?
2. 企业社会责任报告信息的披露中会存在什么问题?
3. 如何正确处理 CSR 与投资者的关系?

👥 【应用案例】

紫金矿业突发渗漏事件

1."渗漏"事件概述

紫金矿业集团股份有限公司(以下简称紫金矿业)是一家同时在 A 股(股票代码:2899)和 H 股(股票代码:601899)上市的大型国有控股集团公司,曾因为改造基础建设和小区环境等项目投资 14021 万元而备受赞赏。而在 2010 年 7 月 3 日,紫金矿业却因为严重的酮酸水渗漏事故使得公司的形象严重受损。值得注意的是,在事故发生后,紫金矿业选择了暂时隐瞒的策略,在事故发生的 9 天后,也就是 7 月 13 日,公司才向外发布了企业的重大事故报告。同时,在 7 月 16 日,紫金矿业又再次发生了严重的渗漏事故。接连两次的渗漏事故引起了市场投资者对紫金矿业企业社会责任的强烈关注。

2.社会责任披露时间及资本市场收益变动

2010 年 7 月 13 日,《关于紫金山铜矿湿法厂污水池突发渗漏环保事故的公告》,A 股、H 股发布;

2010 年 7 月 14 日,《监事会决议公告》,A 股、H 股发布;

2010 年 7 月 15 日,《专项核查公告》,A 股、H 股发布;

2010 年 7 月 17 日,《事故进展情况公告》,A 股发布;

2010 年 7 月 19 日,《事故进展情况公告》,H 股发布;

2010 年 7 月 19 日,《关于被立案调查的公告》,A 股、H 股发布;

2010 年 7 月 19 日,《董事会关于加强环境安全工作的特别决议》,A 股、H 股发布。

第一次渗漏事件发生在 9 天后,7 月 13 日,紫金矿业在上交所和香港联合交易所发布了《关于紫金山铜矿湿法厂污水池突发渗漏环保事故的公告》。已有学者研究发现,在 7 月 13 日公告发布前,A 股和 H 股 CAR 已经出现了较大幅度的波动。渗漏事故发生在 2010 年 7 月 3 日(星期六),两市在事故发生当天及 7 月 4 日并无交易;但在事故发生后的第一个交易日,即 7 月 5 日,H 股的 CAR 显示为负,A 股 CAR 也发生继续下跌的现象。这些迹象都表明投资者对 7 月 3 日发生的事故已经通过新闻报道、口头流传等多种渠道获知,并因此而做出反应并体现在股价上。

在 2010 年 7 月 16 日紫金矿业发生第二次渗漏事件后,企业的 CAR 在事件发生后的第一个股票交易日(7 月 19 日)下降到了最低点。7 月 19 日,紫金矿业在上交所和香港联合交易所连续发布《关于被立案调查的公告》和《董事会关于加强环境安全工作的特别决议》,希望能够通过这两份公告来稳定投资者情绪,恢复市场信心。研究发现,公告确实起到了部分预期效果,在公告发布后,紫金矿业在上交所和香港联合交易所的 CAR 出现了逐渐回升、整体向好的态势,究其原因,《董事会关于加强环境安全工作的特别决议》的发布使得投资者认为这是企业传递出来的一个"好消息",投资者对企业度过危机并恢复形象有了一定的信心。

值得注意的是,自 7 月 13 日《关于紫金山铜矿湿法厂污水池突发渗漏环保事故的公告》的发布到 7 月 19 日《关于被立案调查的公告》和《董事会关于加强环境安全工作的特别决议》的发布,紫金矿业在这段时间内又在 A 股和 H 股市场共发布了四份渗漏事故的相关公告。从内容上看,这四份后续公告都是在 7 月 13 日《关于紫金山铜矿湿法厂污水池突发渗漏环保事故的公告》的基础上发布的。由于该事故产生的影响不言而喻,许多投资者很有可能已经预计到这次渗漏事故对资本市场的持续影响,进而体现在 7 月 13 日前后的市场反应中。因此,紫金矿业在 7 月 13 日发布的《关于紫金山铜矿湿法厂污水池突发渗漏环保事故的公告》最具有信息含量,对后续市场反应起到了关键作用。

(资料来源:万寿义,刘正阳. 交叉上市公司社会责任缺陷披露的市场反应:基于紫金矿业突发渗漏环保事故的案例研究[J]. 中国人口·资源与环境,2012(1):68-75.)

问题讨论:

1. 你认为引起紫金矿业股价自 7 月 13 日起连续大跌的主要原因是什么?

2. 在渗漏事故发生后,紫金矿业的企业社会责任披露决策是否得当? 你是否觉得还有其他更好的方式?

3. 从企业管理的角度来看,此案例会引发怎样的思考?

🦋【本章参考文献】

[1] BONINI S,GORNER S,JONES A. How companies manage sustainability:McKinsey Global Survey results[M]. New York:McKinsey Company,2010.

[2] AGUINIS H,GLAVAS A. Embedded versus peripheral corporate social responsibility:psychological foundations[J]. Industrial and Organizational Psychology,2013,6(4):314-332.

[3] EL GHOUL S,GUEDHAMI O,KWOK C C Y,et al. Does corporate social responsibility affect

the cost of capital? [J]. Journal of Banking & Finance,2011,35(9):2388－2406.

[4] BARNEA A,RUBIN A. Corporate social responsibility as a conflict between shareholders [J]. Journal of Business Ethics,2010,97(1):71－86.

[5] KIM Y,PARK M S,WIER B. Is earnings quality associated with corporate social responsibility? [J]. The Accounting Review,2012,87(3):761－796.

[6] DU X. Is corporate philanthropy used as environmental misconduct dressing? evidence from Chinese family-owned firms[J]. Journal of Business Ethics,2015,129(2):341－361.

[7] CUYPERS I R P,KOH P S,WANG H. Sincerity in corporate philanthropy,stakeholder perceptions and firm value[J]. Organization Science,2015,27(1):173－188.

[8] SKARMEAS D,LEONIDOU C N. When consumers doubt,watch out! the role of CSR skepticism[J]. Journal of Business Research,2013,66(10):1831－1838.

[9] SPENCE M. Job market signaling[J]. The Quarterly Journal of Economics,1973(3):3.

[10] MILLER M H,ROCK K. Dividend policy under asymmetric information[J]. The Journal of Finance,1985,40(4):1031－1051.

[11] MOLA S,GUIDOLIN M. Affiliated mutual funds and analyst optimism[J]. Journal of Financial Economics,2009,93(1):108－137.

[12] ALEXANDER G J,BUCHHOLZ R A. Corporate social responsibility and stock market performance[J]. Academy of Management Journal,1978,21(3):479－486.

[13] FROOMAN J. Socially irresponsible and illegal behavior and shareholder wealth:a meta-analysis of event studies[J]. Business & Society,1997,36(3):221－249.

[14] PRESTON L E,O'BANNON D P. The corporate social-financial performance relationship:a typology and analysis[J]. Business & Society,1997,36(4):419－429.

[15] GARRIGA E,MELé D. Corporate social responsibility theories:mapping the territory [J]. Journal of Business Ethics,2004,53(1－2):51－71.

[16] 徐光华,张瑞.企业社会责任与财务绩效相关性研究[J].财会通讯(学术版),2007(12):70－73.

[17] 金建江.从利益相关者视角解读企业社会责任[J].财经科学,2007(11):98－105.

[18] 梁大为.基于利益相关者的企业社会责任与企业经营绩效的实证研究[J].经济师,2010(2):251－253.

[19] WADDOCK S A,GRAVES S B. The corporate social performance-financial performance link[J]. Strategic Management Journal,1997,18(4):303－319.

[20] LUO X,BHATTACHARYA C B. Corporate social responsibility,customer satisfaction,and market value[J]. Journal of Marketing,2006,70(4):1－18.

[21] 陈玉清,马丽丽.我国上市公司社会责任会刮信息市场反应实证分析[J].会计研究,2006(11):76－81.

[22] 李正.企业社会责任与企业价值的相关性研究:来自沪市上市公司的经验证据[J].中国工业经济,2006(2):79－85.

[23] DU S,BHATTACHARYA C B,SEN S. Maximizing business returns to corporate social responsibility(CSR):the role of CSR communication[J]. International Journal of

Management Reviews,2010,12(1):8 – 19.

[24] CHAUDHRI V. Corporate social responsibility and the communication imperative:perspectives from CSR managers[J]. International Journal of Business Communication,2016,53(4):419 – 442.

[25] VAN REKOM J,GO F M,CALTER D M. Communicating a company's positive impact on society:can plausible explanations secure authenticity? [J]. Journal of Business Research,2014,67(9):1831 – 1838.

[26] YOON Y,GüRHAN-CANLI Z,SCHWARZ N. The effect of corporate social responsibility(CSR) activities on companies with bad reputations[J]. Journal of Consumer Psychology,2006,16(4):377 – 390.

[27] 刘长翠,孔晓婷.社会责任会计信息披露的实证研究:来自沪市 2002—2004 年度的经验数据[J].会计研究,2007(10):36 – 43.

[28] 陶文杰,金占明.媒体关注下的 CSR 信息披露与企业财务绩效关系研究及启示:基于我国 A 股上市公司 CSR 报告的实证研究[J].中国管理科学,2013,21(4):162 – 170.

[29] MCCOMBS M E,SHAW D L. The agenda-setting function of mass media[J]. Public Opinion Quarterly,1972,36(2):176 – 187.

[30] MAGNESS V. Strategic posture,financial performance and environmental disclosure:an empirical test of legitimacy theory[J]. Accounting,Auditing & Accountability Journal,2006,19(4):540 – 563.

[31] LII Y S,LEE M. Doing right leads to doing well:when the type of CSR and reputation interact to affect consumer evaluations of the firm[J]. Journal of Business Ethics,2012,105(1):69 – 81.

[32] LOUGHRAN T,MCDONALD B,YUN H. A wolf in sheep's clothing:the use of ethics-related terms in 10-K reports[J]. Journal of Business Ethics,2009,89(1):39 – 49.

[33] COOMBS W T. Protecting organization reputations during a crisis:the development and application of situational crisis communication theory[J]. Corporate Reputation Review,2007,10(3):163 – 176.

[34] 李彬,谷慧敏,高伟.制度压力如何影响企业社会责任:基于旅游企业的实证研究[J].南开管理评论,2011(6):67 – 75.

[35] FISHBEIN M,AJZEN I,BELIEF A. Belief,attitude,intention,and behavior:an introduction to theory and research[J]. Contemporary Sociology,1977,6(2):244 – 245.

[36] BORGLUND T,DE GEER H,HALLVARSSON M. Värdeskapande CSR:hur företag tar socialt ansvar[M]. Stockholm:Norstedts akademiska förlag,2009.

[37] BARBER B M,ODEAN T. All that glitters:the effect of attention and news on the buying behavior of individual and institutional investors[J]. The Review of Financial Studies,2007,21(2):785 – 818.

[38] GRULLON G,KANATAS G,WESTON J P. Advertising,breadth of ownership,and liquidity[J]. The Review of Financial Studies,2004,17(2):439 – 461.

[39] SEASHOLES M S,WU G. Predictable behavior,profits,and attention[J]. Journal of

Empirical Finance,2007,14(5):590－610.

[40] 贾春新,赵宇,孙萌,等.投资者有限关注与限售股解禁[J].金融研究,2010(11):108－122.

[41] ENGELBERG J,GAO P. In search of attention[J]. The Journal of Finance,2011,66
(5):1461－1499.

[42] 俞庆进,张兵.投资者有限关注与股票收益:以百度指数作为关注度的一项实证研究[J].
金融研究,2012(8):152－165.

[43] 张崇,吕本富,彭赓,等.网络搜索数据与 CPI 的相关性研究[J].管理科学学报,2012,15
(7):50－59.

[44] EASTERWOOD J C,NUTT S R. Inefficiency in analysts' earnings forecasts:systematic mis-
reaction or systematic optimism? [J]. The Journal of Finance,1999,54(5):1777－1797.

[45] 许年行,江轩宇,伊志宏,等.分析师利益冲突,乐观偏差与股价崩盘风险[J].经济研究,
2012(7):127－140.

[46] DASGUPTA A,PRAT A,VERARDO M. The price impact of institutional herding
[J]. The Review of Financial Studies,2011,24(3):892－925.

[47] SCHIPPER K. Analysts' forecasts[J]. Accounting Horizons,1991,5(4):105.

[48] 白晓宇.上市公司信息披露政策对分析师预测的多重影响研究[J].金融研究,2009(4):
92－112.

[49] 李馨子,肖土盛.管理层业绩预告有助于分析师盈余预测修正吗[J].南开管理评论,
2015,18(2):30－38.

[50] FAMA E F. The behavior of stock-market prices[J]. The Journal of Business,1965,38
(1):34－105.

[51] 王艳艳,于李胜,安然.非财务信息披露是否能够改善资本市场信息环境?:基于社会责任
报告披露的研究[J].金融研究,2014(8):178－191.

[52] IOANNOU I,SERAFEIM G. The impact of corporate social responsibility on invest-
ment recommendations:analysts' perceptions and shifting institutional logics[J]. Stra-
tegic Management Journal,2015,36(7):1053－1081.

[53] GRAY R,OWEN D,ADAMS C. Accounting & accountability:changes and challenges
in corporate social and environmental reporting[M]. Englewood:Prentice Hall,1996.

[54] BENLEMLIH M,BITAR M. Corporate social responsibility and investment efficiency
[J]. Journal of Business Ethics,2016(148):1－25.

[55] STURDIVANT F D,GINTER J L. Corporate social responsiveness:management attitudes
and economic performance[J]. California Management Review,1977,19(3):30－39.

[56] GUIDRY R P,PATTEN D M. Market reactions to the first-time issuance of corporate
sustainability reports:evidence that quality matters[J]. Sustainability Accounting,
Management and Policy Journal,2010,1(1):33－50.

[57] 施平.企业社会责任报告与企业价值:基于 678 家上市公司的实证分析[J].江海学刊,
2010(6):99－103.

第 8 章

CSR 与其外部利益相关者——消费者的关系研究与实践

【学习目标】

- 了解企业社会责任对消费者态度和行为的一系列积极影响;
- 了解消费者对企业社会责任的归因的类型、影响因素及其对消费者响应的不同影响;
- 了解企业伪善现象、消费者感知企业伪善的影响因素及后果;
- 明确企业应当如何履行社会责任以免事与愿违。

【案例导读】

汶川地震王老吉慷慨捐赠一个亿

2008 年四川汶川地震发生后,中央电视台举办了"爱的奉献——2008 抗震救灾募捐晚会",加多宝集团向地震灾区捐款 1 亿元人民币,创下国内单笔最高捐款额度。消息传出 10 分钟后,加多宝网站随即被刷爆。中国饮料业巨子王老吉就是属于加多宝集团。"'济世为怀'是 180 多年前凉茶始祖王老吉确立的祖训。"加多宝集团有关人士表示:"集团捐献一个亿善款,是本自佛家大慈大悲的情怀,尽一个企业公民应尽的社会责任,发自内心地希望能够帮助受灾的人。"

王老吉慷慨捐赠后,关于"王老吉捐款 1 亿元"的新闻迅速出现在各大网站,成为人们关注的焦点。2009 年 5 月 19 日,就在王老吉捐款 1 亿元的第二天,国内一个知名论坛上出现了一个名为《封杀王老吉》的帖子:"王老吉,你够狠! 捐一个亿,胆敢是王石的 200 倍! 为了整治这个嚣张的企业,买光超市的王老吉! 上一罐买一罐! 不买的就不要顶这个帖子啦!"这个热帖被各大论坛纷纷转载。"要捐就捐一个亿,要喝就喝王老吉!""中国人,只喝王老吉"等跟帖迅速得到众多网友的追捧。

网友称,生产罐装王老吉的加多宝公司向地震灾区捐款 1 亿元,这是迄今国内民营企业单笔捐款的最高纪录。网友们通过王老吉在地震之前公布的财务报表得出,2007 年王老吉在凉茶业务方面的总利润是 1 亿元左右,也就是说,本次汶川地震捐款,王老吉等于捐出了企业

2007 年的全部利润。这一行动得到了广大消费者的赞誉,南方凉茶"王老吉"几乎一夜间红遍大江南北,一些人在 MSN 的签名档上号召喝罐装王老吉,王老吉销量猛增,脱销的新闻不断出现。

王老吉现象告诉我们一个简单而朴素的道理:勇于在灾难面前承担社会责任的企业能够赢得公众赞誉,赢得消费者的信任和支持,从而得以做大做强,以便更好地回报社会,这种良性循环显然是企业和社会都需要的。

（资料来源:周祖城.企业伦理精品案例[M].上海:上海交通大学出版社,2010:116-121.)

8.1　CSR 对消费者态度和行为的积极影响

近年来,企业社会责任(CSR)与企业伦理开始受到社会各界的关注。利益相关者理论指出,作为企业重要的外部利益相关者之一,消费者对企业的态度和评价对企业声誉和市场营销至关重要[1]。因此,提升消费者满意度是企业最重要的战略之一[2]。

我国正处在经济高速发展的时期,随着人民生活水平的提高,消费者不仅对企业提供的产品和服务的需求日益提高,同时也对企业社会责任越来越重视。从广义看,CSR 是指企业在有关社会性责任或者利益相关者责任等方面的形象和行为[3],整体上可概括为以下六类:①支持社区,如赞助艺术和健身活动、为贫困人口提供教育和住房支持、慈善捐赠等;②多样化,如对公司内外部的性别、种族、家庭、同性恋者、残疾人等持包容态度;③支持员工,如关心员工的人身安全、工作稳定性、利益分享和工作参与等;④保护环境,如制造环境友好性产品、严禁动物测试、使用可降解材料、控制污染、参与重复利用项目等;⑤非剥削性经营,如海外的劳动政策、禁止血汗工厂、保护人权等;⑥产品方面,如保障产品安全性以及解决产品纠纷等[4]。

随着市场竞争日益加剧,不同企业在产品价格、质量和服务方面实现差异化的难度越来越大。作为一种创新性的、难以模仿的增强企业竞争力的举措,CSR 已经成为企业获得利益相关者认同和创造竞争优势的重要来源[5]。20 世纪 90 年代后期以来,随着国际社会对 CSR 越来越重视,学术界也开始关注 CSR 如何影响消费者这一重要利益相关者的态度与行为。现有关于消费者对 CSR 响应的研究的一个基本发现是,CSR 行为与消费者对该公司及其产品的反应之间存在正相关关系,即 CSR 对消费者态度和行为具有一系列的积极影响。本节主要从以下六个方面介绍 CSR 对消费者的态度和行为的积极影响。

8.1.1　企业和产品评价

现有研究表明,CSR 行为有利于提升消费者对企业及其产品的评价。例如,消费者会对积极履行 CSR 的企业产生认同感,进而促使消费者参与后续的一系列积极行为[6]。CSR 与消费者对企业产品的态度和判断之间存在正向关系[7]。CSR 能够提高消费者对企业声誉及企业可信度的评价[8]。此外,研究发现,企业的不道德行为对企业声誉造成的负面影响远大于CSR 行为对企业带来的积极影响[6]。如果企业的行为不符合道德规范,无论产品本身的质量如何,消费者对这个企业的评价都是负面的。例如,当企业采用不道德的雇佣政策(如雇佣童工)时,即使产品质量没有问题,消费者对企业的评价依然不佳[9]。

8.1.2　购买意向

研究发现 CSR 行为对消费者的购买意向(purchase intention)有积极影响,消费者更愿意选择积极承担 CSR 的公司或者转换品牌的购买意向。当得知一家企业为履行 CSR 付出了努力后,消费者会更加愿意购买该企业的产品,且 CSR 行为对消费者购买意向不仅有直接的积极影响,还能够通过提高企业声誉和消费者对企业的认同感间接提高消费者的购买意向[10]。无论是在善待员工、环境保护还是慈善捐助方面,企业的 CSR 行为对消费者的购买意向都有显著的积极影响,而较低的 CSR 水平会大大削弱消费者的购买意向。此外,CSR 和价格都会影响消费者的购买意向,但 CSR 对消费者的购买意向的影响更大。例如,相比于不负责任的企业生产的低价跑鞋,消费者对负责任的企业生产的高价跑鞋有着更强的购买意愿[11]。美国学者进行的市场调查结果也表明,大多数消费者会关注企业是否履行社会责任。具体而言,36%的参与者认为企业公民行为是影响自己购买决定的一个重要因素,54%的参与者表示他们未来很可能因为一个新品牌的公益事业推广举措而尝试该品牌,79%的参与者在决定是否购买某家公司的产品时会考虑其企业公民行为,84%的参与者表示当产品价格和质量相似时自己更愿意选择积极承担 CSR 的企业或者转换品牌的购买意愿[6]。

8.1.3　价格溢价

价格溢价(price premium)是 CSR 影响消费者行为的另一重要体现。研究表明,虽然消费者对价格是敏感的,但是消费者愿意为对社会负责的企业提供的产品支付更高的价格。例如,消费者愿意以较高的价格购买环保产品[12]。此外,当企业在顾客高度关注的领域或与顾客自身有密切联系的领域进行 CSR 活动时,消费者更加愿意为这些企业提供的产品支付更高的价格。例如,研究者通过访谈发现,当企业所从事的社会责任活动的领域受到消费者关注时,消费者的确愿意因为企业的社会责任行为对产品支付更高的价格。同时,如果产品销售收入的一部分被直接用于支持相应的 CSR 活动(如公益项目),CSR 活动更有可能促使消费者为其产品支付更高的价格[6]。

8.1.4　忠诚度

研究表明,消费者对积极履行社会责任的企业具有更高的忠诚度(loyalty)[6]。当企业一直支持消费者关注的 CSR 事业时,消费者感到自己能够通过购买行为对社会做出贡献,这种认知有助于培养消费者的忠诚度,让他们成为这些企业的回头客。以英国知名化妆品公司美体小铺(The Body Shop)为例,一些消费者在接受调查时表示,尽管美体小铺的产品并不独特,但由于美体小铺致力于反对动物实验、不雇佣廉价劳动力、倡导性别平等和保护环境等 CSR 活动,自己更愿意成为企业的忠实追随者,因为每次购买他们的产品时都会感到自己的购买行为在某种程度上有助于改善社会问题。

8.1.5　口碑

CSR 对消费者的积极影响还体现在能够提升消费者口碑(word of mouth)方面。现有研究表明,企业积极承担社会责任能够提升消费者对企业的认同感,进而促使消费者对企业及其产品进行积极的口碑宣传的意愿,比如在与朋友、家人和同事交流时对积极承担社会责任的企业做出正面评价和推荐[6]。此外,学者通过焦点小组访谈发现,即使一些消费者表明自己在进行购买决策时没有将 CSR 因素纳入考虑范围内,他们仍表示自己在生活中经常与亲朋好友谈论起那些积极承担社会责任的企业,并向身边的人积极推荐这些企业及其产品。

8.1.6   弹性

弹性(resilience)是指消费者从何种程度上愿意忽视甚至原谅企业出现(可能是无意的)的负面信息[6]。弹性是消费者对积极履行 CSR 的企业的一种间接而有效的奖励。研究表明,当企业发生危机时,CSR 行为将影响消费者对企业负面信息的看法和归因,如果企业一贯的社会责任形象较好,消费者更容易把事件的原因归结为外部因素而非企业自身,从而对企业采取一种更加宽容的态度[13]。在企业面临危机时,CSR 能够起到保险的作用,作为一种"缓和剂"影响责任源(内部责任或外部责任)、持续性、可控性这三个因子,从而最大限度地降低消费者对企业和品牌的谴责和负面评价[14]。尤其是在产品伤害危机和负面曝光事件常态化的网络时代,CSR 更是企业抵御危机的重要屏障。

总而言之,CSR 不仅能够通过提高消费者的产品购买意向和产品溢价给企业带来直接的影响,从而提高企业的短期利益,更重要的是能够通过与消费者建立长期、良好的关系给企业带来间接、长远的利益。企业积极履行社会责任不仅能够使消费者对企业及其产品形成长期的忠诚,更会使消费者对这些企业及其产品进行口碑营销宣传,甚至在企业发生负面事件后,消费者会出于对企业一贯的好感而谅解企业的失误甚至主动维护该企业。良好的客户关系是企业最宝贵的无形资产和企业竞争优势的重要来源,对于企业而言,只有积极履行 CSR,才能得到广大消费者的认同,从而与消费者构建稳定的长期关系,在激烈的市场竞争中占据优势。

8.2   CSR 影响消费者态度和行为的边界条件

近年来,随着社会各界对 CSR 的日益重视,越来越多的企业开始通过慈善捐赠、环境保护、员工关怀等各种形式参与 CSR 活动,然而不同企业履行社会责任的效果却大相径庭。2001 年雅芳中国公司发起了"远离乳腺癌,享受健康"的项目,免费为中国妇女提供乳房健康知识普及、咨询和乳腺癌筛查服务,截至 2013 年,这个项目在 Facebook 和 Twitter 上的粉丝总数已经达到 940 万。2007 年 11 月,肯德基推出了"中国肯德基餐饮健康基金"项目,主要致力于提高中国城市居民的食品营养和健康,但消费者并不买账。雅芳和肯德基均致力于公共卫生方面的社会责任,但结果却大不相同,这说明消费者并不总是会对 CSR 做出积极的回应。

这种现象开始引起学者的关注。虽然以往研究的一个基本发现是不同形式的 CSR 活动均能提升企业的声誉和形象,但近年来,越来越多的学者认为 CSR 也有可能对消费者的态度和行为造成负面的影响。例如,CSR 在一些情况下反而会降低消费者对产品的购买意向[14]。为何 CSR 对消费者态度和行为的影响存在不同?

有学者指出,CSR 对消费者态度和行为的影响效果如何取决于消费者如何看待和解读企业的社会责任行为[2]。消费者在评价 CSR 行为时,会推断其行为背后的动机,而消费者对 CSR 动机的认知影响着他们对 CSR 的评估和响应。消费者会推断企业的社会责任行为动机是否真诚,当消费者对 CSR 行为背后的动机产生怀疑时,消费者可能会推测企业开展 CSR 活动是迫于外界社会的压力,其真正动机仅仅是为了销售更多的产品或提高企业形象,此时 CSR 可能会适得其反[2,6,13]。因此,消费者对 CSR 的归因对于理解消费者如何响应 CSR 至关重要。

8.2.1　消费者对 CSR 的归因

归因(attribution)是一个认知过程。归因是指人们根据有关的外部信息、线索判断所观察事件的内在原因,或依据外在行为表现推测行为原因的过程。为了对事物有预见性,以便对环境有所控制,并使自己的行为有明确引导,人需要对外部世界和自己的行为进行原因解释,并做出因果推论[15]。

归因理论(attribution theory)有助于解释消费者如何对 CSR 行为做出因果推断。归因理论认为人们通常试图将个体的行为归结为内部原因,即特质归因(dispositional attribution),或者归结为外部原因,即情境归因(situational attribution)。对于企业的 CSR 行为,消费者会将 CSR 行为背后的动机归因为利他的(特质归因)或自利的(情境归因)[16]。

消费者对 CSR 的不同归因会对消费者的态度和行为产生不同的影响。一些学者研究了消费者对 CSR 行动的各种动机,并发现当企业参与 CSR 行为被认为是为了增加企业利润时,消费者对企业的态度是消极的;反之,当消费者认为企业参与社会责任活动是出于对社会或社区的关心时,消费者对企业的积极态度则会得到加强[7]。

Ellen 等在 2006 年的研究中指出,以往的研究过于简化了消费者对 CSR 行为的归因,不能简单地将企业参与社会责任行为的动机视为自利-利他动机的连续统一体,实际上,消费者会把 CSR 的动机归因于自利和利他动机的结合而非仅仅是其中一种[17]。具体地,他们根据 CSR 归因对消费者响应的不同影响进一步将消费者对 CSR 的归因细分为四种,即利己动机、战略驱动动机、价值驱动动机和利益相关者驱动动机,该分类已经成为当今最为广泛接受的 CSR 归因的分类方式。

(1)利己动机(egoistic motives),即企业参与社会责任事业是为了从中获取利益而非为了对该事业做出贡献。

(2)战略驱动动机(strategic-driven motives),即企业参与社会责任事业在帮助该事业的同时有助于完成企业自身的商业目标(如提高市场份额和企业形象)。

(3)价值驱动动机(values-driven motives),即企业完全出于利他和博爱的动机参与社会责任事业。

(4)利益相关者驱动动机(stakeholder-driven motives),即企业完全迫于利益相关者的压力参与社会责任事业。

具体而言,战略驱动动机和利己动机属于自利动机,其中战略驱动动机对消费者态度和行为有积极影响,而利己动机对消费者态度和行为有消极的影响;价值驱动动机和利益相关者驱动动机属于利他动机,其中价值驱动动机对消费者态度和行为有积极影响,而利益相关者驱动动机对消费者态度和行为有消极的影响[17]。此外,根据这四种动机归因对消费者购买意向的影响,可将其划分为两组:战略驱动动机和价值驱动动机为积极动机,利己动机和利益相关者驱动动机为消极动机。

现有研究表明,消费者对 CSR 的归因直接影响了消费者响应[17]。一项关于烟草公司参与 CSR 活动的研究发现,真诚的动机(利他动机)有助于提高企业形象,模棱两可的动机对企业形象的提高毫无帮助,而不真诚的动机(利己动机)则会产生逆反效应从而损害企业形象[13]。如果消费者认为企业的 CSR 活动是战略驱动和价值驱动时,会对该活动持积极的态度;反之,如果消费者认为企业是从利己的角度出发或者由于利益相关者驱动而参与 CSR 活动,则会对该活动及该企业产生消极态度[17]。还有学者发现,当消费者对 CSR 做出外部(利他)归因后,会对企业持有一种怀疑的态度,进而降低对企业产品的购买意向以及对产品做出负面的口口相传[18]。

2008 年万科"捐款门"事件就是 CSR 归因影响消费者反应的一个典型案例。在汶川地震发生后,地产界老大、年销售额第一的万科首期只捐款 200 万,仅占万科净利润的万分之四,引起了社会公众的强烈不满,很多网友认为万科"没有负担起企业责任""万科在我们心中一落千丈"。在消费者的质疑声中,万科随后宣布通过各种方式追加捐款一个亿,但消费者仍然对万科的捐赠行为感到不满,并呼吁大家不要买万科的房子和股票。在消费者看来,万科的捐赠,尤其是第二次追加捐赠的行为是迫于外界压力,为了社会危机公关而采取的手段,而非出于利他动机真心为社会做出贡献,认为万科"想拯救的不是灾区,而是社会对自己的信任危机"。这个例子再次表明,当消费者认为企业是出于利己动机履行社会责任时,消费者不会对 CSR 行为做出积极的响应,甚至会对此产生负面的态度和行为。

8.2.2　消费者对 CSR 归因的影响因素

现有研究表明,消费者对 CSR 动机的归因受到一系列因素的影响,包括消费者个人因素和企业因素[18-19]。

1. 消费者人际信任(interpersonal trust)

研究表明,消费者个人的人际信任倾向会影响消费者对 CSR 行为动机的归因[19]。信任是指个人在存在风险的情况下对另一方(个人或集体)的依赖。不同学科的研究者从不同视角来看待信任,认为个人对某一对象的信任水平的高低会随时间和情境而变化。个性心理学家倾向于将信任视为个人特征,从人际信任的角度研究信任。人际信任高的个体倾向于相信生活中所有领域的人和实体,而人际信任低的个体则倾向于不信任生活中所有的人和实体。

具体而言,当消费者的人际信任水平较高时,消费者本身倾向于不怀疑他人或企业的行为意图。对于 CSR 行为,人际信任高的消费者倾向于相信企业的 CSR 事业是出于真诚的动机,从而对 CSR 做出积极的归因(价值驱动或战略驱动动机);反之,人际信任水平低的消费者更容易对企业的 CSR 行为和沟通产生怀疑,推断企业参与 CSR 活动是为了销售产品、吸引投资或游说地方政府等,从而倾向于对 CSR 做出消极的归因(利己驱动或利益相关者驱动动机)。

例如,2006 年通用电气基金会网站宣布向辛辛那提公立学校(CPS)提供为期五年的捐款,用于改善该学校对数学和科学的教学。当公众得知这一信息后,有些人认为通用电气是一家真正关注慈善的好公司,而另一些人则怀疑通用电气宣布这一消息背后的真正原因,推测通用电气这样做是为了弥补其在辛辛那提地区造成的危害,或者是为了讨好当地政府。

2. 企业核心业务与 CSR 事业的匹配度(company-cause fit)

研究表明,当企业核心业务与 CSR 事业之间高度契合时,消费者倾向于对 CSR 做出积极的归因,认为企业的 CSR 事业是价值驱动和战略驱动,而非利己驱动和利益相关者驱动[17]。

早期企业参与 CSR 时,由于担心企业业务与 CSR 事业的高度契合会使消费者认为企业试图通过 CSR 为自己赢取利益,企业会选择与企业核心业务最不相关的领域进行捐赠,从而避免其慈善捐赠行为被认为是投机主义[20]。然而,一些学者发现,当企业和其从事的 CSR 事业高度一致时,消费者更容易对企业及其 CSR 行为产生信任而非怀疑,CSR 会给企业带来回报;反之,当 CSR 行动与企业目标不一致或契合度较低时,CSR 会成为一种负债,并对消费者对企业的看法、态度和购买意向产生负面影响[21]。

例如,2004 年联合利华旗下品牌多芬发起了“真美行动”的活动,帮助女性认识到“美”的定义是多元、宽广的,改变她们对美的固化认识,并且多芬还成立了“自尊基金会”激励女性挖掘、发挥自己的潜能,增强普通女性对美的自信,这使多芬的产品销量增长了 40%。多芬的 CSR 之所以得到消费者的认可,是因为其对女性和“美”的关注与其核心业务、愿景、使命和品牌形象具有很高的匹配度,因此,消费者认为其 CSR 动机是真诚的、利他的。然而,烟草公司万宝路抵制癌症及向癌症基金捐款的行为则被消费者认为并非出于真诚的动机,而仅仅是为了提升自己的公众形象,因为吸烟诱发癌症,抵制癌症的活动与烟草公司的核心经营业务的匹配度低,甚至与企业形象冲突。

因此,学者建议企业应谨慎选择 CSR 活动的领域,尽量支持那些与自己经营业务、品牌形象和定位相匹配的 CSR 事业,从而确保消费者对其 CSR 做出积极的归因。

3. 企业的 CSR 历史(CSR history)

研究表明,企业以往的 CSR 历史会影响消费者对 CSR 的归因[18]。如果企业在一段时间内表现出稳定的、重复的 CSR 行为,则表明企业 CSR 行为具有很高的一致性,此时消费者会因为企业的 CSR 历史对其 CSR 行为做出积极的归因(价值驱动和战略驱动动机)。

例如,如果一家有着长期、正面地关注环境保护历史的公司生产和推出了一种有利于环境可持续的绿色产品,消费者会把这家公司销售绿色产品的行为归因为真诚的,因为公司对环境问题一贯的关注使消费者在接收到 CSR 信息时会对企业的行为做出积极的归因而非产生怀疑。反之,如果一家没有稳定的、重复的 CSR 历史的公司开始生产对环境有益的绿色产品时,消费者会对这种不同于企业以往一贯行为方式的 CSR 行为做出利己归因,因为此时消费者会将企业的这一行为解释为一种投机行为,认为其是为了顺应市场潮流、应对外界压力而非真正出于对环境问题的关心[22]。

4. 企业能力(corporate ability)

企业能力是指企业关于产品生产和发布的专门知识和技术,包括员工技能、内部研发、技术创新、制造技术等[19]。消费者会从不同来源获取关于企业能力的信息,比如以往购物经历、口口相传和媒体报道等。

研究表明,只有在企业能力强的前提下,即企业拥有专业的生产技能时,消费者对 CSR 行为才会做出积极的归因(价值驱动和战略驱动归因),从而对 CSR 做出积极的态度和行为响应。因为此时消费者相信企业有足够的能力保证其对 CSR 的投入不会降低其产品质量,从而更容易理解企业对 CSR 的投入,并推断企业参与 CSR 活动是出于积极的动机。反之,如果消费者认为企业能力很差,即使企业积极参与 CSR 活动,消费者也会认为企业的 CSR 是以牺牲对公司核心业务的投资和产品质量为代价而实现的,从而对企业这种本末倒置的行为动机产生怀疑,将企业的 CSR 行为归因为投机的、利己的[19]。

总而言之,消费者并非总是对 CSR 做出积极正面的响应,CSR 行为具体如何影响消费者的态度和行为主要取决于消费者对 CSR 动机的归因,而消费者对 CSR 的归因受到一系列因素的影响,包括消费者本身的人际信任倾向、企业核心业务与 CSR 事业匹配度、企业 CSR 历史和企业能力。因此,对于企业而言,如何与消费者进行有效的 CSR 沟通,使消费者降低对企业 CSR 动机的怀疑是企业参与 CSR 的重中之重。企业可根据上述 CSR 归因的影响因素适当调整 CSR 策略,使消费者对其 CSR 行为做出积极的归因,从而确保 CSR 取得预期的理想效果。

8.3   CSR 与消费者感知企业伪善

企业的发展受到社会环境的制约和影响,因此企业会随着社会环境的变化而不断地修正自己的决策和行动,以适应社会环境的需要。CSR 就是企业顺应社会发展趋势而逐步形成的,促使企业朝着社会需求的方向进行演变。然而,近年来企业在履行 CSR 时"说一套做一套"的现象愈演愈烈。例如,2008 年汶川地震发生后,许多跨国公司对灾区的实际捐款金额远小于他们对外承诺的捐款金额;屡获社会责任奖的中国海洋石油公司在漏油事故发生时,网页上甚至还挂着"防止溢油"的"社会责任篇"报道。因此,越来越多的消费者对 CSR 持怀疑态度,企业伪善(corporate hypocrisy)就是在 CSR 行为发展到一定阶段而产生的[23]。

8.3.1   企业伪善

1. 企业伪善的定义

近年来,企业伪善已经成为 CSR 实践中一种不容忽视的现象,并引起了学者的关注。企业伪善的概念是从个人伪善和道德伪善的基础上演变而来的。《辞海》对伪善的解释是"假充好人,假冒为善"。在中国的传统文化中,个人的伪善行为是受到社会正直人士强烈否定与唾弃的。社会心理学家提出道德伪善(moral hypocrisy)的概念,认为道德伪善是指个体表面上做出合乎道德的表现但同时尽量避免为实际采取道德行为花费成本,认为伪善是一种"有善行而无善心"的形态[24]。社会心理学家把伪善解释为"说一套,做一套",即"言行不一"。

社会学研究认为,个人伪善和道德伪善的研究也适用于企业,企业伪善的概念由此而来[19]。以往的研究主要从社会心理、战略管理和组织行为等视角来研究企业伪善。近年来,营销学者开始从消费者视角研究企业伪善,从 CSR 对消费者态度和行为影响的角度来解读企业伪善现象及其内涵、分类和动因。

Wagner 等在 2009 年的研究中首次从消费者的视角,将企业伪善定义为企业在承担 CSR 的过程中所宣传的 CSR 理念与实际行动之间不一致的现象[25]。企业伪善即企业的 CSR 行为违背了其对 CSR 的承诺或宣传的现象,也就是企业的"真我"负面区别于其宣扬的"自我"。从 CSR 的视角来解读,企业伪善即企业公开发表的关于 CSR 的言论、制定的决策与履行 CSR 行为之间的不一致。例如,企业在履行 CSR 的过程中,把自己说成是一个勇于承担社会责任的组织,但在其实际行动中却没有真正履行自己的社会责任,而是希望通过为自己赢得良好的声誉来获取某种利益。

2. 企业伪善行为的类型

根据企业伪善的定义，一旦企业的"言"与"行"之间出现不一致，就会导致企业伪善。一些学者认为企业伪善有不同的表现和类型。Fassin和Buelens在2011年的研究中构建了一个以"真诚/虚伪指数"为核心的评价体系，用以评价企业的CSR承诺或声明与实际行动之间的差异，并根据差异的形式和程度对企业伪善表现进行了系统的分类[26]，如表8-1所示。他们认为，企业在CSR方面的表现是真诚还是虚伪主要取决于企业对CSR承诺的宣传水平与执行水平之间的差异。表8-1中的虚伪型、权谋型、有限理性型和机会主义型表现都属于企业伪善[23]。

具体而言，虚伪型企业伪善是指企业一味追求经济效果，具有高水平的承诺宣传和低水平的实际执行，也就是只有"善"的表象，而没有"善"的实质。权谋型伪善的企业在CSR宣传和执行方面刻意采用双重标准，对外标榜自己有很高的道德水平，愿意承担社会责任，但实际上绝不会真正履行自己的承诺。权谋型伪善的一个典型例子是2001年陷入财务危机的安然公司。有限理性型企业伪善是指企业在权衡利弊后对自己的CSR承诺进行一定的粉饰，同时又会保证一定的CSR执行水平。机会主义型企业伪善是指企业在商业交易过程中采取缺乏坦诚的投机取巧行为，甚至不惜巧设"诡计"来谋求自身利益。机会主义型企业伪善的一个典型例子是耐克，耐克在应对"血汗工厂"事件时对外大力宣传自己在其他CSR领域中取得的成就，试图转移舆论视线[23,26]。

表8-1　企业伪善表现评价体系

评价结果	企业动机	宣传水平	执行水平
理想型	单纯追求社会利益，动机及行为均积极	低（不提供大量信息）	高，尽最大努力
真诚型	单纯追求社会利益，动机及行为均积极	高（曝光率高）	高，尽最大努力
理性型	追求经济效果，动机积极但行为消极	低（谨慎小心）	中等努力
有限理性型	追求经济效果，动机及行为均消极	低（防御性）	有限努力
机会主义型	追求自身利益，动机及行为均消极	高（集中传播有利信息）	定向努力
虚伪型	纯粹追求经济效果	高（虚假承诺）	有限努力
权谋型	纯粹追求经济效果	高（欺骗）	非常有限的努力

（资料来源：①樊帅，田志龙，林静，等. 基于社会责任视角的企业伪善研究述评与展望[J]. 外国经济与管理，2014,36(2):2-12. ②FASSIN Y,BUELENS M. The hypocrisy-sincerity continuum in corporate communication and decision making:a model of corporate social responsibility and business ethics practices[J]. Management Decision,2011,49(4):586-600.）

3. 企业伪善行为的动机

企业伪善并非企业偶然的行为，一些学者基于CSR行为动因的研究，探讨了企业伪善行为的不同动机。

第一，企业的逐利本质是导致企业伪善最根本的原因[26]。追求经济效益是企业的立身之本，因此企业决策者在制定决策的过程中不得不充分考虑经济绩效和社会绩效之间的平衡，否则企业将难以维系。企业履行CSR需要投入一定的成本，尽管承担CSR能为企业带来长期的经济效益，但在短期利益的驱动下，企业可能会选择不履行承诺过的CSR或虚假履行，以规避为履行 CSR 而必须承担的短期成本,从而导致企业伪善。

第二,信息的不对称和外部监督的缺乏催生了企业伪善行为[26]。企业与外部利益相关者处于信息不对称的环境,消费者并没有好的途径去区分伪善的企业和真正关注 CSR 的企业,这使得企业能够轻而易举地进行伪善行为而不为公众所察觉[22]。此外,在缺乏外部监督压力时,企业往往会不遵守其承诺的 CSR 目标或者对 CSR 进行虚假承诺和宣传,从而导致企业伪善行为。

第三,其他组织因素(如内部奖励制度、管理方式和企业声誉)也会影响企业伪善行为[26]。具体而言,企业内部的奖励制度有可能迫使其成员为了获得奖励而一味追求经济利益而置伦理道德于不顾。随着企业管理权与所有权相分离,大股东认为企业应当热心于慈善事业并要求 CEO 加以执行,而小股东则会出于对短期财务绩效的考虑对 CEO 施压,因此导致处在双重压力下的 CEO 采取企业伪善行为。声誉良好的企业为了维持其声誉和形象会参与更少的伪善行为,且声誉良好的企业会受到外界更高的 CSR 期望,一旦出现与其声誉不符的行为,就更容易被认为是企业伪善,从而招来更加严厉的惩罚。

8.3.2　消费者感知企业伪善及其影响因素

根据企业伪善的定义,当企业传达出不一致的 CSR 信息,出现言行不一的现象时,消费者会形成企业伪善的感知[25]。消费者感知到的企业伪善是影响消费者对 CSR 响应的关键心理机制。因此,企业有必要了解哪些因素会影响消费者对企业伪善的感知,以便采取相应的措施来影响消费者的认知,最大限度地降低或避免消费者感知到的企业伪善。

一些学者认为,虽然当 CSR 承诺与行为不一致时,言过其实的 CSR 均会使消费者感知到企业伪善,但是消费者感知企业伪善程度的高低还受到企业的 CSR 沟通策略的影响,包括不一致的 CSR 信息的呈现顺序和信息预防接种策略。

1. 不一致的 CSR 信息的呈现顺序

信息呈现顺序会对社会认知产生不同的影响。具体而言,先发布的信息比后发布的信息对接收者产生更强的影响,即首因效应(primacy effect);或者后发布的信息比先发布的信息产生更强的影响,即近因效应(recency effect)[27]。企业通常并不是在同一时间发布 CSR 报告与履行 CSR 承诺的,因此不一致的 CSR 信息可能通过两种不同的顺序传达给消费者,即企业先发布 CSR 报告后履行 CSR 承诺,或者相反。学者指出,首因效应和近因效应可用来解释为何信息呈现顺序不同会对公众的企业伪善认知产生不同影响。

Barden 等在 2005 年首次研究了"言行不一"信息的顺序效应,发现"先说后做"会使公众感知到更高的企业伪善[28]。企业可能采取"先做后说"或者"先说后做"两种不同的顺序呈现 CSR 信息,这两种 CSR 沟通策略对消费者感知的企业伪善有不同的影响。具体而言,反应型沟通策略(reactive communication strategy)是指企业在负面 CSR 行为被报道后发布 CSR 报告做出 CSR 承诺,以维护企业形象;主动型沟通策略(proactive communication strategy)是指企业在潜在的 CSR 负面行为被报道之前先发布 CSR 报告以宣传自己支持 CSR 的形象[25]。

实验研究结果表明,当企业对外呈现出不一致的 CSR 信息时,企业的主动型沟通策略会使消费者感知到更强烈的企业伪善[25]。因此,根据近因效应,学者建议企业在传达不一致的 CSR 信息时,应当采用反应型沟通策略,以降低消费者感知到的企业伪善。

2. 信息预防接种策略

当消费者接收到不一致的 CSR 信息时,企业采取信息预防接种策略(inoculation communication strategy)能有效降低消费者对企业伪善的感知[25]。

预防接种理论(inoculation theory)从信息接收者的立场出发阐释了信息接收者如何保持自己的原有态度并抵御信息传播者的宣传和劝说。预防接种理论指出,当信息接收者收到与自己现有看法相冲突的信息和劝说时,如果他们之前被"接种过",即之前曾经接收到类似的冲突信息,他们会对这些信息具有更强的抵御性[29]。

基于预防接种理论,预防接种策略是指企业通过预先向利益相关者(如消费者)传达负面的 CSR 信息以增强消费者对类似信息的抵御能力,使消费者随后在接收到负面的 CSR 信息时对这些信息的敏感度降低,进而降低消费者感知到的企业伪善[30]。现有研究结果表明,企业采取信息预防接种策略能够降低消费者感知到的企业伪善,且无论企业不一致的 CSR 信息的呈现顺序如何,预防接种策略的缓冲作用均成立[25]。

8.3.3　消费者感知企业伪善的后果

近年来,学者开始关注消费者感知企业伪善的后果。消费者将企业伪善视为一种欺骗和隐瞒行为,这种欺骗和隐瞒行为会破坏利益相关者(如消费者、投资者和员工)对企业的信任,对利益相关者与企业的合作关系造成威胁[31]。现有研究表明,企业在 CSR 方面言行不一会使消费者形成企业伪善的认知,从而对消费者反应造成不利影响。

消费者的 CSR 信念是指消费者对企业在多大程度上是对社会负责的整体评估,消费者根据其接收到的 CSR 信息形成对企业的 CSR 信念,继而影响其对企业的整体态度。研究发现,消费者感知的企业伪善会降低消费者的 CSR 信念,使消费者对企业产生负面态度,从而降低消费者的购买意向[25]。此外,消费者感知企业伪善会损害消费者的 CSR 信念和企业声誉,从而使消费者对企业整体产生负面的态度[32]。

近年来,随着社会各界对 CSR 的日益关注,各行各业的企业开始标榜自己对 CSR 的重视以进行形象公关,然而,很多公司的 CSR 宣传与其实际行动却相距甚远,企业伪善现象愈演愈烈。当企业伪善行为被曝光后,势必给企业声誉和形象造成负面影响。例如,2014 年央视"3·15"晚会曝光了尼康 D600 相机质量问题以及公司对消费者利益的漠视,这与其社会责任报告中"提供品质卓越、安全可靠、对社会有用的产品和服务,致力于提升用户的满意度与信任度,促进社会的健康发展"的承诺形成强烈的反差,造成消费者对企业的强烈不满。再如,紫金矿业在 2007 年发生严重的污水泄漏事故,污染当地河流,并由此引发福建和广东两省的生态危机,但该企业一直宣称自己对可持续发展和环境保护的关注,该事件严重损害了紫金矿业的企业形象和声誉。

总而言之,企业不仅应积极参与 CSR 活动,更重要的是要保证在 CSR 实践中做到言行一致,避免出现企业伪善行为;否则,消费者会因感知到企业伪善对企业产生负面的看法和态度,从而导致 CSR 对企业造成不利影响,事与愿违。

✉ **【本章小结】**

- 消费者会对积极履行社会责任的企业做出一系列积极响应;
- 企业社会责任对消费者态度和行为的具体影响取决于消费者对企业社会责任的归因;
- 在企业伪善愈演愈烈的今天,企业应避免言行不一的伪善行为,否则企业社会责任将事与愿违。

❓ **【复习思考题】**

1. 企业社会责任对消费者有怎样的影响?
2. 作为消费者,你认为一个真正负责任的企业是怎样的?
3. 为了维护良好的客户关系,企业在履行社会责任的过程中需要注意哪些问题?

👥 **【应用案例】**

企业社会责任伪善——农夫山泉"一分钱"公益事件

1. 农夫山泉"一分钱"公益项目简介

农夫山泉股份有限公司成立于 1996 年,公司总部位于浙江杭州,系养生堂旗下控股公司。该公司是中国大陆一家饮用水生产企业,拥有浙江千岛湖、吉林长白山、湖北丹江口等八大优质水源基地。作为中国饮料工业十强企业之一,2003 年 9 月农夫山泉天然水被国家市场监督管理总局评为"中国名牌"产品。

与那些慷慨投身公益事业的企业相比,农夫山泉过去每年几百万元的投入似乎并不算多,但留给外界的慈善形象却是非常深刻的。"一瓶水,一分钱。每喝一瓶农夫山泉,你就为水源地的贫困孩子捐出了一分钱。饮水思源,农夫山泉。"农夫山泉的这条广告被广大消费者所熟悉。自这条"饮水思源"广告在中央电视台以及地方台等多家媒体上发布以来,引发了公众对"喝水助学"的高度关注和热情参与。"当年这个广告太感人了,从那以后每次买水都会买农夫山泉。"家住北京朝阳区的张阿姨说,"全当做善事了。"

2. "一分钱"广告涉嫌欺诈

"一分钱"广告发挥了巨大的广告作用,然而时过不久,很多细心的消费者却对这则广告起了疑心。"广告中没有透露更多活动的细节,而且活动从什么时候开始,在哪些地域展开,钱是不是都到了贫困地区孩子手里,作为消费者,我们都一无所知。"

有知情人向《公益时报》透露,农夫山泉股份有限公司并未如广告所言:当消费者每喝完一瓶农夫山泉,就为水源地的贫困孩子捐出一分钱。

据了解,2006 年是农夫山泉"一分钱"项目启动第四年,当年 6 月 5 日,农夫山泉"一分钱"项目与宋庆龄基金会合作,注入 500 万成立"饮水思源"助学基金,帮助长白山、千岛湖、丹江口、万绿湖四个水源地的贫困孩子。

中国宋庆龄基金会基金部相关负责人接受记者采访时表示,宋庆龄基金会与农夫山泉合作仅限于 2006 年 1 月到 7 月。由于广告中农夫山泉并没有说明活动的具体期限以及日期,所以造成了对消费者的欺诈。据记者调查,在合作期间,农夫山泉没有定期向基金会公布销售量,在捐赠协议中,对捐赠人和销量统计进行监督的内容也没有涉及。

农夫山泉的工作人员曾透露,2008 年,农夫山泉饮用水的市场销售量是 15 亿瓶到 20 亿瓶的规模,"2005 年以来也基本保持了这样的销量",如此算来,农夫山泉应该每年至少拿出 1500 万元注入助学基金,而不是 500 万。

"农夫山泉这些年卖了多少水,捐了多少钱,钱到底有没有救助贫困地区的孩子,消费者很难分辨。"时任河南省慈善总会秘书长林彬接受记者采访时表示,"如果企业都这样敷衍了事地利用公众的爱心做公益,那将对国内的公益事业产生极其恶劣的影响。"

3. "一分钱"公益项目引发质疑

农夫山泉"一分钱"项目从 2001 年便开始启动。"喝农夫山泉为奥运捐一分钱"——每卖一瓶水即为 2008 年北京奥运会捐赠一分钱。2002 年,"一分钱"行动的主题更换为"阳光工程",据公开资料显示,农夫山泉共向全国 24 个省的 395 所学校捐赠了价值 500 万元的体育器材,而这 500 万元的体育器材通过何种方式捐赠无从参考。2004 年,第三届"一分钱"行动与雅典奥运会同行,以支持"中国体育事业"。

近日,农夫山泉北京分公司负责媒体的刘经理表示,"一分钱"项目已经不做了。"从公开资料获悉,汶川地震发生后,农夫山泉先后捐赠了价值约 1700 万元的矿泉水、果汁等物资,没有查到现金捐赠。而据公开资料显示,截至目前,能查到农夫山泉最大的现金捐赠是 2003 年,农夫山泉为预祝神舟五号发射成功,支持中国航天事业发展,向中国航天基金会捐赠 1000 万元人民币。而农夫山泉那次的捐赠与一分钱公益活动是否相关,无从考证。

"从喝一瓶水,捐一分钱的项目开始,农夫山泉就没有公开透露过具体捐赠的资金额,几乎都是一笔带过,这样的企业很不负责任,似乎在欺骗消费者的爱心。"一位长年关注农夫山泉的营销专家表示,"这种信息不透明、不公开的做法也促使了很多消费者怀疑农夫山泉的真正动机"。

根据农夫山泉官方的解释,每瓶水的一分钱都是通过公众消费捐出的。从这个意义上来说,消费者是捐赠的主体,而实际上,每次捐赠都是以农夫山泉的名义进行捐赠。在 2002 年农夫山泉发起"阳光工程"之时,就有消费者对此提出类似的质疑。当时农夫山泉有关负责人强调说:"在成本、税收都不发生变化的同时,阳光工程的'一分钱'是从企业利润这一块挤出来的。"但随后农夫山泉有关负责人又表示,这笔钱以消费者的名义捐献。他们也一直认为,阳光工程的捐献人应该是千千万万的消费者,他们只是"收集"了消费者的爱心而已。

既然是收集了消费者爱心,又以公司名义进行免税,这不免让人产生怀疑。很多司法界人士也表示了无奈。目前,慈善事业在中国处于发展时期,在这样的背景下企业搞公益性活动,必然缺乏相应的管理和监督机制,尤其是面对慈善促销这种方式。

4. 结语

对于消费者来说,购买什么品牌的矿泉水差别都不大,农夫山泉之所以备受消费者青睐,除了产品质量,很大程度上是因为其"喝一瓶水,捐一分钱"这样温情的广告。这让消费者在惬意享受纯净水的同时,心中或多或少有些暖意,这无形中对提升企业形象起到了一般"自吹自擂"的广告所达不到的效果:买一瓶水,还捐一分钱,何乐而不为呢?但宣传"一分钱"公益项目的前提是,农夫山泉必须要把这一分钱捐出去,而不是藏起来。谁都不喜欢被骗,尤其是消费者。

　　企业积极承担社会责任固然可以赢得更多消费者对品牌和产品的好感,但如果企业慈善只停留在口头上而不付诸行动,故意借企业社会责任的口号博取眼球、谋求利益,则会失去信任与支持自己的消费者,损害企业和品牌形象,得不偿失。

　　(资料来源:于佳莉.农夫山泉"一分钱"捐赠遭质疑[N].公益时报,2009-08-11.农夫山泉"一分钱"捐赠受质疑不能只喊甜蜜的口号[EB/OL].(2009-10-30)[2019-10-18].http://www.ce.cn/cysc/sp/info/200910/30/t20091030_19829418.shtml.)

　　问题讨论:

　　1.你认为农夫山泉的这种行为是伪善吗?这种行为会如何影响你对这个品牌及其产品的态度?

　　2.农夫山泉做公益却被质疑和指责,这对企业履行社会责任有何启示?

　　3.针对当今企业在承担社会责任时"说一套做一套"现象盛行的问题,相关部门该如何对企业社会责任进行监督?

【本章参考文献】

[1] FREEMAN R E. Strategic management:a stakeholder approach[M]. Boston:Pitman,1984.

[2] 卢东,POWPAKA S.消费者对企业社会责任行为的评价研究:基于期望理论和归因理论的探讨[J].管理评论,2010,22(12):70-78.

[3] LUO X,BHATTACHARYA C B. Corporate social responsibility,customer satisfaction,and market value[J]. Journal of Marketing,2006,70(4):1-18.

[4] 黄敏学,李小玲,朱华伟.企业被"逼捐"现象的剖析:是大众"无理"还是企业"无良"? [J].管理世界,2008(10):115-126.

[5] 周祖城,张漪杰.企业社会责任相对水平与消费者购买意向关系的实证研究[J].中国工业经济,2007(9):111-118.

[6] BHATTACHARYA C B,SEN S. Doing better at doing good:when,why,and how consumers respond to corporate social initiatives[J]. California Management Review,2004,47(1):9-24.

[7] BECKER-OLSEN K L,CUDMORE B A,HILL R P. The impact of perceived corporate social responsibility on consumer behavior[J]. Journal of Business Research,2005,59(1):46-53.

[8] BIEHAL G J,SHEININ D A. The influence of corporate messages on the product portfolio[J]. Journal of Marketing,2007,71(2):12-25.

[9] FOLKES V S,KAMINS M A. Effects of information about firms' ethical and unethical actions on consumers' attitudes[J]. Journal of Consumer Psychology,1999,8(3):243-259.

[10] MOHR L A,WEBB D J. The effects of corporate social responsibility and price on consumer responses[J]. Journal of Consumer Affairs,2005,39(1):121-147.

[11] 谢佩洪,周祖城.中国背景下 CSR 与消费者购买意向关系的实证研究[J].南开管理评论,2009,12(1):64-70.

[12] LUCHS M G,KUMAR M. "Yes,but this other one looks better/works better":how

do consumers respond to trade-offs between sustainability and other valued attributes? [J]. Journal of Business Ethics,2017,140(3):567 - 584.

[13] YOON Y,GüRHAN-CANLI Z,SCHWARZ N. The effect of corporate social responsibility(CSR) activities on companies with bad reputations[J]. Journal of Consumer Psychology,2006,16(4):377 - 390.

[14] SEN S,BHATTACHARYA C B. Does doing good always lead to doing better? consumer reactions to corporate social responsibility[J]. Journal of Marketing Research,2001,38(2):225 - 243.

[15] KELLY H H. The process of causal attribution[J]. American Psychologist,1973(28):107 - 128.

[16] HANDELMAN J M,ARNOLD S J. The role of marketing actions with a social dimension:appeals to the institutional environment[J]. Journal of Marketing,1999,63(3):33 - 48.

[17] ELLEN P S,WEBB D J,MOHR L A. Building corporate associations:consumer attributions for corporate socially responsible programs[J]. Journal of the Academy of Marketing Science,2006,34(2):147 - 157.

[18] LEONIDOU C N,SKARMEAS D. Gray shades of green:causes and consequences of green skepticism[J]. Journal of Business Ethics,2017,144(2):401 - 415.

[19] MARíN L,CUESTAS P J,ROMáN S. Determinants of consumer attributions of corporate social responsibility[J]. Journal of Business Ethics,2016,138(2):247 - 260.

[20] DRUMWRIGHT M E. Company advertising with a social dimension:the role of noneconomic criteria[J]. Journal of Marketing,1996,60(4):71 - 87.

[21] OSTERHUS T L. Pro-social consumer influence strategies:when and how do they work? [J]. Journal of Marketing,1997,61(4):16 - 29.

[22] PARGUEL B,BENOÎT-MOREAU F,LARCENEUX F. How sustainability ratings might deter 'greenwashing':a closer look at ethical corporate communication[J]. Journal of Business Ethics,2011,102:15 - 28.

[23] 樊帅,田志龙,林静,等.基于社会责任视角的企业伪善研究述评与展望[J].外国经济与管理,2014,36(2):2 - 12.

[24] SHKLAR J N. Ordinary vices[M]. Cambridge:Belknap Press of Harvard University Press,1984.

[25] WAGNER T,LUTZ R J,WEITZ B A. Corporate hypocrisy:overcoming the threat of inconsistent corporate social responsibility perceptions[J]. Journal of Marketing,2009,73(6):77 - 91.

[26] FASSIN Y,BUELENS M. The hypocrisy-sincerity continuum in corporate communication and decision making:a model of corporate social responsibility and business ethics practices[J]. Management Decision,2011,49(4):586 - 600.

[27] GALLO A. Order effects in personnel decision making[J]. Human Performance,1997,10(1):31 - 46.

[28] BARDEN J,RUCKER D D,PETTY R E. "Saying one thing and doing another":examining the impact of event order on hypocrisy judgments of others[J]. Personality and Social Psychology Bulletin,2005,31(11):1463 - 1474.

[29] COMPTON J A,PFAU M. Inoculation theory of resistance to influence at maturity:recent progress in theory development and application and suggestions for future research [J]. Communication Yearbook,2005,29(1):97 - 145.

[30] BECHWATI N N,SIEGAL W S. The impact of the prochoice process on product returns[J]. Journal of Marketing Research,2005,42(3):358 - 367.

[31] SZABADOS B,SOIFER E. Hypocrisy:ethical investigations[M]. Ontario:Broadview Press,2004.

[32] ARLI D,GRACE A,PALMER J,et al. Investigating the direct and indirect effects of corporate hypocrisy and perceived corporate reputation on consumers' attitudes toward the company[J]. Journal of Retailing and Consumer Services,2017(37):139 - 145.

第 9 章

CSR 与其外部利益相关者——环境的关系研究与实践

【学习目标】

- 了解企业环境责任的概念、影响因素、影响效应；
- 了解企业环境责任的经济和社会影响；
- 明确企业不仅是一个经济组织，而且是一个需要履行环境责任的社会组织。

【案例导读】

武威荣华公司——明星企业的穷途末路

地处甘肃省的明星企业——甘肃武威荣华工贸有限公司，这一全国首批 151 家农业产业优化重点龙头企业之一，是一家集生物化工、矿产开发、新型农业为一体的大型企业，是甘肃荣华实业（集团）股份有限公司的第一大股东。就是这样一个被光环笼罩的企业，在环保设施没有完全建成的情况下，暗设管道肆意排放生产污水，致使附近的腾格里沙漠受到严重污染。

2011 年 8 月，该公司由凉州城区迁至城东 11 公里的发放镇沙子沟村，实施易地搬迁和技改扩建，规划建设年产 30 万吨玉米淀粉、12 万吨谷氨酸等项目。2014 年 5 月，项目主要生产工程基本建成，但污染防治设施没有同步配套建成。2015 年 3 月，相关部门调查发现，武威荣华公司向腾格里沙漠腹地违法排放污水 8 万多吨，污染面积达 266 亩。

2015 年，荣华公司董事长被立案调查，两名直接责任人被拘留，武威市、凉州区有关部门主要负责人被停职并接受审查。武威荣华公司环境违法行为被发现后，甘肃省委、省政府主要领导高度重视，武威市成立了调查处置小组。经调查发现，武威荣华公司环境污染行为是一起典型的顶风违法事件，武威荣华公司环保主体责任不落实，环保管理制度形同虚设，顶风排污，须依法依纪从严查处；武威市和凉州区环保局不严格履行监管职责，监督检查流于形式，存在失职行为。

（资料来源：此案例来自中国管理案例共享中心，www.cmcc-dut.cn/Cases/Detail/2139.）

9.1　企业环境责任的概念

9.1.1　企业环境责任的定义

企业环境责任是企业社会责任的关键组成部分。Desjardins[1]认为企业环境责任是企业为减少对环境的影响、消除环境负担而做出的责任行为,如回收资源、利用废物、减少污染、节能减排等行为。Steg 和 Vleck[2]将企业环境责任定义为减轻环境危害、有利于环境的亲环境行为。我国学者贺立龙等[3]界定企业环境责任为通过一定经济机制的规范和引导,企业主动或被动地按社会福利最大化标准配置和使用环境资源。

世界各国环保局和环保组织也对企业环境责任的定义给出了不同阐释。美国国家环境保护局将企业环境责任定义为规制机构或非规制机构采取的用来提高环境绩效或遵守环境法规的行为。世界可持续发展工商理事会认为,企业环境责任是有利于环境的做法(或减轻企业对环境的不利影响),这些做法超出了法律上有义务执行的做法。

9.1.2　企业环境责任的具体内容

企业履行环境责任要在社会福利最大化效果的基础上,配置与使用环境资源,力争达到"将环境外部成本内部化""将环境资源利用最优化"的目标。

识别企业是否履行环境责任主要有三大标准:①避免发生环境违法违规行为;②接受政府环境规制,为环境损害交税或付费,维护环境权利交易秩序;③生产中节能环保,降低单位产出的环境成本。

基于环境配置的社会福利效应,企业环境责任主要包括以下五大内容:环境守法守规责任,环境事故防治责任,环境成本内部化责任,环境资源有效利用责任,公益、内控、声誉等方面的责任。

9.1.3　企业环境责任的发展

从现代企业出现开始至今,企业的环境观出现了巨大转变。20 世纪后半叶,全球开始盛行环保主义,企业环境责任概念随之诞生。总的来说,企业环境责任分为三个时期:非绿时期、漂绿时期、超绿时期,如图 9-1 所示。

1. 非绿时期(20 世纪 70 年代以前)

20 世纪 70 年代以前,环境监管还处于真空状态,企业盲目地以利润最大化、成本最小化为目标,做出了一系列外部不经济行为,对生态环境造成了严重破坏。轰动全球的八大公害事件的爆发,才让人们逐渐开始重视环境问题。

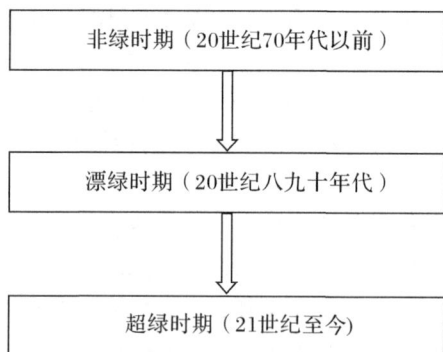

非绿时期(20世纪70年代以前)
↓
漂绿时期(20世纪八九十年代)
↓
超绿时期(21世纪至今)

图 9-1　企业环境责任的发展

　　1962 年,美国海洋生物学家 Rachel Carson 的著作《寂静的春天》的出版拉开了环境保护革命的序幕。20 世纪 50 年代正值二战后东西方对峙的"冷战"时期,美国的企业界为了经济开发需要而大量砍伐森林,破坏自然环境,"三废"污染严重。为了增加粮食生产和木材出口,美国农业部放任化学工业界开发 DDT 等剧毒杀虫剂,并不顾后果地执行大规模空中喷洒计划,导致鸟类、鱼类和益虫大量死亡,而害虫却因产生抗体而日益猖獗。Rachel Carson 以 DDT 为代表的杀虫剂的广泛使用为背景,描述了滥用农业化工用品如何给人们的生存环境造成难以逆转的危害。该书的出版引起民众共鸣,激起了强烈反响,地球之友、绿色和平等环保组织随之诞生。

　　1970 年 4 月 22 日,人类历史上规模最大的有组织的示威游行——全民环保运动在美国展开。2000 万美国民众走上街头,对工厂、企业等大大小小的法人污染者提出控诉,并指责、抨击政府的一系列导致环境污染的政策。美国社会各界有识之士,包括科学家、政治家、社会活动家,以及学生和普通民众积极投身环保运动,揭露环境污染与公害事件,呼吁政府与企业界重视生态环境问题,采取切实有力的措施治理、控制环境污染。这场运动不仅推动了美国联邦政府环境保护政策的制定和实施,而且使得环境保护意识深入到美国社会的各个层面,成为美国人的日常生活方式。更重要的是,这场全民运动还推动了世界范围环保运动的发展,每年的 4 月 22 日也被联合国定为"世界地球日"。

　　20 世纪 70 年代,人类工业化经历了漫长过程,随之引发了一系列环境保护科学研究,最后导致公众意识发生变化,为环境保护立法奠定了基础。随着环境保护相关法律的出台,企业逐渐意识到环境保护问题,企业绿色行为进入下一个阶段。

2. 漂绿时期(20 世纪八九十年代)

　　"漂绿"(greenwashing)来自"绿色"(green)和"漂白"(whitewash)二词的结合,指企业徒有其表的环境行为,代表企业进行虚假环保宣传,实际上却没有履行环境责任的行为。

　　20 世纪 80 年代开始,世界各地的环保机构如雨后春笋,各国也随之建立并完善相关法律法规。1987 年,世界环境与发展委员会发表了《我们共同的未来》报告,系统分析、研究了可持续发展问题的各个方面。该报告第一次明确给出了可持续发展的定义,对生态环境的讨论拓展到对环境、社会、经济可持续发展的探讨。对企业而言,一方面,环境友好行为通常会在短期之内给企业造成高昂成本;另一方面,企业若不履行环境责任,又将面临巨大违法风险。企业的环保意识逐渐步入漂绿阶段。漂绿阶段的环境责任被企业视为风险控制手段,很多企业实际上并没有把环境可持续发展作为提升企业竞争力的方式,他们只是通过在报告中披露企业的环境友好行为、宣传优良的环境形象的方式,来掩盖企业的环境污染行为。

3. 超绿时期(21 世纪至今)

　　对于大部分国家而言,企业环境责任依旧处于漂绿阶段,但是美国等发达国家已经进入了超绿时期。企业通过环境创新、减少污染排放等方式履行环境责任,从源头上提升竞争优势,保持行业地位。

　　2001 年 6 月 5 日,联合国正式启动千年生态评估系统(Millennium Ecosystem Assessment),这是首次对全球生态系统进行多层级综合评估。作为世界上第一个针对全球陆地和水生生态系统开展的多尺度、综合性评估项目,其宗旨是针对生态系统变化与人类福祉间的关系,通过整合现有的生态学和其他学科的数据、资料和知识,为决策者、学者和广大公众提供有关信息,达到改进生态系统管理水平,保证社会经济的可持续发展的目标。随后,联合国颁布了《千年生态系统评估综合报告》,评估涉及的生态系统服务中,有 2/3 的服务功能正在退化或被人们以非持续的方式利用,同时报告针对企业的环境行为,给出了以下几点建议:①企业经营会受到生态原料功能降低、短缺、昂贵成本影响。②消费者已成为理性消费者,他们不再仅仅以价格导向选择商品,商品的环保性、企业履行的环境责任已成为新时代消费者购买商品时的重要条件之一。因此,企业可以以可持续发展为目标,自觉履行企业环境责任,将环境压力转变为提升竞争力的机遇。

9.1.4　企业环境责任的划分

1.服从型和自愿型

按企业对环境规则的遵守程度,可以将企业环境责任划分为以下两类:服从型环境责任和自愿型环境责任。服从型环境责任是迫于外在的规制、利益相关者压力而承担的环境责任;自愿型环境责任是指企业基于内生的经济动机、伦理动机而主动承担的环境责任。前者是指遵守环境管制规范并实施标准化的环境行为;后者指对环境问题的创造性解决方法以及与利益相关者的合作,参与政府发起的自愿环境项目,或直接与客户合作提高环境绩效等行为。

2.末端治理、污染预防、产品监控和可持续发展

企业战略只有在得到特定能力支持时才能产生竞争优势,Hart[4] 由此构建了基于企业与生态环境关系的自然资源基础观(natural resource based view),区分了四种绿色管理战略:末端治理、污染预防、产品监控和可持续发展。同时,他指出由于路径依赖和嵌入性,不同战略阶段是相互联系的;环境战略各阶段之间的转换需要企业特定资源的支持,只有经过资源的积累和演化才能使绿色管理战略从较低层次发展到更高阶段。

具体而言,末端治理实质是一种污染控制措施,即在废弃物产生之后再予以清除。该战略需要耗费成本购入非生产性的污染控制设备,将废弃物掩埋或储存。污染预防指使用持续改进的方法实现明确界定的环境目标,而不是依靠高成本的"末端治理"资本投资,通过生产经营过程中对原材料替代、循环利用或流程创新,在废弃物产生之前彻底清除或使之最小化。产品监控指不仅使生产过程中的污染最小,而且要求所有与产品生命周期相关的环境影响也降至最低,这就需要供应商、营销部门和客户间的紧密合作。可持续发展指采用环境友好的技术,减少企业发展对环境的影响,这需要在组织中形成有关环境保护的共同愿景。

3.过程型和结果型

根据企业环境责任履行的过程,环境责任可以区分为过程型环境责任和结果型环境责任两种类型。过程型环境责任是指企业环境管理组织体系以及企业与利益相关者关系,是形成企业对环境问题管理解释的组织情境,影响环境管理的形成;结果型环境责任是企业服从管制的程度以及对生态环境的影响,主要指企业取得的可观察和量化的结果,包括企业有毒气体排放、水源污染和危险泄漏情况、法律和监管违规以及支付的罚款情况。

企业环境责任的划分如表 9-1 所示。

表 9 - 1　企业环境责任的划分

对环境规则遵守程度	服从型	仅仅遵守最低环境管制规范并实施标准化的环境行为
	自愿型	除服从规范之外进一步采取自愿性行为,尽量减少经营活动对环境的影响,包括对环境问题的创造性解决方法以及与利益相关者的合作,参与政府发起的自愿性环境项目提高环境绩效等
可持续发展的不同阶段	末端治理	实质是一种污染控制措施,即在废弃物产生之后再予以清除。该战略需要耗费成本购入非生产性的污染控制设备,将废弃物掩埋或储存
	污染预防	使用持续改进的方法实现明确界定的环境目标,而不是依靠高成本的"末端治理"资本投资,通过生产经营过程中对原材料替代、循环利用或流程创新,在废弃物产生之前彻底清除或使之最小化
	产品监控	不仅使生产过程中的污染最小,而且要求所有与产品生命周期相关的环境影响也降至最低,这就需要供应商、营销部门和客户间的紧密合作
	可持续发展	采用环境友好的技术,减少企业发展对环境的影响,这需要在组织中形成有关环境保护的共同愿景
环境责任履行的过程	过程型	企业环境管理组织体系以及企业与利益相关者关系,是形成企业对环境问题管理解释的组织情境,影响环境管理的形成
	结果型	企业服从管制的程度以及对生态环境的影响,主要指企业取得的可观察和量化的结果,包括企业有毒气体排放、水源污染和危险泄漏情况、法律和监管违规以及支付的罚款情况

9.2　企业环境责任的动机

自 2008 年以来,屡见不鲜的环境污染事件如康菲石油有限公司渤海漏油事故、紫金矿业汀江污染事故、云南曲靖铬污染事故,受到消费者、股东、投资者、监管者、员工等利益相关者群体的极大重视。当企业爆发环境污染事件时,从投资者的角度来看,若要支付数百万美元的罚款、清理费用和法庭费用,投资者的利益就会受损。从消费者的角度来看,越来越多的消费者表现出对绿色企业和产品的偏好。例如,大约三分之一的英国成年人愿意为有机食品支付15%的溢价。从就业的角度来看,环境风险高的行业对 CEO、关键员工的吸引力逐年降低。从公众的角度来看,"埃克森·瓦尔迪兹"号油轮漏油事件爆发后,大约60%的美国人认为污染是非常严重的威胁,约75%的人认为企业应该为污染清理负主要责任。那么,什么会驱使企业主动履行环境责任呢? 其动机究竟是什么?

企业履行环境责任的动机主要有以下三类:竞争力动机、合法性动机、生态责任动机。

环境竞争力是一种能够提升企业利润的生态责任潜力。以往企业仅仅在价格和质量上进行竞争,现在企业在环境问题上也面临更大的竞争,而履行环境责任是企业提升竞争优势、提高市场占有率的重要途径之一。例如,第一家采用环境技术的纸浆公司获得了更高的利润;一家日本公司降低了石油产品中苯的含量,进而发现了苯的新用途,为企业带来了新的竞争优势。

企业也会基于合法性动机而履行环境责任。合法性指企业在一套既定的规则、规范、价值观或信念的范围内提高其行为的适当性,是影响企业经营许可、长期生存的关键因素。为应对来自政府、市场、当地社区的环境合法性压力,企业不得不采取相应环境友好行为,如遵守环保法律、实施环保审计、建立应急系统、设立环境委员会以监督公司的生态运营等。

生态责任动机源于企业对其社会义务和价值观念的关注。生态责任动机强调伦理责任而非实用主义,其显著特征是为社会谋取福利。企业绿色行为是出于责任感、义务感或慈善意识,而不是源自对自身利益的追求。以生态责任为动机的企业往往有着道德责任感高的高层管理者,企业高管团队的道德标准对企业环境责任的履行有重大影响。

9.3　企业环境责任的影响因素

西方学者于 20 世纪 70 年代开始对企业环境责任的影响因素进行研究。学者主要基于利益相关者理论、合法性理论、资源依赖理论、资源基础理论、议程设定理论对企业环境责任的前因变量进行剖析。在本节,我们分别从企业所处的外部环境和内部环境、行业、企业自身特征三个角度出发,从宏观、中观、微观视角探究企业环境责任的具体影响因素。通过对文献的梳理,我们可以将企业环境责任的具体影响因素归纳为以下三类:组织环境因素、行业因素、企业自身因素[5],如图 9-2 所示。

9.3.1　组织环境因素

环境问题的外部性决定了企业必然受到组织外部环境压力的制约,学者主要基于合法性理论来解释组织环境对企业环境责任的影响。合法性理论认为环境信息披露行为是为了应对社会公众的合法性压力,主动进行合法性管理的工具组织环境主要由政府管制、媒体、环保运动等关键因素组成。

政府是企业环保压力的最大来源。政府部门主要通过实施法律法规、传递期望信号等方式对企业环境行为进行监管和约束。政府管制是政府行政部门主导的直接性规制工具,主要指行政部门通过制定法律、法规、政策等正式制度,以引导企业遵守环保标准和技术规范等严格规范企业的环保生产标准。政府部门采取以环境保护相关法律法规为主、环境标准及环境信息公开为辅的环境监管措施对企业行为形成了硬性约束。作为合法性和资源的提供者,政府监管无疑为企业履行环境责任带来巨大压力,为维持企业合法性、获得政府资源和支持,企业会响应政府号召,采取安装减排设备、净化污水、低碳生产、美化环境等措施履行环境责任。我国环保部 2014 年下半年推出的环保约谈,为环境执法监督研究提供了难得的准自然实验场景,环保约谈显著改善了被约谈地区企业的环境责任履行情况。

媒体关注通过以下两种渠道影响企业环境保护行为:一方面,新闻媒体是把企业信息传播给大众的中间人,减少企业和其利益相关者的信息不对称;另一方面,媒体又充当了社会构建

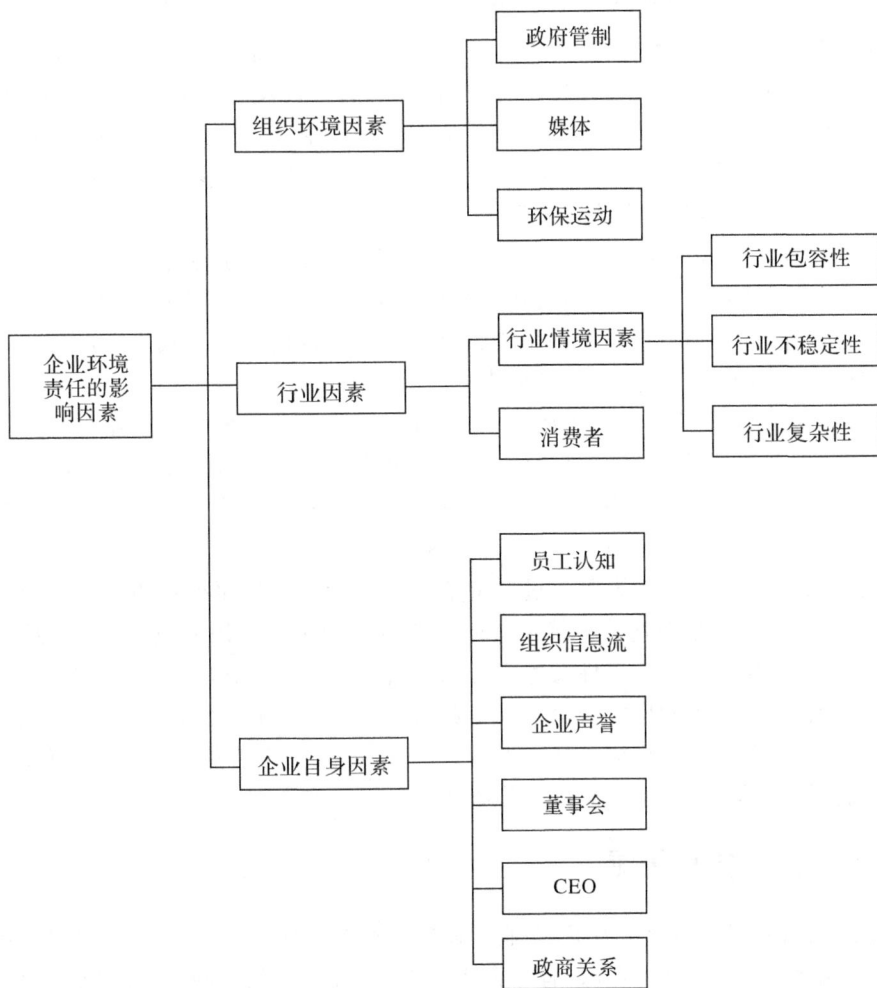

图 9 - 2　企业环境责任的影响因素

的角色,影响着公众如何去评价被关注企业、企业行为如何能够满足大众的预期。媒体有关企业环境表现的报道能促进企业履行环境责任。

环保运动主要包括公民投诉与公民抗议。环保运动可以直接影响政府对环保问题的关注和舆论导向。在面临较高环保运动压力时,企业面临的合法性压力也更大,为获得政府支持、维持积极的企业形象,企业会选择履行更多的环境责任。

9.3.2　行业因素

作为企业和组织环境的中间层次,行业因素是影响企业环境责任的重要因子。学者主要基于自然资源基础理论、合法性理论,探究行业中的行业情境因素、消费者对企业环境责任的影响。

基于环境责任能够为企业提供新的竞争优势和资源的观点,企业资源异质性是产生行业竞争力优势的重要因素,而环境责任是企业获得竞争力优势的重要途径之一。三大行业情境因素,即行业包容性、不稳定性、复杂性是影响企业履行环境的关键因素。包容性指能够帮助组织成长的外部资源的丰富性和可得性。包容性的环境赋予企业自信和精力来发展长期策略,进行环保投资,如安装新的、高效的环保设备,开发有效环境管理系统等。因此,在包容性高的行业中,企业往往会参与更多的环境责任活动来提升企业可持续发展的竞争优势。相反,在包容性低的行业中,企业边际利润低、可成长机会少,企业往往会参与到非法的、不负责任的行为中以掠取外部资源维持企业生存发展。

不稳定性反映了行业变化的不可预见性和波动性,增加了企业未来的不确定性。在不稳定的行业中,企业很难应对必要变革,企业业绩波动也较大。应对不确定性的有效方式之一是提升企业的合法性,而环境责任是帮助企业获得外部合法性的有效方式之一,因此,不稳定的行业环境往往会激励企业履行更多的环境责任。

行业复杂性指行业的集中度和异质性。一方面,行业复杂性增加了企业与相关利益相关者的协调难度,让企业难以获得准确信息去履行环境责任;另一方面,复杂度高的行业竞争更加激烈,企业在竞争性高的环境中为维持其行业地位和竞争优势,往往不愿意投入资金履行环境责任。因此,行业复杂性与企业环境责任呈负相关关系。

由于认知能力有限,消费者通常通过对特定企业的行为分析而推断整个行业的行为。在很多行业中,行业的声誉会受到其中某个具体企业行为的影响。例如,1989 年 3 月,在"埃克森·瓦尔迪兹"号油轮石油泄漏事件发生之后,美国整个石油业也遭受了巨大损失。造成这种影响的一个原因是,消费者和广大公众没有足够的信息来区分单个公司的业绩,这就导致了严重的"声誉共享问题"。此外,环境友好行为具有广告效应,在与消费者有更多接触的行业中,企业更有可能履行环境责任,由此向公众传递环境友好的信号。

9.3.3 企业自身因素

在相同或相似的制度环境压力下,企业应表现出相似的环境行为。然而,组织与管理学者却对此提出了质疑:在同一个行业内,有些企业会因积极的环境管理行为而受到政府褒奖,而另一些企业则因为没有遵守环境法规而被罚款;即使在同一企业集团内,不同的子公司,或者工厂之间也会存在不同的环境行为,甚至在同一企业内,某些环境问题处理得很好,但在另一些环境问题上却表现得很糟糕。为了解释这些现象,学者们开始将研究视角转向企业内部。

研究者通过大量的研究努力探究企业层面因素对环境绩效的影响,归纳起来,主要有以下六类:员工认知、组织信息流、企业声誉、董事会、CEO、政商关系等。

组织成员对环境问题的态度至关重要,是影响管理者制定环境决策的重要因素。当员工意识到环境保护是企业发展和增长的机会,而不是消极的威胁时,公司往往会制定更多的环境战略。

及时的信息流对企业至关重要,而环境专家是企业获得有效环保信息的重要途径。设有可持续发展官、环保职能部门员工越多的企业,往往会承担更多的环境责任。

声誉是企业重要的无形资产,它建立在企业日常行为的基础上,能在公众和企业之间建立起相互信任的关系。企业声誉的外在体现为品牌、获得 ISO 9000 认证、长期聘用著名会计师事务所等,从而对市场释放积极信号,表明企业存在高质量的管理体系,可以赢得投资者、债权人、客户和其他利益相关者的信赖和尊重。在信息不对称情况下,企业出于维护或提升其社会声誉的目的,会选择履行环境责任向市场传递企业具有良好环境管理的信号,使企业获得市场占有率或竞争优势。

董事会的基本职责之一是监督管理层的活动,基于董事会成员可能有更多丰富经验、环境知识和财务资源富足的观点,学术研究发现董事会规模、独立董事比例等与企业环境责任呈正相关关系。此外,女性董事比例高的企业往往会承担更多的环境责任。

基于高阶理论,学者指出 CEO 的人口地理学特征、心理特征对企业环境责任履行有着至关重要的作用。例如,Lewis 等[6]发现,新上任的 CEO 对企业的运营发展持有更加开放的态度,因此会履行更多的企业环境责任行为。相反,任期长的 CEO 更多地致力于既定的企业运营模式,他们往往认为企业环境责任是不必要的行为。Ortiz-de-Mandojana 等[7]发现,职业视野更开阔的 CEO(更年长的 CEO),更加关注于企业未来发展而非当下盈利,更加关注社会需求而非个人利益,他们会更多地实行对社会有利的行为,如履行企业环境责任。Lewis 等[6]认为,企业自愿承担环境责任是对制度压力的应对,企业环境责任是机遇与风险并存的行为,而教育背景不同的 CEO 感知到的制度压力有异。Lewis 等学者主要从 MBA 教育背景和法律教育背景入手,发现有 MBA 教育背景的 CEO 更会把环境责任当作提升企业名誉、环境合法性的战略机会,因此会实施更多的企业环境责任行为。拥有法律学位的 CEO 往往更加谨慎、厌恶风险,他们会更多关注到核证减排量(certification emission reduction,CER)带来的风险而非机遇。因此,对于由法律教育背景 CEO 领导的企业,往往不太容易接受这种制度压力,从而履行更少的企业环境责任。Ortiz-de-Mandoana 等[7]认为,履行环保责任是有利于企业长期发展的行为,有助于提高股权更高的 CEO 对企业的认同感,让他们做出稳定、与企业未来发展前景有利的决策。通过对美国电力行业的环境责任行为的实证研究,他们发现股权更高的CEO 会履行更多的环境责任。国内学者贾明等[8]也发现,高管高额的固定报酬可以起到削弱高历史相对绩效情况下高管采取公司环境污染行为的倾向。此外,部分学者也关注 CEO 的心理特征对企业环境责任的影响。例如,Arena 等[9]基于对英国污染行业企业的分析,发现自大的 CEO 与企业环境责任存在正相关关系。环境创新是一项具有挑战的、复杂的、高风险、失败率极高的行为,自大的 CEO 具有偏好风险、喜欢挑战的特点,因此他们会更加积极参与企业环境责任活动。而 Zhang 等[10]通过对我国上市公司实证研究发现,自大的 CEO 更会做出环境污染行为。

近年来,越来越多的国内学者开始关注政企关系与企业环境责任的关系。目前,学者并未就该问题得出一致结论。一部分学者认为具有政治关联的企业往往会履行更多的环境责任。具体而言,履行环境责任是企业与政府维持良好关系,获得政治寻租源的重要方式之一。我国中央政府和地方政府都在反复强调环境治理问题,官员的政治生涯也与企业的环境绩效息息相关。有政治关联的企业会以身作则,更会积极履行环境责任。然而,另一部分学者认为政企关系是企业环境污染行为的保护伞。企业具有向地方政府行贿以寻求环境规制的放松,从而扩大生产的动机;而地方政府出于政治和经济两种利益的考虑,均有放松环境规制以帮助企业扩大生产的动机,由此形成企业和地方政府的政企合谋,进而放纵企业参与环境污染活动。

9.4　企业环境责任的影响效应

企业履行环境责任会带来哪些影响?纵观现有研究,企业环境责任的影响效应体现在对组织间的影响、对组织层面的影响以及对组织绩效的影响三个层面。

9.4.1　企业环境责任对组织间的影响效应

企业环境责任对组织间的影响效应主要体现在企业环境责任对金融市场的影响上。Flammer[11]运用事件研究法，对1980—2009年美国企业的环境事件新闻报道分析发现，环境责任是企业的重要资源，股票市场会对企业的环境行为做出激烈反应。当企业污染行为被曝光时，企业股价会显著下降；相反，若企业良好地履行环境责任，企业股价会显著提升。例如，2010年紫金矿业污染事故爆发后，该企业较差的环境绩效给投资者传递出生产效率低、高昂的处罚成本的信号，这对肇事企业、关联行业、股票市场都带来了负面影响。

9.4.2　企业环境责任对组织层面的影响效应

1.提升竞争优势

环境友好行为能够帮助企业构建竞争优势、培育品牌资产。从动态的观点看，经济动机是影响企业绿色行为的关键要素之一，企业履行环境责任能够提升生态效率，降低改善绿色管理带来的成本。相似的，基于自然资源基础观，企业获得可持续竞争优势的三种战略为污染防治、产品管理和可持续发展。企业可以通过预防污染来降低成本，或是通过加强产品研发与生产中的环境管理来取得行业领先地位，从而在未来环保趋势中占得先机。

2.降低贷款成本

良好的企业环境责任能够向外部利益相关者传递出合法性、高威望的信号，环境责任高的企业往往能够获得较低的贷款成本。为了提高借款人的环保意识，中国银行保险监督管理委员会要求国有银行严格执行绿色信贷政策。在对企业进行贷款审查的时候，银行和其他债务提供者不仅要对企业年度报告中的硬指标（如净资产收益率、资产负债率、权益乘数）进行评估，而且还要对软信息（如企业环境责任）进行分析，从而做出贷款决策。

3.减小非系统风险

环境责任是减小企业非系统风险的有效方式之一。基于制度理论，环境责任是企业获得环境合法性的重要来源，环境合法性减小非系统风险的原因有以下三点：①企业通过顺应制度期待获得了合法性，企业良好的环境行为降低了环境事故发生的概率。②合法性为企业带来了更多资源。这些资源一方面能够帮助企业履行更多的环境责任；另一方面在企业爆发环境污染事件时，这些资源能够很快帮助企业走出困境。③合法性让企业受到的监督更小。在环境危机事件爆发时，合法性能够让企业与违法活动脱钩，并向外部利益相关者发出危机事件是偶然发生的信号，从而保护利益相关者对企业的信赖度。因此，对于环境责任高的企业而言，在危机事件爆发时，企业面临的非系统风险更小。

4.加强利益相关者管理

利益相关者为企业提供了大量资本（人力资本、财务资源等），他们与企业的生存、盈利、成长息息相关。环境友好策略能够让企业与对绿色产品感兴趣的消费者维持良好关系，让员工主动参与到环保活动中。相反，如果企业树立了环境不友好的形象，利益相关者对企业的信任降低，这将严重威胁企业生存，因此企业不得不投入大量时间、资源来修复与利益相关者的关系。

5.更好融入供应链

积极履行环境责任的企业也更易得到供应链上下游合作者的支持。研究表明，越来越多的零售商、分销商只向履行资源环境责任的供应商或厂商购货。近年来,沃尔玛、家乐福、雅芳、通用电气等超过 50 家跨国公司开始在订单中加上社会责任的条款,其中很重要的部分就是环境责任的自愿履行情况,要求企业必须通过相应的审核才能进入其电子订单系统。可以预见,未来随着公众资源环境意识的日益高涨、绿色消费的日益流行,这种由市场力量推动的节约资源、保护环境的压力肯定会进一步增大。因此,企业只有很好地实施资源环境管理,才能成为产业链核心企业的供应商或分销商,否则大额订单将会流失。

6. 企业环境责任对组织内的影响效应

环境责任对组织内部层面的影响效应主要体现在对员工的价值理念、态度行为上。基于社会交换理论、社会学习理论、自我决定理论等视角,学者发现企业如果投入大量时间且良好地履行环境责任,员工也会耳濡目染地上行下效,在日常工作场所采取环境友好行为;相反,如果企业不重视环境责任,员工也不会主动采取环境友好行为。此外,企业环境责任还能够增强组织学习能力,加强企业人力资源管理,提升员工技能。

9.4.3 企业环境责任对组织绩效的影响

企业环境责任对企业绩效影响的作用机制复杂,目前,学者并未就企业环境责任与企业绩效的关系得出一致的结论。

传统经济学上的理论认为,环境责任和企业财务绩效负相关。根据交易理论,企业的环境保护活动会消耗大量企业财务资源,而环境友好行为带来的短期收益却小于成本,因此履行环境责任会减小企业财务绩效。此外,自愿履行环境责任被认为是一项慈善活动,这违背了利益最大化的原则,这与以最大化短期收益为目标的股东的利益相悖。

自然基础观认为,企业应积极应对日益严重的自然环境挑战。污染是经济上的浪费,意味着资源没有得到有效利用。参与环境友好活动能够帮助企业增强控制资源的能力,获得持续的竞争优势,进而实现卓越的财务业绩。环境管理活动可能会对决策过程和组织文化产生根本性和有益的变化,进而为企业带来竞争优势,实现更好的财务绩效。利益相关者理论同样为企业环境责任和环境绩效的正相关关系提供了理论支撑。利益相关者期望公司对自然环境承担责任,而环境责任被看作是真正实现这一期望的方式之一。通过满足利益相关者的需求,企业能够获得好的信誉,能够与供应商、消费者、投资者维持长期良好、稳定的关系,从而提升企业财务绩效。

但是,也有学者得出其他结论。Callan 和 Thomas[12] 对俄罗斯和加拿大报业进行比较研究后发现,企业环境行为与企业绩效之间并不是一种线性关系,并且他们指出,以往研究结论不一可能是由于企业环境责任、企业绩效的衡量方式选择不够准确引起的。

【本章小结】

- 正确认识企业环境责任的影响因素、影响效应;
- 企业在追求经济利益的同时,也要考虑企业行为所产生的环境影响;
- 不少企业已经在企业环境责任方面做出了实际举动,而且这也成为企业界和学术界的共识。

❓【复习思考题】

1. 简述企业环境责任。
2. 企业在从事经济活动中，能够从哪些方面履行环境责任？
3. 企业怎样才能称得上一个环境友好的企业？
4. 简述企业环境责任对企业的影响。

👥【应用案例】

海螺水泥——打造花园式工厂

1. 案例背景

2005 年，水泥行业迎来第一个低潮期，各项政策加严，需求增速放缓，成本大幅增加，市场竞争愈发激烈。安徽海螺水泥股份有限公司（以下简称"海螺水泥"）在其董事长郭文叁的带领下积极寻求对策，开始加强环保技术的研发，相继自主研发建成我国第一套水泥纯低温余热发电机组、世界首条水泥窑垃圾处理系统并推广应用，实施清洁生产、打造花园式工厂，在行业内率先走上一条绿色环保可持续发展之路，实现了企业经济效益、社会效益和环境效益的统一。谈及水泥厂，在人们脑海中呈现的应该是这样一幅景象：浓烟滚滚冲天而去，粉尘四散气味刺鼻。然而，漫步在海螺水泥厂区，走在郁郁葱葱紫藤树下的亭廊中，映入眼帘的却是花园式的场景。时任董事长的郭文叁带领海螺人上下求索，自主创新，实施清洁生产、打造花园式工厂，在行业内率先走上了一条绿色环保可持续发展之路。

2. 企业背景

2002 年 1 月，海螺水泥在上海发行 2000 万股 A 股，2003 年 11 月在香港增发 7220 万股 H 股，共计融资 14 亿元人民币。待粮草充足后，杨文龙一声令下，荻港海螺、枞阳海螺、池州海螺相继开工建设；江苏省张家港水泥厂、上海奉贤水泥厂和江苏省南通市水泥厂陆续收入囊中；多个设备落后、规模较小的水泥厂被改造成了年产 60 万吨的粉磨厂。截至 2004 年底，海螺已拥有 34 家控股子公司，3 家参股公司，在华东和华南区域有 11 个熟料基地，23 家水泥粉磨工厂，熟料产能达到 3650 万吨，水泥总产能达 4150 万吨，稳坐国内水泥行业老大地位。

3. 2005 年发展困境

国家的工业化建设如火如荼，海螺水泥的扩张之路也顺风顺水。想想当初年少无畏，郭文叁不由地嘴角上扬，渐渐地，他的神情又严肃了起来。水满则溢，月满则亏，2004 年起，水泥行业遇上了第一个发展低谷，生产成本上升、水泥价格下降、竞争对手步步紧逼、环保政策趋严等问题考验着郭文叁，海螺水泥内忧外困，艰难摸索前行。

（1）两头挤压，业绩下滑。下游水泥使用端，需求减少。水泥是房屋、堤坝、桥梁、港口、机场、道路等基建项目的必备品，这些项目的发展情况直接影响水泥市场的兴衰。2004 年起，为了抑制房价过快增长，国家陆续出台了一系列实质性的调控政策，导致房地产固定投资增速放缓，与之相关的水泥行业也不可避免陷入需求放缓的境地。这时水泥工业产能过剩现象进一步凸显出来，水泥作为标准化的工业产品同质化严重，在供过于求的市场形势下，厂商为了保证销量、保住市场份额，开始大打价格战，这直接导致水泥价格持续走低。

上游水泥生产端，原材料价格上涨，成本增加。中国 2001 年加入 WTO 后，经济增长开始提速，能源消耗逐年增长，煤炭的价格也水涨船高。彼时我国还是以火力发电为主，随着煤炭价格持续上涨，2004—2005 年，国家发改委也先后两次上调电价，合计每度电上涨 3.22 分钱。三分多钱看似很少，但对于动辄每年耗电几亿度的水泥企业来说，就是巨大的开销了。水泥行业作为典型的高能耗行业，能源成本占了生产成本的很大一部分，煤炭和电力价格双双走高，让水泥行业成本增加很快。

面对水泥需求增速放缓，水泥价格走低和成本上升对利润的双重挤压，海螺水泥的业绩出现了大幅下滑。

（2）行业竞争加剧。此外，行业竞争进一步加剧。央企背景的中国建材下属公司中联水泥收购了海螺徐州的万吨生产线后，水泥产能达到 2000 万吨；同时中国建材又投资百亿元组建南方水泥集团，通过重组联合等方式，南方水泥集团生产线达到 42 条，生产规模达到 3000 万吨。中国建材依托中联水泥公司和南方水泥集团，一南一北对整个长江三角洲地区构成了合围之势，海螺水泥的老大地位岌岌可危。跨国企业对中国水泥这块大蛋糕也虎视眈眈，加紧了中国市场布局。瑞士 Holcim 以 1.25 亿美元控股华新水泥，占领了湖南、湖北市场。法国 Lafarge 先后收购了四川双马、瑞安建业，一举控制了西南市场。在这些竞争对手的夹击下，海螺水泥的前路可谓荆棘丛生。

（3）环保政策趋严。2004 年 9 月，国家发展改革委、环境保护部联合发布了《清洁生产审核暂行办法》，这部法规明确了清洁生产审核的内容、程序和方法，对像海螺水泥这样的高污染企业提出了更高的要求。环境保护部新修订的《水泥工业大气污染物排放标准》于 2004 年 12 月 19 日颁布，进一步加严了水泥企业新建生产线的排放标准，统一了回转窑、立窑排放限值。2005 年 11 月，国务院常务会议审议并原则通过《促进产业结构调整暂行规定》和《产业结构调整指导目录》，根据调整和优化产业结构的新要求，进一步完善和严格技术、质量、安全、环保等行业准入标准，提升产业素质，加强资源节约和环境保护。环保政策不断加严，给海螺水泥的发展带来不小挑战。

4. 2005 年头脑风暴

2005 年末，郭文叁拿到年报时心情低落，营业收入增长率从 2003 年的 89.85% 直线下降到 29.11%，营业利润更是首次出现负增长，比 2004 年减少了 53.61%。面对这种情形，企业高管们开始头脑风暴，寻求走出困境的有效方案。备选方案分成两类：一方面，人力资源部、工程技术部经理认为企业应该考虑环保问题，通过技术创新减少煤炭开支、降低污染物排放；另一方面，市场部、销售部经理则认为环境技术创新周期长、收效慢，应该优先考虑提升企业绩效，再考虑环保问题。因此，财务部经理提出了兼并小企业的方案。

经过再三思考，郭文叁认为："虽然此时继续兼并小水泥厂成本低，可以通过做大规模降低单位产品成本，短期内形成自己的低成本优势，但是长期来看，这种做法与未来发展大势不符。一方面，当地群众对水泥厂污染问题意见很大，国家环境保护的法规也一个接一个出台，此时若不注重环境保护，未来企业将在社会舆论的压力和政策的限制之下寸步难行；另一方面，竞争对手步步紧逼，低成本扩张的做法很容易被竞争对手模仿，况且央企中国建材和外企 Holcim、Lafarge 的实力都比他们雄厚。唯有通过技术创新降低生产成本、减少污染物排放才是提升企业效益的长久之道。"于是郭文叁决定放慢扩张的脚步，下大力气进行技术创新，追求企业效益，也关注社会效益，聚焦企业发展，也重视环境保护。

5. 结果

功夫不负有心人,2006 年 7 月,公司自主研发出第一套 5000 t/d 新型干法线的 9.1 MW 水泥窑纯低温余热发电系统,一举打破了国外厂商的技术垄断。目前,郭文叁秉承着"绿色经营"的宗旨,加强对环保技术的研发。在海螺的任何一家子公司,厂区绿化面积都占可绿化面积的 90% 以上,铜陵海螺绿化面积近 28 万平方米,实现绿化面积占可绿化面积的 100%;池州海螺绿化面积占可绿化面积的 93% 以上。美化绿化工厂活动的持续开展,大大提升了企业外在形象,各地企业屡获绿色企业、环境保护模范企业、环境友好型企业、节能先进企业等荣誉称号。随着中国经济进入新常态,经济增速放缓,2012 年下半年起,水泥企业利润再次急剧下滑,至 2015 年水泥行业形势更是急转直下。然而海螺水泥凭借这些年的技术创新已经取得了较大的成本优势,反其道而行之,在资本市场购进同行业上市公司股票,战略布局收购兼并同行业公司,投资扩大产能。不论是产量还是销量,都是不减反增、逆市而上。十余年来,海螺水泥坚持技术创新,坚定不移地走绿色发展之路,终于迎来开花结果的季节。

(资料来源:此案例来自中国管理案例共享中心,www. cmcc-dut. cn/Cases/Detail/2595.)

问题讨论:

1. 利用相关分析工具,综合分析 2005 年海螺水泥内外部环境发生了哪些变化?

2. 2005 年海螺水泥发展遇到哪些困难?在解决企业发展困境的战略选择上,郭文叁为什么觉得绿色转型战略可行而低成本扩张战略不可行?

3. 海螺水泥在绿色转型战略实施的过程中,如何实现企业经济效益、社会效益与环境效益的统一,试结合企业战略性社会责任的运作机制理论给予总结。

【本章参考文献】

[1] DESJARDINS J. Corporate environmental responsibility[J]. Journal of Business Ethics, 1998,17(8):825 – 838.

[2] STEG L,VLEK C. Encouraging pro-environmental behaviour:an integrative review and research agenda[J]. Journal of Environmental Psychology,2009,29(3):309 – 317.

[3] 贺立龙,朱方明,陈中伟.企业环境责任界定与测评:环境资源配置的视角[J].管理世界, 2014(3):180 – 181.

[4] HART S L. A natural resource based view of the firm[J]. Academy of Management Review,1995,20(4):986 – 1014.

[5] ETZION D. Research on organizations and the natural environment,1992-present:a review[J]. Journal of Management,2007,33(4):637 – 664.

[6] LEWIS B W,WALLS J L,DOWELL G W S. Difference in degrees:CEO characteristics and firm environmental disclosure[J]. Strategic Management Journal,2014,35(5):712 – 722.

[7] ORTIZ-DE-MANDOJANA N,BANSAL P,ARAGóN-CORREA J A. Older and wiser: how CEOs' time perspective influences long-term investments in environmentally responsible technologies[J]. British Journal of Management,2019,30(1):134 – 150.

[8] 贾明,童立,张喆.高管激励影响公司环境污染行为吗?[J].管理评论,2016,28(2):149 – 165,174.

[9] ARENA C,MICHELON G,TROJANOWSKI G. Big egos can be green:a study of CEO hubris and environmental innovation[J]. British Journal of Management,2018,29(2): 316 - 336.

[10] ZHANG L,REN S,CHEN X,et al. CEO hubris and firm pollution:state and market contingencies in a transitional economy[J]. Journal of Business Ethics,2018,161(5): 459 - 478.

[11] FLAMMER C. Corporate social responsibility and shareholder reaction:the environmental awareness of investors[J]. Academy of Management Journal,2013,56(3):758 - 781.

[12] CALLAN S J,THOMAS J M. Corporate financial performance and corporate social performance:an update and reinvestigation[J]. Corporate Social Responsibility and Environmental Management,2009,16(2):61 - 78.